成渝地区双城经济圈高质量协同发展研究丛书

成渝地区双城经济圈
背景下的城乡统筹融资机制研究

CHENG-YU DIQU SHUANGCHENG
JINGJIQUAN BEIJING XIA DE
CHENGXIANG TONGCHOU RONGZI
JIZHI YANJIU

张迎春　张志英 / 著

西南财经大学出版社
四川 · 成都

图书在版编目(CIP)数据

成渝地区双城经济圈背景下的城乡统筹融资机制研究/张迎春,张志英著.—成都:西南财经大学出版社,2021.9
ISBN 978-7-5504-4912-1

Ⅰ.①成… Ⅱ.①张…②张… Ⅲ.①城乡建设—融资—金融模式—研究—成都②城乡建设—融资—金融模式—研究—重庆 Ⅳ.①F832.35
②F299.277.1

中国版本图书馆 CIP 数据核字(2021)第 105900 号

成渝地区双城经济圈背景下的城乡统筹融资机制研究
张迎春 张志英 著

责任编辑:李思嘉
封面设计:墨创文化
责任印制:朱曼丽

出版发行	西南财经大学出版社(四川省成都市光华村街 55 号)
网　　址	http://cbs.swufe.edu.cn
电子邮件	bookcj@swufe.edu.cn
邮政编码	610074
电　　话	028-87353785
照　　排	四川胜翔数码印务设计有限公司
印　　刷	郫县犀浦印刷厂
成品尺寸	170mm×240mm
印　　张	17
字　　数	313 千字
版　　次	2021 年 9 月第 1 版
印　　次	2021 年 9 月第 1 次印刷
书　　号	ISBN 978-7-5504-4912-1
定　　价	88.00 元

行定性分析，对城乡统筹发展水平、融资风险、融资效益等内容进行主成分分析法、数据分析等定量分析，对目前成渝地区城乡统筹的总体水平以及其融资机制中融资效果、风险状况等进行评价。又如，本书对城乡统筹与融资机制关系等做了理论研究，分析融资机制的具体内容以从四川省成都市统筹城乡工作委员会、中国人民银行成都分行、成都市发展和改革委员会、成都市人力资源和社会保障局、投融资平台公司等取得的第一手资料为基础，采用了访谈、座谈及案例分析等经验研究方法。

本书中部分数据虽然陈旧，但是本书的创新，如研究视角的创新、研究内容的创新和研究方法的创新等，使得本书对于当前成渝地区双城经济圈建设背景下的城乡融合发展和成渝地区双城经济圈协调发展仍有重要的启示意义。本书的创新点表现在：①研究视角的创新。本书较为系统深入地研究了城乡统筹发展融资机制及经验。②观点上的创新。城乡统筹实践中往往过多地注重增加投融资，忽视了城乡统筹中的投融资活动并不是简单的资金注入过程，而需要对融资效益和融资风险管理足够重视。③内容上的创新。本书从融资环境、融资模式创新、融资风险管理和融资效益多个维度研究城乡统筹融资机制，较全面地分析了城乡统筹过程中资金来源及其效果，避免了只注重资本投入而忽视了效果，避免资金投入不断增加，城乡统筹经济发展水平却鲜有提高的“陷阱”，这在现有研究中较为薄弱，重视程度也不够。

由于诸多的制约因素的存在，今后可以从以下几方面弥补本书的不足：①按流行的定量研究范式进行研究。城乡统筹发展涉及的内容很广，不仅包括经济方面，还包括社保、教育、就业、户籍等社会方面和行政管理机制等内容；不仅涉及新农村建设、农村基础设施建设，还涉及产业发展和农村社会发展方面；不但需要财政资金投入，更需要引导信贷资金、直接融资资金、社会资本的参与；所涉及部门不仅有四川省成都市统筹城乡工作委员会、成都市发展和改革委员会，还有中华人民共和国财政部、中华人民共和国教育部、中华人民共和国农业农村部、成都市人力资源和社会保障局、成都市水务局等部门。因此，本书目前无法收集全面系统的数据和案例信息，无法按现有流行的研究范式进行研究，而只能以点带面，结合局部地方或个别领域的案例进行分析和研究。②进一步深入调研，以解决以下契合度问题。在选取论证材料时候，笔者力求使之与城乡统筹融资的契合度更精准。在成渝两地有些经济政策和管理举措，因为它们是针对当地经济社会全面发展而提出的，无法精准针对城乡统筹发展的所有问题。虽然本书提及的有些内容无法与城乡统筹高度契合，但相关性很强。③加强理论基础与内容的对应性。考虑到本书逻辑体系的完整性，第 2 章介绍了融资的相关理论，但部分理论主要是针对微观企业或公司的融资问题，而城乡统筹发展中的融资更多是从宏观或中观层面讲的，主要偏向于融资类别、渠道和方式等内容。因此，该章中部分理论只有间接的指导意义，相关性偏弱。

张迎春 张志英

2021 年 3 月

前言

我国城乡分割的二元结构，已经影响到了中国整体现代化进程，统筹城乡金融机制作为成渝地区双城经济圈建设和西部大开发的重要支撑，其相关研究已得到各级政府和学界的关注。

出于国家发改委战略规划顶层设计，国务院在2016年4月批复同意《成渝城市群发展规划》。2020年10月16日，中共中央政治局召开会议，审议了《成渝地区双城经济圈建设规划纲要》。本书结合统筹城乡实验区的实践，认为成渝地区双城经济圈背景下的新一轮城乡统筹发展是一个庞大的系统创新工程，涵盖了政治、经济、社会、文化、生态、科技和管理体制等各个方面，然而城乡新社区的建设，道路交通的修建，教育、公共服务等的提供，农业补贴以及农房拆迁等，无不需要庞大的资金支撑。大量的资金从哪里来？资金来源是主要以政府为主体的公共收入还是以市场为主体的投融资渠道？所筹措资金的使用效益如何？城乡统筹项目融资的风险怎样？从城乡统筹发展的提出及实践，至今已有十余年，在这些年创新的融资模式和方式中，是否有值得推广的？

本书正是以城乡统筹试验区成渝地区双城经济圈建设为例，从城乡统筹融资环境、融资模式创新、融资风险和融资效益等方面，对上述问题展开研究，本书共分为八章。具体内容框架如下：

第1章，导论。本章在分析研究背景和意义的基础上，交代了本书研究思路、方法创新与不足等方面的内容。

第2章，成渝地区双城经济圈城乡统筹与融资机制的理论分析。本章首先介绍了城乡统筹的思想渊源，为城乡统筹发展带来了有益的启发和思想源泉；其次介绍了融资的相关理论，简略梳理了针对微观企业或公司融资的资本结构理论，较详细地介绍了对城乡统筹有直接指导意义的融资类别、渠道、方式和项目融资等内容；最后探讨了城乡统筹与融资两者之间关系的相关内容。

第3章，成渝地区双城经济圈城乡统筹水平与投融资状况。本章首先回顾了成渝地区成为城乡统筹发展试验区以来，提出的城乡统筹改革主要做法；其次对成渝地区城乡统筹水平进行评估，并分析了达到目前统筹水平的投融资状况；最后简要说明了投融资对城乡统筹的作用。

第4章，成渝地区双城经济圈城乡统筹融资环境分析。本章首先整理了国务院、成都市、重庆市出台和配套的城乡统筹融资政策，其次分别从成渝地区经济总量、金融、财政及民间资金方面分析了城乡统筹融资经济环境，最后简要分析了成渝地区城乡统筹融资的社会环境现状问题，指出建立公平的融资环境是城乡统筹的前提和基础。

第5章，成渝地区双城经济圈城乡统筹融资模式分析。本章先分析了成渝两地农业经营主体的融资模式，接着介绍成都新农村建设以及现代农业项目的融资情况，分别分析了成渝地区农村社会发展事项融资、城乡统筹的多元投融资机制，指出城乡统筹的融资模式建设和完善是关键。

第6章，成渝地区双城经济圈城乡统筹融资风险分析。本章首先从风险及风险管理入手，阐述了城乡统筹融资风险的表现，并重点分析了成渝地区集中在财政主导的融资、地方融资平台、金融体系三方面的融资风险，其次研究了现存的城乡统筹融资风险管理中的问题，提出从财政、金融、民间三方面融资的风险管理对策。

第7章，成渝地区双城经济圈城乡统筹融资效益分析。本章主要分析成渝地区城乡统筹融资效益。本章采取列举个案的方式，对民间资金、金融资金等不同类别融资渠道所投项目的效益、对以成都村公管理专项资金为个案的财政资金项目的效益、对重庆地票改革为个案的土地融资效益分别做了分析，以期对成渝地区城乡统筹融资效益有大致了解。

第8章，成渝地区双城经济圈城乡统筹融资机制启示、推广分析及政策建议。成渝地区城乡统筹成果的取得、经济的增长、社会发展的推动、公共服务的供给、基础设施的修建等，与两地通过财政、信贷、“影子银行”、发行城投债的方式及民间资本的参与等渠道筹资密切相关。本章首先对成渝地区城乡统筹发展的主要经验、存在的问题、带来的启示进行总结，其次对其中的融资经验进行推广分析，并提出了简要的政策建议。

本书主要采用实证分析与规范研究相结合、定性分析与定量分析相结合、理论研究与经验研究相结合的方法。例如，本书对融资环境和融资模式创新进

目录

1 导论

新时代，为解决我国西部区域发展不平衡的问题，满足人民日益增长的美好生活需要，“成渝地区双城经济圈”将成为与京津冀地区、长三角地区、粤港澳大湾区协同发展的中国经济增长的重要增长极。根据 2020 年 10 月 16 日中共中央政治局召开会议审议的《成渝地区双城经济圈建设规划纲要》的要求，成渝地区如何在城乡统筹的基础上牢固树立一盘棋思想和一体化发展理念，健全合作机制，打造区域协作的高水平样板，统筹城乡融资机制的建设将成为关键和难点之一。

自 2002 年党的十六大提出城乡统筹发展以来，与其主旨一致的后续政策纷纷出台，城乡统筹实践活动也逐步展开和推进，关于城乡统筹的理论研究也一直持续更新，但城乡统筹发展需要的资金及资金筹措方面的问题研究不够充分和深入。因此，本书将侧重于研究城乡统筹的融资机制问题。

本章在提出问题和分析研究背景与意义的基础上，交代了本书的研究思路、研究方法、研究创新与不足等内容。

1.1 研究背景、问题提出、研究目的与意义

我国城乡统筹发展随着一系列政策推进和认识的深化，上升到了国家发展战略和现代化国家治理的制度层面。在中国西部区域发展板块上，成渝地区的地位一直举足轻重。成渝地区的经济发展不仅有利于扩大中国西部地区的经济增长空间，更有利于国家推进城镇化发展进程，成渝地区双城经济圈建设是对在经济发展关联度较高地区间开展统一化建设这一发展模式的有效探索。随着国内国际环境发生着深刻而复杂的变化，对成渝经济圈建设下城乡统筹融资机制研究的必要性和重要性不言而喻。

1.1.1 研究背景

构建成渝地区双城经济圈要解决其城乡“二元结构”的融资问题，需建立城乡统筹的融资机制，实现城乡融合发展。

城乡统筹的提出可以追溯至中华人民共和国成立之初，当时城乡统筹的思想处于形成初期。1949 年，毛泽东提出城乡必须兼顾，他在《论十大关系》（1956 年）中提到要处理好重工业、轻工业和农业的关系问题。1962 年，国家提出农业作为基础，工业作为主导。1978 年，改革开放开始，在农村和沿海城市改革过程中，中央不断提出需注意国民经济重大比例失调，要通过一部分人先富起来，带动其他人，最后走向共同富裕。20 世纪末，城乡统筹的载体与重心建设引起党的重视。党的十四大提出把农业放在首位。党的十五大提出搞好小城镇建设战略。2015 年，国家出台《小城镇综合改革试点指导意见》，其中指出小城镇建设是城乡差别缩小的重要途径[①]。21 世纪之初，中国对城乡统筹发展有了系统探索。2002 年，党的十六大报告首次提出，城乡统筹经济社会发展是我国建设小康社会的重大任务。2003 年，党的十六届三中全会将“城乡统筹发展”放在“五个统筹”之首。时任国务院总理的温家宝指出，如不进行城乡统筹改革，“三农”的问题和城市的很多问题都无法解决[②]。因此，城乡统筹改革与发展直接影响着我国经济的可持续发展和现代化进程。2004 年，党的十六届四中全会指出，我国大体上进入了以工促农、以城带乡的发展阶段。2005 年，党的十六届五中全会提出新农村建设，指出工业应该反哺农业，城市应该支持农村。积极推进城乡统筹发展正是建设社会主义新农村的基本前提和基本保障。2007 年，党的十七大报告强调以工促农、以城带乡以及城乡经济社会发展一体化。在 2008 年的全国政协十一届一次会议上，全国政协委员马培华指出“为了促进城乡统筹，必须调整经济布局，大力发展县域经济”[③]。但是，一段时间以来，我国以城市经济为主导，资源配置向城市过度倾斜。县域经济发展面临着产业支撑弱、财政缺口大、规划建设差、金融严重失血的困难[④]。2009 年，党的十七届四中全会提出以城带乡、资源共享、优

---

① 冯奎. 统筹城乡发展的新阶段与新特征 [J]. 中国发展观察，2014 (8)：11-12.

② 张迎春. 统筹城乡发展与金融支持体系构建研究 [M]. 成都：西南财经大学出版社，2006.

③ 马培华. 坚持城乡统筹 大力促进县域经济发展 [J]. 经济界，2008 (3)：13-14.

④ 张晓松，马培华. 大力发展县域经济促进城乡统筹[EB/OL].[2008-03-08].http://www.gov.cn/govweb/2008lh/content_913830. html.

势互补、协调发展。自2004年以来，中央“一号文件”连续聚焦“三农”问题，“城乡统筹发展”思想成为贯穿其中的一条主线，形成农村改革发展的政策体系①。党的十八大以来，城乡统筹发展进入了在新型城镇化大背景下的全新阶段。可见，城乡统筹发展已成为我国发展战略的重要组成部分，是落实科学发展观的重大举措。2013年，李克强总理强调农业现代化、城镇化、工业化和信息化要同步推进，城乡要统筹协调发展②。由此可见党和国家对城乡统筹作用的高度肯定。2015年，我国城镇化率达56.1%，已经进入城镇化的中后期，面临城乡关系新调整问题。党的十八届三中全会指出健全城乡一体化体制机制。党的十八届五中全会进一步指出推动城乡协调发展，以及健全城乡一体化体制机制。党的十九大正式提出“建立健立城乡融合发展体制机制和政策体系”和“实施乡村振兴战略”的政策方针，标志着我国城乡关系迈入新的发展阶段。

自城乡统筹政策出台以来，各地纷纷付诸实践。民营经济大省浙江省在城乡统筹发展、推进新型城镇化进程中，根据浙江省区域经济发展模式特点，把小城镇特别是中心镇培育发展放在突出位置上。浙江省众多民营企业的发展形成了块状经济，并带动了小城镇的发展，因而浙江省城镇化就是以小城镇为微观基础的。特别是经济实力雄厚、区位优势明显、能带动周边发展的中心镇，是农民转移到城镇的重要容纳之地，更是城乡统筹的重要支点。2010年，浙江省出台了《浙江省人民政府办公厅关于开展小城市培育试点的通知》，确定了27个小城市作为培育试点，把小城镇与大中小城市的协调发展结合起来，通过制度创新，在城乡联动、民资建城、产城融合和民生为先等方面探索出了富有浙江特色的路径，这可以作为建设新型城镇化的模式之一③。云南省开远市作为全国农村改革试验区，改革户籍，实行社区化，为“农民进城”创造了经济基础和政策条件；改革农村产权制度，农民可以将土地、房屋等“死资产”转变为“活资本”，积极为城乡统筹发展创造条件。2011年，开远市还

① 从2004年起，中央“一号文件”都聚焦“三农”。2012年，中央把推进农业科技创新作为“三农”工作的重点。2013年，中央提出鼓励和支持承包土地向专业大户、家庭农场和农民合作社流转。2014年，中央提出坚持农业基础地位不动摇，加快推进农业现代化。2015年，中央提出确定加快农业现代化建设。2016年，中央提出要推进农业供给侧结构性改革。2017年，中央提出深入推进农业供给侧结构性改革。

② 新华社. 中共中央政治局常委、国务院副总理李克强参加十二届全国人大一次会议山东代表团的审议时的讲话[EB/OL].[2013-03-05].http://www.gov.cn//dhd/2013-03/05/content_2346255.

③ 郁建兴，胡金生. 小城市培育“点亮”新型城镇化［N］. 人民日报，2013-12-09（013）.

成立了针对农村的土地流转服务中心，建立流转信息平台，在乡和村两级也分别成立了相应的服务站、服务点，配套安装了土地承包管理软件。在集体林权制度改革方面，开远市在林地确权之后，鼓励林地流转；在农村金融改革方面，开远市在农村产权改革基础上，创新融资抵押物①。宁夏回族自治区平罗县成立土地信用合作社，规范土地流转，提高租金收益；成立农机专业合作社，购置农业机械提供出租，为农民节省了机具购置费，也整体降低了机械作业费用；成立劳务中介有限服务公司，为离土农民找到了新的就业出路，大幅度增加了农民收入②。武汉市推进农村集体资产交易，在 20 个城中村、园中村、城郊村开展集体资产产权制度创新试点，大力推进农村产权交易，2012 年上半年完成综合产权交易 187 宗，同比增加 19.1%，交易额达到 10.58 亿元，涉及土地面积 8.49 万亩③，农村综合产权抵押融资 1.13 亿元，同比增长 106%；2013 年农交所组织交易 401 宗，涉及 14.42 万亩的土地面积，23.19 亿元的交易额。其中，武汉市联合金融机构办理了 48 笔农村土地经营权抵押贷款，涉及金额 2.09 亿元。2013 年年底，农交所累计组织 1 669 宗农村产权交易，交易金额累计 99.69 亿元，涉及 98.16 万亩的农土面积和 16 万农户。武汉市联合金融机构为农业企业、合作社、种养殖大户实现农村综合产权抵押贷款金额 11.47 亿元，其中单笔最高金额达 5 500 万元。云南省积极推进林权抵押贷款工作，在普洱等 5 个市开展林权抵押试点，与中国人民银行昆明中心支行研究调整了林权抵押业务重点线名单，使重点推进县由 23 个增至 30 个，全省林权抵押贷款余额为 56.5 亿元。

2007 年，成都市和重庆市被国家发改委批准成为城乡统筹综合改革试验区。在此背景下，成渝地区大胆创新，探索实践。无论是重庆“一圈两翼”的战略，通过壮大渝西的实力，推动“两翼”发展，突出重点，分步实施，积极稳步进行；还是成都推行的“三个集中”为核心，以市场化为动力，以规范化的政府服务和基层民主为保障的多项改革，总的思路都是创新城乡统筹管理体系，明确政府所扮演的协调、支持和服务角色；优化城乡产业结构，形成三次产业的良好互动；推行户籍制度改革，鼓励农村富余的劳动力向城镇转移，提高劳动生产率；促进城乡基本公共服务均等化，把公共服务的建设和供

---

① 李存才. 云南省创新农村综合改革试点纪实（上）：城乡统筹发展的“综合实验”[EB/OL].[2013-09-28].http://www.prcfe.com/web/cjb/2013-09/28/content_1012549.htm.

② 王学文，郑国荣. “两社一司”拓宽统筹城乡发展思路 [J]. 中国农民合作社，2009（5）：35.

③ 1 亩≈666.667 平方米。

给延伸到基层和农村；健全金融体系特别是农村金融体系，目的是增加农村资金注入以及信贷支持，进行以城带乡以及城乡协调发展①。

迄今为止，我国城乡统筹实践已取得了较好的成效。我国第七次全国人口普查数据显示，我国城镇常住人口为 90 199 万人，城镇化率为 63.89%。中国正在经历着世界上最大规模的城镇化过程。成都市统计局 2015 年的数据显示，成都市新型城镇化率已达到 71.47%，较 2006 年的 43.9%提高了 27.57 个百分点；成都市城乡统筹发展总体实现程度达 79.9%，较上年提高 1.6 个百分点；城乡居民持续增收。2015 年全市城乡居民人均可支配收入分别为 33 476 元和 17 690 元，同比增长率分别为 8.0%和 9.6%，城乡居民收入差距进一步缩小。政府对农业投入扩大，农业主要能源消费量增加，全市农村用电量达到 32.1 亿千瓦。同时农业机械化程度不断提高，农业机械总动力为 370.7 万千瓦，同比增长 1.3%；农用大中型拖拉机11 695台，较上年增长 4.6%；农用小型拖拉机 25 890 台，同比减少 0.8%，农业生产能源的增加和农业机械化程度改进和提高，使农村劳动力得到有效转移，2015 年农村劳动力转移到非农产业就业新增 8.7 万人。农村劳动力劳务输出人数为 200.2 万人②。重庆市在实施城乡统筹科学发展战略的过程中，在某些重点领域和关键环节上取得了突破。重庆市 2015 年的统计数据显示，重庆市城镇人口到达 1 838.41 万人，是直辖前的 2.17 倍，城镇化率达到 60.94%。通过 20 多年的建设与发展，重庆城镇人口增加了近 1.2 倍，城镇化率提高了 31.4 个点，年均提高了 1.65 个点。基础设施建设投资了 4 356.14 亿元，较上年增长了 28.6%，其中农村投资了 917.97 亿元，较上年增长了 56.4%，为农业产业发展提供了有力的资金支持。市场引导资金投入在城乡统筹发展中作用增大，2012 年重庆市重点项目完成投资 2 620.00 亿元，占固定资产投资总额的 27.9%，其中，政府主导类投资 1 748.80 亿元，市场主导类投资 871.20 亿元，分别占重点项目投资的 66.7%和 33.3%。农村金融业取得发展，中资区域性中小型银行达 24 家，其中村镇银行达 12 家。农民生活水平获得改善，城乡居民合作医疗保险参保人数为 2 677.75 万，比上年下降了 0.1%；农村居民得到政府最低生活保障人数为 50.26 万，财政性扶贫资金达到 40.1 亿元，比上年增长了 55.4%；新建和改造乡村道路 5 892 千米，比上年增长了 15.5%，解决了 31 万人农村安全饮水问题，比上年增长了 2.3%；创业就业及实用技术培训 11.5 万人。2015 年脱贫

---

① 本刊编辑部．成渝经济区 中国新的增长极呼之欲出：《推进成渝经济区建设研究报告》解读［J］．四川党的建设（城市版），2009（8）：20-22.

② 数据来源于成都统计信息网。

贫困人口达95.3万人，年末扶贫对象达70.6万人[①]。

城乡统筹发展战略的实施无疑需要庞大的资金支持。大量的资金从哪里来呢？资金来源的渠道是以政府为主体的财政渠道还是以市场为主体的融资渠道？所筹措资金的使用效益如何？城乡统筹项目融资的风险怎样？从城乡统筹发展的提出及实践，至今已有十余年，在这些年的融资方式中，是否有值得推广的融资模式？这些问题都值得系统总结和研究。

1.1.2 城乡统筹发展融资问题的提出

资金是现代经济发展的核心要素，是经济增长的主要源泉。大量的实证研究表明，资金的投入对发展中国家经济发展的作用尤为突出。城乡统筹是一个庞大的系统工程，涵盖了经济、政治、社会以及文化各个方面的建设，如新市镇新社区的建设，基础设施、基础教育和公共卫生等基础性建设，农业补贴以及农房拆迁等。而完成这些建设需要一个长期有效可持续的资金支持体系，否则实现农业现代化，城乡统筹发展将变成空谈。这就需要解决城乡统筹中的核心问题之一——“大量的钱从哪里来”。资金来源的渠道是主要以政府为主体的财政渠道还是以市场为主体的投融资渠道？城乡统筹发展初期，农村经济相对落后，农村基础设施不完善，资金的逐利性决定市场渠道行不通，以政府为主导的资金支持至关重要，为市场机制发挥作用打下基础。随着城乡统筹发展的推进，巨额的资金仅仅依靠政府投入是远远不够的，且相对市场机制下的投融资，财政投入往往缺乏效率，因此通过金融市场引导社会资金的投入将成为城乡统筹发展资金问题的重要着力点。众所周知，资金具有逐利性，而农村经济有相对较高风险性、较高成本性和弱补偿性，导致吸引资金的能力不足，社会资金参与程度不高，甚至财政投入到促进农村发展的资金也会通过各种投融资渠道转移到收益更高、风险更小的城市发展中去，资金流失严重。同时由于制度和体制上的障碍，风险保障制度发展的滞后、金融机构农村金融产品创新的激励机制的缺失带来的农村金融服务工具供给单一，导致农业产业化发展难以获得金融信贷资金的支持。从而导致农村经济发展中资金匮乏问题一直难以有效缓解[②]。从实践意义上来看这加剧了城乡发展金融的非均衡性，并在一定

---

① 数据来源于重庆统计信息网。

② 王煜宇. 西部地区农村投融资体制改革问题研究：基于法经济学的分析范式［M］. 北京：法律出版社，2009.

程度上增加了城乡发展差距①。由此可见，“大量的钱从哪里来”将是城乡统筹发展过程中不得不长期面临的一个难题。

城乡统筹中的投融资绝非简单的资金注入，如何提高所投入资金的效益也将越来越重要，“钱流向哪里去”成为城乡统筹发展的另一个核心问题。城乡经济的差距决定了城乡统筹的关键是发展农村经济，资本又是推动农村经济发展的关键。2009 年，博鳌亚洲论坛秘书长龙永图在接受西部广播电视采访时指出，乡镇金融是城乡统筹的一个重要标志，资金供给充裕和资金有效配置对城乡统筹至关重要，特别是资金的有效利用能够促进城乡统筹更快、更健康的发展。目前农村经济发展面临着资金投入不足和资金使用效益低的双重瓶颈。由于农业的弱质性和资本的逐利性，农村资金外流和资金非农化现象严重。同时，农村资金配置不合理的矛盾日益突出，配置效率低下，被非法挪用的比例高，导致其投入的无效部分过多，进而分流了农村发展的资金供给，加重了农村资金短缺的难题②。由此可见，目前农村发展面临着一边有资金不断投入，主要是财政资金，另一边资金通过各种投融资渠道大量流失，还有许多资金被投入到一些低效的项目上，进而农村发展资金短缺问题难以缓解，导致农村经济发展缓慢和农民增收难等矛盾。2010 年，谢升峰在《促进新农村建设的投融资体系研究》中预测 2009—2020 年，农村发展每年的资金缺口高达 3 000 亿元③。因此，如何通过政府投入和市场力量引导资本流入城乡统筹中来，特别是流入农村地区；如何把资金投入到高效的项目上提高资金利用率；如何解决资金外流的现象，切实把各种支农资金用于解决农民最急需的方面，使支农资金真正的用于农村发展和改善农民生活水平呢？建立科学、合理的投融资机制，充分动员社会资金是解决这些问题的关键。2010 年 11 月全国地方金融第十四次论坛以“聚焦城乡统筹发展金融支持”为主题，重点研究城乡统筹发展金融支持。时任银监会副主席蒋定之从金融支持城乡统筹发展出发，指出银行业特别是地方金融机构，需要在支持中小城市和乡镇的建设上着力。全国人大陈昌智副委员长提出，地方金融要在城乡统筹的金融服务不足和空白处着手④。可见，城乡统筹发展离不开金融支持，良好发挥金融机制对城乡统筹发

---

① 何广文. 中国农村金融供求特征及均衡供求的路径选择 [J]. 中国农村信用合作，2001 (9)：14-16.

② 温涛，王煜宇. 农业贷款、财政支农投入对农民收入增长有效性研究 [J]. 财经问题研究，2005 (2)：78-83.

③ 谢升峰. 促进新农村建设的投融资体系研究 [M]. 北京：人民出版社，2010.

④ 刘诗平，刘琳. 全国地方金融论坛“聚焦统筹城乡发展金融支持”[EB/OL].[2010-11-07].http://www.gov.cn/jrzg/2010-11/07/content_1740183. htm.

展意义重大。2014 年 1 月中央"一号文件"提出加强金融制度创新，强调为现代化农业发展提供一个长期有效可持续的资金支持体系，补齐城乡统筹发展中农村经济的短板。

无论是"大量的钱从哪里来"还是"钱流向哪里去"的问题，都有城乡发展不平衡基础上产生的农村金融发展的严重滞后、农村金融产品匮乏、企业存贷差大、民间金融不规范等原因①。而要建立城乡统筹发展中的有效投融资机制，则必须解决这些问题，这对城乡统筹发展的顺利进行具有重要意义。

同时，伴随城乡统筹的政策出台和实践推进，其理论研究也持续更新。现有研究在城乡统筹的重大意义、战略规划、具体做法的归纳总结、典型案例的分析等方面着墨较多，而对发展需要的资金问题及资金筹措方面研究不够充分和深入。加之从城乡统筹发展的提出及实践，至今已有十余年，在这些年的融资实践中，有哪些典型的融资模式？是否有值得普遍推广的融资模式？这些问题都值得系统地总结和研究。因此，本书正是基于此而提出了城乡统筹发展中的融资问题研究。

1.1.3 研究目的与意义

以重庆、成都为支撑点，以其周围一系列中心城市为节点建设"成渝地区双城经济圈"，在我国城市经济社会发展建设中，具有十分重要的作用。加快川渝协调合作，共同建设"成渝地区双城经济圈"，打造我国的"第四增长极"，既要遵循成渝经济圈的统筹城乡的内在要求，又要符合城乡统筹融资机制发展的规律。

2007 年成渝两地都被批准作为城乡统筹改革的试验区，并开始了城乡统筹发展之旅。多年来它们在投融资领域率先突破、在融资机制和模式创新方面做了大量探索并取得系列成效。因此，本书将以成渝试验区为研究样本，总结其融资经验及创新做法，探讨它们的普适性和推广价值，对思考未来所需资金的筹措、对成渝统筹试验区在全国的示范效应、等进行深入研究。

学术界有关城乡统筹融资机制及经验模式的现有研究比较薄弱，目前涉及对城乡统筹发展中投融资的现有研究包括，张迎春（2006）研究了城乡统筹发展与金融支持体系构建，阐述了城乡统筹发展中金融支持的必要性和可能性，进一步提出城乡统筹发展中金融支持的具体构想，但主要是从理论层面分析，并没有分析成渝地区的现实经验；戴文波（2007）对城乡统筹中投融资

① 师帅．统筹城乡发展中的金融支持研究［D］．太原：山西大学，2011：1.

只做了初步研究，内容局限在探讨截至2007年年底成都城乡统筹投融资模式，理论深度也较为欠缺；四川大学及四川省社科院联合课题组（2010）在测算成都城乡统筹资金需求基础上，较为宏观地提出了融资来源，没有研究微观融资机制，也没有探讨融资模式选择等问题；张中锦（2011）研究表明，农村金融发展与农村居民收入增长微弱负相关，却与城乡收入差距显著正相关①。但并没有研究城乡统筹发展中微观融资机制，缺乏对城乡统筹发展的投融资机制的理论研究。王松奇和郭江山（2012）研究了资金促进农村经济增长的机理，发现信贷资金对优化农村产业结构和改善农村消费结构有显著作用，财政资金对优化农村产业结构没有显著作用，对改善农村消费结构有显著作用。但并没有说明城乡统筹发展中资金来源问题。城乡统筹发展中金融支持的重点指向是“乡”，但它并不是狭义地只针对“三农”。只要有利于城乡统筹发展的事项都应该属于金融支持的领域，而不是简单依据地域来划分农村和城镇②。因此，针对成渝统筹城乡的投融资问题，本书从城乡统筹发展的内涵出发，深入系统地研究城乡统筹发展中投融资机制，这将具有较强的理论意义。

在当前国际经济整体呈现放缓、我国经济也处于下行状态的背景下，我国扩大内需的最大潜力在农村、经济平稳发展的基础支撑在农业、改善民生的重难点在“三农”③。城乡统筹发展正是从根本上解决“三农”问题的战略抉择。城乡统筹发展是一个庞大的系统工程，需要大量的资金支持。长期以来广大农村地区金融生态环境恶劣，农业投融资体制和经营体制不完善，导致农业资金投入不足和金融资源配置效率低两大问题，严重制约了农村经济发展。所以，研究农村融资机制，引导资金流向和合理配置具有重大意义。

1.2 研究思路、逻辑框架、研究方法、创新与不足

1.2.1 研究思路与逻辑框架

研究基本思路是以成渝试验区为例，从融资环境、融资模式创新、融资风险和融资效益等方面研究城乡统筹融资问题。其逻辑框架如图1-1所示。

---

① 张中锦. 金融发展效应、收入增长与城乡差距［J］. 中国经济问题，2011（4）：67-74.

② 张迎春. 统筹城乡发展与金融支持体系构建研究［M］. 成都：西南财经大学出版社，2006.

③ 新华社. 中共中央国务院关于加大统筹城乡发展力度进一步夯实农业农村发展基础的若干意见［R］. 威海：新形势下林业机械发展论坛，2010：6-12.

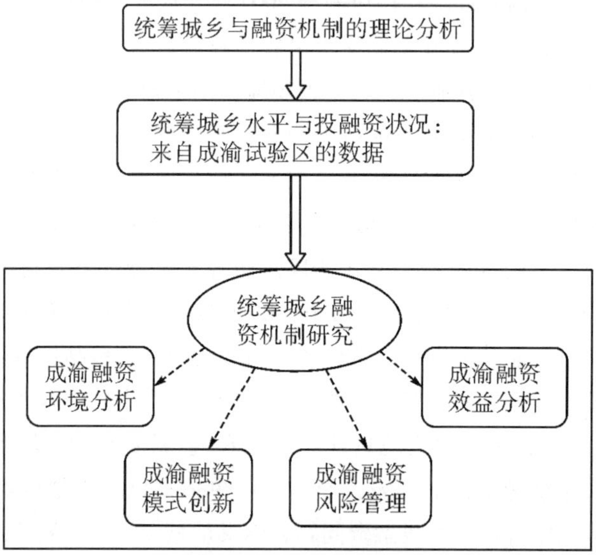

图 1-1　逻辑框架

研究具体思路是：第 1 章阐述了本书研究的背景，即城乡统筹发展和城乡统筹发展融资机制问题提出的原因和意义，综述目前国内外的研究现状，明确研究城乡统筹融资机制具有较强的理论和现实意义。第 2 章对城乡统筹与融资机制进行理论分析，在梳理城乡统筹发展和融资机制的相关理论后，探讨了融资机制与城乡统筹两者的关系。第 3 章以成渝试验区为例，利用相关数据和指标评估了两地城乡统筹水平，并分析了其统筹发展中相应的投融资状况，最后明确投融资在成渝试验区城乡统筹中的地位和作用。第 4 章至第 7 章分别从融资环境、融资模式、融资风险和融资效益方面研究成渝地区城乡统筹融资机制。第 8 章总结了成渝地区城乡统筹融资机制的主要经验，反思遇到的问题，探究了具有普适意义和推广价值的经验做法，并提出了政策建议。

1.2.2　研究方法

1.2.2.1　实证分析与规范研究相结合

在成渝试验区城乡统筹融资机制的研究中，采用实证分析的方法，从融资环境、融资模式创新、融资风险管理和融资效益等方面对成渝试验区的城乡统筹融资机制进行分析与评价，从而明确成渝地区在城乡统筹过程中的融资经验。对成渝试验区融资机制经验推广采用规范研究方法，通过对成渝城乡统筹融资机制经验归纳和问题的反思，总结和概括出适合各个地区城乡统筹融资机制的一般经验和理论。

1.2.2.2 定性分析与定量分析相结合

在成渝试验区城乡统筹融资机制的研究中，对融资环境和融资模式创新进行定性分析，对城乡统筹发展水平、融资风险、融资效益等内容进行主成分分析法、数据分析等定量分析，对目前成渝地区城乡统筹的总体水平以及其融资机制中融资效果、风险状况等进行评价。

1.2.2.3 理论研究与经验研究相结合

在成渝试验区城乡统筹融资机制的研究中，对城乡统筹与融资机制关系等做理论研究，分析融资机制的具体内容以统筹委、人民银行和发改委等取得第一手资料为基础，采用了访谈、座谈及案例分析等经验研究方法。

1.2.3 研究的创新与不足

1.2.3.1 研究的创新

（1）研究视角的创新

“大量的资金从哪里来，又该流向哪里去”是成渝地区双城经济圈城乡统筹中面临的重大问题，但这方面现有研究很薄弱。因此，本书系统深入研究成渝地区双城经济圈城乡统筹发展融资机制及经验，该切入角度十分必要，也较为新颖。

（2）观点上的创新

过去城乡统筹的实践中过多地注重于增加资本的投入，往往忽视了城乡统筹中的投融资活动并不是简单的资金注入的过程，对融资的效益和融资的风险管理不够重视。未来城乡统筹发展过程中将同样重视融资渠道、风险和融资效益方面，加强资金管理，提高资金利用效果。

（3）内容上的创新

本书从融资环境、融资模式创新、融资风险管理和融资效益多维角度研究城乡统筹融资机制，较全面地分析了城乡统筹过程中资金来源及其效果，避免了只注重资本投入而忽视了效果，避免资金投入不断增加，城乡统筹经济发展水平却鲜有提高的“陷阱”。

1.2.3.2 研究的不足

首先，城乡统筹发展涉及的内容很广，不仅包括经济方面，还包括社保、教育、就业、户籍等社会方面和行政管理机制等内容；不仅涉及新农村建设、农村基础设施建设，还涉及产业发展和农村社会发展方面；不仅需要财政资金投入，更需要引导信贷资金、直接融资资金、社会资本的参与；所涉及部门不仅有四川省成都市统筹城乡委员会、成都市发展和改革委员会，还有中华人民共和国财政部、中华人民共和国教育部、中华人民共和国农业农村部、成都市人力资源和社会保障局、成都市水务局等部门。因此，本书目前无法收集全面系统的数据和案例信息，无法按现有流行的研究范式进行研究，而只能以点带面，结合局部地方或个别领域的案例分析和研究。

其次，有些经济政策和管理举措，也无法精准针对城乡统筹发展，因为它们同时也是针对当地经济社会全面发展而提出的。所以，本书提及的有些内容就无法与城乡统筹高度契合，但相关性较大。

最后，考虑到本书逻辑体系的完整性，第 2 章介绍了融资的相关理论，但有部分理论主要是针对微观企业或公司的融资问题，而城乡统筹发展中的融资更多是从宏观或中观层面讲的，主要偏向于融资类别、渠道和方式等内容。因此，该章中部分内容只有间接的指导意义，相关性偏弱。

2 成渝地区双城经济圈城乡统筹与融资机制的理论分析

成渝地区双城经济圈背景下城乡统筹融资机制有其思想渊源和理论基础。本章首先介绍了成渝经济圈城乡统筹的理论渊源，分别从城与乡的空间角度、产业布局、工农业协调发展及农业劳动力转移等方面为城乡统筹提供了丰富的思想源泉；其次介绍了融资的相关理论，这部分理论主要是针对微观企业或公司融资问题，对城乡统筹有直接指导意义的则主要是偏向于宏观方面的融资类别、渠道和方式等内容；最后探讨了城乡统筹融资关系的相关内容。

2.1 城乡统筹的相关理论

城乡统筹发展有深远的理论渊源，这些理论分别从城与乡的空间角度、产业布局、工农业协调发展及农业劳动力转移等方面为城乡统筹提供了丰富的思想泉源。

2.1.1 马克思主义的城乡关系理论

关于统筹城乡发展，马克思和恩格斯并没有进行直接阐述，但是其对城乡关系的论述已经包含了该思想。马克思主义思想从不同的角度分别探讨了城乡关系的演变，首先从历史发展的角度来看，在人类社会自给自足时期，社会分工还不明显或是欠发达，手工业、畜牧业与农业并未分离，此时城乡差别没有形成。而后生产力得到发展，社会分工逐渐深化，城乡分离开始显现甚至对立。马克思主义认为城乡分离属于历史范畴，是城乡发展的动力。城乡分离是社会分工深化的结果，一方面分离使社会资本向城市集中，是生产力发展和一种社会进步的标志，另一方面这种长期的分离又导致社会资本向城市集中，经济、政治以及文化等各种要素也会从农村中脱离出来转向城市，由于城市会不断加强对农村剥削程度和统治力度，最后必将致使城乡分离甚至对立。但是，这种对立关系在私有制下是不可能得到消除的，唯有公有制条件下才能够得以消除，工农业协调发展，最终城乡一体化才能实现。其次从逻辑发展的角度来看，在资本主义社会制度下，马克思和恩格斯认为，随着生产力的发展，城市日益成为经济、政治、文化中心，农村各种资源会以各种形式流向城市，促使城市发展越来越畸形化，而乡村变得越来越落后与闭塞，导致城乡对立矛盾更加突出。当城乡矛盾日益尖锐达到不可调和的地步，城乡关系就不得不改变，也可能促使城乡差距逐步消失。资本主义社会导致的城乡对立在社会主义社会制度下会被消除，促进工业农业融合发展。恩格斯发表的《论住宅问题》一文中首次提出“城乡融合”的概念，即“废除原有的分工，变换工种，进行生产教育，创造出来的福利由大家共同享受，使得所有成员的才能得以全面发展。”因此，“城乡融合”这一目标的实现就必须消除工人和农民之间的阶级差别和城乡人口分布不均衡的现象。可见，在社会主义条件下，城乡之间是一种“融合”的关系。然而城乡对立的消除并不能一蹴即至，达到城乡融合需要一个漫长的社会历史过程①。

2.1.2 以空想社会主义者和麦基等人为代表的城乡一体化理论

空想社会主义学者最早提出了城乡一体化的构想，其中以莫尔、圣西门、傅立叶、欧文等人为代表。他们认为，城乡一体化是未来理想社会的一种愿景，城乡的差别和对立消失，城市居民和农民地位平等。莫尔在《乌托邦》里提出的理想国形态，希望通过理想的社会组织构架解决城乡分离的问题。城乡一体化是由傅立叶率先提出的，他对此思想进行了最为系统的论述。他得出的一个结论是在“和谐制度”的社会里，没有城乡差别，人们联合起来，共同生活，共同劳动，并且这种社会的基层组织称为“法朗吉”。欧文提出了“新和谐公社”模式，没有剥削、没有压迫、人人劳动、财产公有的社会。圣西门在《新基督教》中设想，在未来的理想社会中，人人都要劳动，共享成果。现实社会中城市和乡村的对立不管是在空想社会主义者们的理想社会还是梦想国形态都得到了影射，他们也就原因进行了分析，并试图通过各种措施，使城乡差别消灭，从而实城乡地位实现平等。即使这只是城乡关系研究初始萌芽，甚至有些地方不可达到，但他们最先提出了这一思想。20 世纪 90 年代末，麦基学者探讨核心城市边缘及其间的交通走廊地带及其关系，他发现城乡

---

① 周尔鎏，张雨林. 中国城乡协调发展研究［M］. 香港：牛津大学出版社，1994：28-34.

之间的地域界限和传统差别在不断模糊，而且城乡之间在区域结构具有工农业生产活动并存的极为特殊的新型城市类型，它被称之为“desakota”（城乡融合）模式①。Desakota 区域即不同于传统意义上的城市，也不是通常意义上的农村，而是集合城市性行为和农村性行为的全新地域单元。

2.1.3 以乡带城的理论

以乡带城就是以农村为主体的城乡一体化，代表性理论有：霍德华等人的田园城市理论、20 世纪 70 年代弗里德曼和道格拉斯提出的乡村城市发展战略、乔根森模型以及哈里斯-托达罗模型。随着工业化和城镇化的发展，伦敦等大城市“城市病”严重，出现了超过城市资源承载能力盲目地急剧扩张现象。霍德华（E. Howard）和佛立丘（Th. Fritsch）等提出在工业化条件下寻求城乡结合的发展道路的田园理论。他们认为为了解决城市扩张中出现的拥挤等问题，应该用城乡一体化的新地域组织形态取代城乡对立，并且提出以乡村为主导带动的新田园城市的建设。之后施密特在吸收田园城市理论基础上，发展出“产业—生活田园城市”理论，阐明在大区域城市或地域城市规划中，纯住宅区与工业区应该严格地区别，绿地和休闲空间至少应该为城市空间的四分之一，应该重视乡村道路的建设。

20 世纪 70 年代，弗里德曼和道格拉斯②在总结中国六七十年代发展经验的基础上，第一次提出乡村城市发展战略，认为乡村发展的关键在于地方层面上与城市发展相关联；城镇应该是成为行政管理功能与非农业的主要场所，但不该成为增长极；地方规划的范畴应该纳入本地文化，而行政区是适当的发展单位。作为空间发展战略基本要求的代表，城乡发展战略适于人口密集，且增长比较快，城市工业化处于萌芽阶段，对外十分依赖，在发展水平较低，不平衡指数不断上升的农业社会国家，属亚洲及部分非洲国家最为突出③。20 世纪末，道格拉斯认为一系列的“流”把乡村发展和结构变化与城市的功能联系起来，从要素的角度划分了五种流：人、生产、商品、资金和信息，他们体现了不同空间联系模式和多样的利益趋向特点。只有“流”导向“城乡联系的良性循环”时，才能确保均衡发展目标的实现。可以看出，区域网络模型与

---

① FIELDS G S. A welfare economic analysis of labor market policies in the Harris – Todaro model [D]. New York: Cornell University ILR School, 2005.

② FRIEDMANN J, DOUGLASS M. Agropolitan develop-ment: towards a new strategy for regional planning in Asia [M]. Los Angeles: University of California, 1975: 163-192.

③ 王华，陈烈. 西方城乡发展理论研究进展 [J]. 经济地理，2006 (3): 463-468.

空间极化发展模式是一致的，道格拉斯模型实质上是乡村城市战略的深化。乡村城市发展战略也存在着一些缺陷，主要表现为：现有城市与农村城市之间关系十分模糊；农村城市无须依附于集聚经济，可能致使发展效益低下；除了基本需求他们再无其他需求，因此人均收入很低①。

1967年美国经济学家戴尔·乔根森提出了著名的乔根森模型理论，戴尔·乔根森认为农业剩余大于零是农村剩余劳动力转移的前提条件，当不满足前提条件时，农村剩余劳动力是不会发生的。并且假定农业总产出与人口增长相一致，当农业生产技术不断进步，农业劳动生产率提高，农业剩余增加，更多的农业部门剩余劳动力将转移到工业部门。因此，农业剩余规模决定了农村剩余劳动力转移的规模，农业发展决定了工业部门的发展。然而，乔根森模型忽视了对农业物质投资的重要性、工业技术进步以及城市的失业等问题。

1970年，哈里斯和托达罗于1970年发表在《美国经济评论》的一篇论文，该论文建立了哈里斯-托达罗模型。他将城市与农村作为彼此分开的不同部门，探讨了劳动力迁移是如何影响城市和农村的收入、产量以及福利的。在劳动力可以在农村和城市之间自由流动的假定下，城市发展带来的新增就业机会和较高的工资将吸引更多的农村劳动力进入城市，相反，却致使城市失业更加严重。因此，若是无法将农村收入水平提高至一定程度，城市就不可能实现充分就业。该模型从两个部门的产品交易和劳动力交易两个方面对城乡流动进行了分析，为之后的经济学家的二元经济收入分配分析提供了理论依据②。

2.1.4 以城带乡的理论

芒福德（美国著名城市地理学家）指出："城市和农村都是同等重要的，他们不能被人为地分隔开的。城市与农村应该是一个有机整体的有机统一体。"他提倡建造许多分散的新城市中心，并把城和乡两者统一到新的中心里来，以现有的城市为核心，重建城乡之间的组织形态，带动整个区域协调快速的发展，使全体居民都能享受到同等的福利水平和生活质量③。

非均衡增长理论或城市中心理论认为，经济增长是非平衡的，其核心与外围的关系主要是通过"自上而下"的资源流动来实现的，其中占主导地位是城市。典型代表有20世纪50年代弗朗索瓦·佩鲁克斯提出的增长极理论，缪

---

① 周一星. 城市地理学［M］. 北京：商务印书馆，1995：24.

② 徐安军. 人口迁移、就业与收入不平等的变动：基于哈里斯-托达罗模型的分析［D］. 武汉：武汉大学，2004.

③ 刘易斯·芒福德. 城市发展史［M］. 北京：中国建筑工业出版社，2005：15.

尔达尔提出的累积性因果关系理论，还有赫尔希曼提出的中心—外围模型理论。这些理论认为，城乡关系是以城市为中心的“自上而下”的联系，即从城市到农村的资源流动，促进农村发展，强调了“城市主导”的地位，在此基础上，提出了城乡加强联系，发展整体经济的思想。法国经济学家弗朗索瓦·佩鲁克斯于1950年首次提出经济增长极理论，他得出的结论是一个国家的均衡发展在现实中是无法实现的，它只是一个理想状态，经济的增长通常是一个或多个“增长极”或“增长中心”逐渐向其他部门或地区传导的过程所带动的经济发展。后来，缪尔达尔于1957年提出了“地理上的二元经济”结构理论。该理论认为由于经济的发展所带来一些要素的自由流动，比如说技术、资本、人力、商品等，会使得落后地区变得更为落后，而先进的地区更加先进，这样便使得城乡之间的差异扩大化，“马修效应”出现在城乡差异逐步扩大的过程中，最终在空间结构呈现出中心外围结构。在这种情况下，想要避免这一效应带来的负面影响，只有通过政府制定相应的政策和措施，有效地刺激落后地区加速发展，从而逐步缩小城乡之间的差异。在这一基础上，1958年赫尔希曼在发表《经济发展战略》一文中进一步提出两种效应，分别是“极化效应”与“涓流效应”，其中“极化效应”被定义为增长极的推动性产业吸引和带动周边地区产业要素和经济活动趋于增长，从而加快发展的增长极；“涓流效应”则是指所有位于经济扩张中心周边地区，将与扩张中心地区基础设施的改进的情况下，从中心地区获得资金和人才，促进该地区的发展，并逐步赶上中心区。由此可见，大力促进城市发展，充分发挥城市作为增长极和中心地区的带动效应。

二元结构理论是重要的以城带乡的理论。随着对发展中国家普遍存在的二元结构的分析，二元结构理论应运而生。1953年，J. H. Burke（j. h. boeke）（荷兰经济学家）在发表的《二元经济社会政策》一文中，率先提出了“二元结构”这一概念，二元结构指的是资本主义现代部门与传统部门，在社会文化和经济制度都存在巨大差异。在其首创性研究之后，1957年，冈纳·缪尔达尔（Gunnar Myrdal）在《经济理论和经济欠发达地区》提出了“循环累积模型”，对于国家经济发展的二元结构的形成机制或原因进行了解释，并提出了克服二元结构的政策建议。1968年本杰明·希金斯（Benjamin Higgins）在《经济发展》中，从技术状况、技术性质、技术结构等方面把发展中国家的经济部门划分为：主要依靠土地和劳动的生产要素的传统部门，以及主要依靠的资本生产要素现代部门，他发现传统部门（主要是农业部门）与现代部门存在巨大差异，即所谓的“二元结构”特征。罗纳德·麦金农（Ronald

Mckinnon）和爱德华·肖（Edwards Shaw）在1973年出版的《经济发展中的货币与资本》与《经济发展中的金融深化》两部作品中，认为发展中国家货币市场和资本市场都存在二元结构特征：同时存在着少数正规的以及大量非正规的、现代化的金融市场组织与落后的及传统的金融活动。1954年阿瑟·刘易斯（W. A. Lewis）发表的《劳动无限供给条件下的经济发展》一书中明确系统地提出二元结构理论，同时也是影响力最大的理论。刘易斯认为，因为发展中国家普遍存在"二元经济结构"，在扩大生产规模时现代工业部门可以将工资水平调整在农业劳动力者的工资水平与工业劳动力者的工资水平之间，雇佣到所需求的劳动力。随着农业劳动力转移到工业部门，农业生产率得到提高，从而增加农业劳动力者收入，直到传统农业部门的工资水平和现代工业部门水平一致时，城乡二元结构消失，最终实现一元化。该二元结构消失的过程分为两个阶段，第一阶段，工业部门规模较小，农村劳动力充裕，完全能满足工业资本对劳动力的需求，可以认为劳动力的供给是无限的，经济发展是这样一个过程，即利润增加会刺激工业部门对资本需求增加，资本增加则会引起工业部门的产出增加从而使工业部门得以扩大。如果资本积累达到一定程度，工业部门中利润转化成资本的增长速度会逐渐加快，当它超过劳动力供给的增长速度的时候，经济发展就进入第二阶段。该阶段中劳动力出现短缺，无法满足工业部门对劳动力大规模的需要，农业劳动力边际生产力增加，最终两个部门的劳动力收入趋同，二元结构开始消除。刘易斯的二元结构理论把经济发展的重心与传统农业向现代工业转移过程两者联系起来，通过这一联系他揭示出了传统农业与现代工业部门存在的消长机制。他认为传统农业向现代工业的转变及农村剩余劳动力向工业生产的转移是消除二元结构的关键，但却忽视了农业自身的现代化，忽视了农业劳动力者收入增加和农业劳动力生产率提高促进经济发展的作用。20世纪60年代初期，在刘易斯假设的基础上，费景翰和拉尼斯等将经济发展划分为三个阶段，由此形成了由三人名字命名的著名的刘易斯—费—拉尼斯模型（Lewis-Fei-Ranis model）。在他们划分的经济发展的第一阶段，农村存在大量剩余劳动力，供给几乎是无限的，农村边际劳动生产率接近零，此时劳动力向城市的转移并不会影响农业部门总产量，也不会影响农产品的价格；但在农村劳动力的逐渐向城市转移的条件下，农村边际劳动生产率增加，此时进入经济发展的第二阶段，农村劳动力的转移会导致农业部门总产量减少，导致农产品价格上升，随之引起工业部门的工资上涨；当到了经济发展的第三阶段，所有农村剩余劳动力完全向工业部门转移，此时农村剩余劳动力为零，农业部实现了商业化，实际工资得到提高。费景翰和拉尼斯认为在经济发展的第二阶段是工业化过程中最大的困难所在，随着工资水平的提高，工业部门吸纳农村剩余劳动力的成本也在增加，扩大的幅度已经停止。在这个时候，农村仍然有大量的剩余劳动力，农业部门还未实现商业化。

上述各理论从不同的角度都提出城乡协调发展的思想，同时，提到了一些具体模式，对我国城乡统筹发展有积极的借鉴意义。

2.2 融资机制的相关理论

本节主要在说明了融资、融资机制的含义后，介绍了微观企业融资的有关基本理论，重点介绍了融资环境、融资模式、融资风险以及融资效益等内容。

2.2.1 融资及融资机制的基本含义

2.2.1.1 融资的含义

融资即资金融通，通常这里的资金我们指的是货币资金。从广义上讲它是指这样一个资金的流动过程，即资金从资金供给者流向资金需求者的过程，这个过程包括了两方面，即资金的融出和融入，通俗地讲就是资金从资金供给者融出而融入资金需求者手里，所以可以说融资是双向互动的过程，如图 2-1 所示。

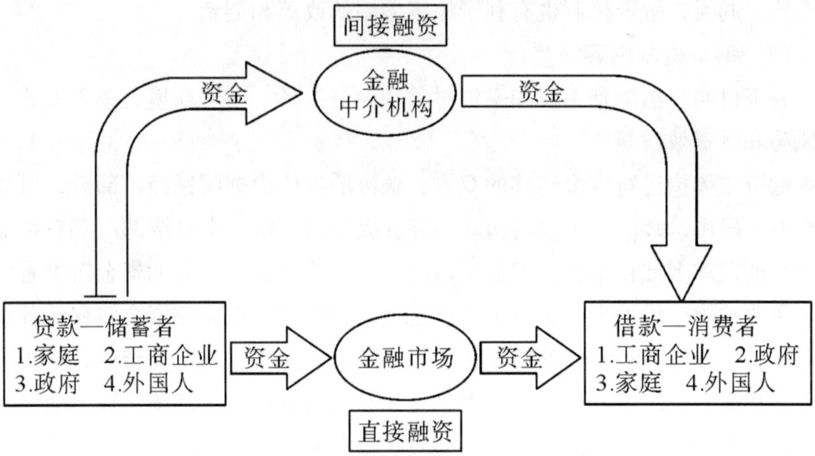

图 2-1 通过金融体系实现的资金流动

从狭义上讲融资主要是指资金筹集的行为和过程，即资金的融入，也就是我们通常意义上所说的资金来源。具体的经济单位从自身的经济活动情况，以及资金的使用，根据未来发展的需要，通过科学预测和决策，通过一定的渠道和方式，利用内部积累和外部供应商（债权人）筹集资金，保证经济活动所需资金的行为。

融资通常包括五个要素：①融资主体，即融资者是谁，是私人部门还是公共部门；②融资目的，即为什么要融资；③资金来源，即资金从哪里来；④融资方式，即如何去融资，采取怎样的方式方法；⑤融资成本，即在融资过程里产生的所有支出。

2.2.1.2　融资机制的内涵

经济机制是经济有机体各组成部分之间的重要关系。由于这种机制在生物体的经济过程中起着重要作用，也被称为运行机制。经济有机体的整个运作过程包含了所有构成要素的局部运作，每个构成要素都有自己的系统，每一个构成要素都有其特定的运行机制。

（1）融资机制含义

融资机制是由现金流和经济行为要素之间相互作用形成的融资体系，是为了某种融资目的而相互作用，相互联系和制约的过程。从微观角度看，在市场力量的主导下，调节资金供求双方行为，流动生产要素和分配过程，协调经济单位的相关融资行为，以实现有序高效的融资机制。从宏观角度看，是储蓄转化为投资的过程及其机理。融资机制是整个国家经济体制和经济运行机制的发展变化。同时，融资机制也有利于经济体制的改革和创新。

（2）融资机制内容

融资机制包括融资主体和融资对象、融资工具、融资环境、融资方式、融资风险和融资效益等。

融资主体指进行资金转移的双方，融资的主体根据国民经济部分，可划分为企业、居民、政府、金融机构和国外五大部门。每一个经济部门都有可能成为资金的需求者或供给者。但通常情况下，企业往往是最大的资金需求者，居民是主要的资金供给者。融资工具就是融资过程中借助完成资金转移的各种具体载体，一般是各种各样的信用凭证，如债券、股票、存单和贷款合约等。融资环境指融资的政策和经济环境等，比如有利的宽松政策环境、较大的经济总量及良好的金融状况等经济环境。融资模式指融资能够得以进行的具体机制。融资风险指融资中的风险，即是否能够顺利融入资金的风险，融资完成后产生的风险，比如偿还的信用风险，或者引发的其他风险。融资效益通常指资金融入完成后，使用所融资金产生的效果情况。

在城乡统筹发展中，农村发展是关键。大量文献表明农村金融发展、为“三农”发展的投融资，是促进农村经济发展，提高农民生活水平，进而实现城乡共同富裕的重要内容。由于资金的逐利性，现实中涉农的投资总是难以推动，这决定了城乡统筹发展的投融资主体必然是以政府为主。因此，城市和农村统筹发展的融资机制本质上是作为主要的融资主体，政府为了缩小城乡差距，改善农村基础设施、农村经济的发展，通过各种不同的渠道向资金供给者筹集所需资金的过程和行为。那么，政府如何去融资？融资环境怎样？融资模式又有哪些？融资的最后效果如何？是否引发何种风险等问题，将会在后面的章节逐步介绍和分析。

2.2.2 融资机制的理论基础

比较成熟的融资相关理论，基本都是从微观企业内部的角度出发，即公司金融中常见的融资结构理论。而本书讨论的城乡统筹中融资主体宽泛，但以政府为主导，且该融资目的基本逻辑与一般企业是有很大差异的，这些理论在城乡统筹融资中的应用性较差。因此，在此只做简单介绍。

2.2.2.1 早期资本结构理论

20世纪50年代初以美国经济学家戴维·杜兰特为主的早期企业融资理论学派，把传统融资结构理论分为了三大类：①净收入理论；②净营运收入理论；③传统理论。

首先，净收入理论认为，企业价值等于负债价值加上权益价值，而企业净收益决定权益价值。企业价值受资本结构的变化的影响，企业价值随着企业的负债比率增加而增加，两者呈现正相关关系，因为企业可以利用债务使其加权平均的资本成本降低。企业价值在负债比率为100%时达到最大值。从追求企业价值最大的出发点，寻找合理的资本结构，蕴含融资的来源构成。其次，净营运收入理论认为企业价值仅仅受到营业收入和综合资本成本两者的影响，与其他要素无关。所以只要企业收入和综合资本成本不变，企业的总价值就不会变动。由于在增加负债资本时，相应的成本有所降低，与此同时企业的风险会增加，从而使得股权资本的成本提高，这一升一降，恰好可以相互抵消，使总成本保持不变。因此，企业资本成本不会随着财务杠杆结构变化而变化，最优资本结构不存在。传统理论是两种观点之间的理论。企业可以通过财务杠杆降低资本的加权平均成本，提高企业的总价值。当负债率处于一定的限度时，虽然利用财务杠杆会导致股权成本上升，但不能完全抵消债务成本带来的低成本收益，企业降低总成本，增加企业价值。但超出这个限度，就会降低企业的价值。因此，有一个负债率小于100%的融资结构，使企业价值最大化。

2.2.2.2 现代资本结构理论

20世纪50年代，美国经济学家莫迪格和米勒提出了著名的MM理论。在完美市场中，初始MM理论认为企业资本结构与其市场价值无关。也就是说，融资方式的选择不会影响企业的市场价值。这一理论成立有一个前提假设，即没有企业所得税和个人所得税，没有企业破产风险，资本市场充分发挥作用。这些假设在现实生活中几乎不存在。因此，当我们应用这一理论来解释和说明经济现实时，得到的结果可能会与实际有极大偏差，但它为融资结构的分析和研究提供了一个有效的起点和框架。在企业所得税假设下，修正后的MM理论，债务有利于企业避税，因此杠杆效应影响企业价值和融资成本。企业价值和融资成本在负债比率达到100%是分别达到最大值和最小值。所以这里存在一个最佳的融资结构，它就是全部是债务。这个结论仍然与现实不符。虽然修正MM理论考虑到负债带来的税收利益，但它忽略了负债带来的风险和额外成本。回归MM理论（Miller模型）在修正MM理论中考虑个人所得税效应。认为在事实上，个人所得税从一定程度上抵消个人投资收益的利息收入，他们支付的个人所得税损失和以追求债务，减少企业所得税大致相等。因此米勒模型可以追溯到原来的MM理论，任何公司的价值都与其资本结构无关。

2.2.2.3 新资本结构理论

20世纪70年代以后，信息不对称理论引入到融资结构理论期中。此后，资本结构的研究视野和领域开始发生转变，从只关注外部因素“破产”“税收”等，开始转向外部因素“激励”“信号”以及“动机”等对企业资本结构的影响，并形成了新资本理论。在MM理论的基础上，权衡理论研究了企业市场价值与融资结构在存在破产成本和代理成本以及财务风险的情况下的关系。权衡理论认为企业债务增加，会增加企业陷入财务危机甚至破产的可能性，增加了企业风险和各种额外费用。因此，企业的最佳融资结构应该是债务成本与债务增量最大化所带来的财务成本与代理成本之间的最佳选择点。激励理论（代理成本理论）研究融资结构与管理者之间的关系。由于企业所有权和经营权相分离，产生了代理成本，融资结构的变化对经理人的工作努力水平和其他行为选择造成的影响，从而影响企业未来现金收入和市场价值。融资结构的选择的目标是代理成本最小化。研究领域的代表人物有Jensen和Meckling（1976）、Harris和Raviv（1990）及Stulze（1990）。Jensen和Meckling（1976）的《企业理论：管理行为、代理成本和所有权结构》在信息不对称条件下，系统地分析了两类与资本结构有关的代理问题。一是股东与债权人之间的利益冲突以及代理成本问题；二是股东与经理之间的利益冲突和代理成本。信息不对称理论，是指经营者与投资者之间存在信息差异，处于劣势的一方通过各种判断信息，而处于优势的另一方通过输出信息为他们创造良好环境。根据信息不对称理论，企业管理者比外部投资者更了解企业的经营。特别是信息披露不完整的中小企业，而外部投资者对于企业的投资、收益的情况并不能完全掌控，在做出投资决策时只有依据企业已披露的资本结构、股利政策等。此时，企业融资方式的选择就给投资者传递信号，投资者对企业经营状况的掌控受到影响，从而影响企业价值。罗斯（1977）是最早系统地把信息不对称理论引入到企业资本结构的分析中。他的研究基于 MM 定理的所有假设，唯独放松了关于“充分信息”的假定。其得出结论是：“负债—资产比”就是一种把内部信息传给市场的信号工具。企业管理者可以通过改变企业的资本结构来影响投资和评价企业价值，企业的市场价值与企业负债资产的比率成正相关。啄食理论，又称为新优序融资理论，是由美国经济学家梅耶斯等提出的，他们进一步探讨不对称信息对企业资本结构的影响。该理论探讨了当信息不能有效传递时企业如何选择融资渠道。他们假设市场是完美的，但是投资者不知道企业资产或者新发展机会的真实价值，所以投资者无法准确地评估新项目融资的证券价值。他认为公司在为自己的新项目进行融资时要遵循所谓的啄食顺序。啄食顺序就是指在外源融资与内源融资之间，企业更偏好后者；在债权融资与股票融资之间，企业更偏好于后者。

2.2.3 融资环境

2.2.3.1 含义

融资环境是在一定的具体经济单位制度下，影响其筹资活动的各种外部境况和条件的集合。融资环境包括与一定筹资活动相关的多方面的因素，例如，经济、政治、社会、自然等。融资环境最初主要表现为自然地理环境和基础设施等基本自然条件，后来又扩展到经济、立法、体制和服务等方面。一定时期的融资环境是一定时期经济发展水平的综合反映。

2.2.3.2 特点

融资环境在不断地发展和变化过程中，主要表现出如下特点：

（1）综合性

融资环境是由许多影响融资流向和流量诸如经济、政治、文化、社会、自然等因素结合而成的一个综合体。在这各种因素里，有些对融资起决定性作用，有些只作为必要的补充，但是他们对于一个良好、完整的融资环境是不可或缺的。这一特点要求我们在完善的融资环境中进行融资决策时，要有准确的认识、合理的安排组织，协调好各个因素之间的关系，发挥综合能力，实现最优组合。

（2）整体性

融资环境的整体性特征主要表现为融资环境各构成因素间是相互作用，相互协调，互为条件，进而组成一个完整的系统。其中任意一个因素发生改变，其余因素都有可能随之发生连锁反应，从而致使融资环境发生变化。所以整体性这一特征要求我们在对融资环境进行研究，开发或是完善时，都必须统筹兼顾，立足于全局，要把握好整体性，实现最优组合，发挥整体性的优势。

（3）区域性

区域性融资环境是一个相对性概念，它是组成国家全局融资环境中的有机部分。由于生产力发展在各区域表现出层次性，且在空间布局上也呈现出非均衡性，以及不同地区之间在社会经济、地理、自然等具有差异性，决定了区域性融资环境的普遍性和特殊性。把握好普遍性与特殊性的统一，将有助于发挥各地区优势，有利于完善地区融资环境，助推地方经济的发展。

（4）动态性

融资环境具有一个动态平衡的开放系统，它无时无刻不在变化运动中。在这不停地变化运动过程中，致使融资环境各构成要素之间不断地组合、分裂、相互协调作用，这也同时反映了融资环境的运行水平。我们对融资环境的评价标准应该是随之变化而变化。动态性这一特点要求我们研究融资环境时，要时时刻刻关注融资环境本身的不断变化，应该不断调整融资决策来适应环境的变化。

2.2.3.3 分类

融资环境根据不同的角度可以分为不同类型的融资环境。按照研究不同的层次可将其划分为宏观环境和微观环境；按照影响因素的差异可划分为政治、自然、经济、社会环境；而按构成性质的不同又可划分为硬环境和软环境。

（1）按研究层次划分：宏观融资环境和微观融资环境

宏观融资环境和微观融资环境主要区别在于受影响的主体不同，前者受影响的主体是总体融资行为的要素系统，而后者受影响的主体是具体某一融资项目的环境状况。前者通常表示整体的环境，后者则表示局部的环境。

（2）按影响因素划分：政治、自然、经济和社会环境

政治环境通常是指当地的政策政治及法律法规；自然环境一般是指在历史发展中，长期形成的并且影响着融资的地理、自然条件；而经济环境则是指在

人类生存发展过程中建立起来的各种基础设施，它们会影响进一步融资；社会环境主要指社会方面关系的总称，而这些关系对融资具有重要的影响。

（3）按构成性质划分：硬环境和软环境

硬环境通常是指自然和地理环境、各种基础设施等，如通常所讲的地理位置、资源、自然条件、交通、各种基础设施、通信、信息等都属于硬环境。

软环境是融资环境的软件方面，主要指人们的思想观念及其运动形成的体制、规范及模式等，即对融资活动产生影响的非物质条件，例如经济、政治、法律、文化环境等都属于软环境的范畴。

本书后续章节分析的城乡统筹融资环境，主要从影响因素角度侧重分析融资的政策环境和经济环境。

2.2.4 融资方式

融资方式，通俗地讲就是融资主体进行融资行为所采用的方式方法。企业在进行融资决策时，根据目标函数和收益成本约束，选择合适的融资方式，以最大限度地提高企业资本结构，使企业的市场价值最大化。

2.2.4.1 资本供求双方是否有直接关系划分为：直接融资与间接融资

直接融资是指这样一种融资行为，资金供应者和资金需求者通过一定的金融工具直接形成的债权和债务关系，其具体方式通常有股票融资、债券融资、认股权证和商业信用等。

间接融资即资金供求双方需由中介机构间接实现融资行为，双方并非像直接融资那样直接形成债权债务关系，而分别与中介机构形成债权债务关系，进而实现资金融通、非银行金融机构贷款融资、外国政府贷款和国际金融机构贷款等。

2.2.4.2 按融入资金与资金需求方的关系分：债权融资和股权融资

债权融资是一种资金需求者由信用保障获得资金，必须根据现有的利率支付利息的融资方式。从本质上说，它是一种所有权没有变更的资金使用权的暂时转移，包括发行债券和银行贷款等具体问题。发行债券的目的是为了一次性获得大量的长期资金。根据债券发行人可分为政府债券、地方政府债券、金融债券、企业债券（公司债券）；按偿还期限可分为长期、中期及短期债券；根据担保的性质为有担保、无担保债券以及抵押债券、抵质债券，和更为特殊的类型，如可赎回公司债券、可转换债券、资产证券化和其他证券。

股权融资是企业为获得长期或永久资金而采取的融资制度。股权融资所产生的资金直接构成企业资本。其性质是企业自有资金，主要包括私募股权投资吸收直接投资和发行股票等。

2.2.4.3 按融入资金的来源分：内源融资和外源融资

不同的筹资方式可以分为内源融资和外源融资。融资的实质其实就是储蓄向投资的转化。在经济运行中，储蓄和投资可以由同一主体完成，也可由不同的主体完成。在同一主体完成储蓄和投资的情况下，投资主体利用其积累的储蓄进行投资活动，称之为内生融资过程，即内源融资也可称为内部融资。内部融资具有独创性、自主性、低成本和抗风险的特点，是企业资本形成的重要方式。在发达的经济市场国家，企业的进行融资时通常是优先选择内源融资。企业的资产规模、利润水平和投资预期决定企业内源融资能力。然而受企业发展的制约，内源融资所筹集到资金无法达到企业预期融资规模。此时，必须向外部进行融资。外源融资是指投资主体经过中介或直接从资金供给主体那里获取所需资金。

2.2.4.4 按融入资金使用时间长短分：短期融资和长期融资

这是根据期限来划分的，通常将期限在一年以内的为短期融资，反之则为长期融资，由于大部分的企业融资是长期的，所以大部分的融资方式是长期融资；而短期融资包括商业信贷、流动资金贷款、存货融资（存货抵押融资贷款）和其他融资。

2.2.4.5 按资金供给方的性质分：财政资金、信贷资金和民间资金

财政资金指财政部门作为资金供给者向资金需求方融出资金的形式，通常表现为财政拨款、无偿投入或者拨改贷的形式。对于公益性项目的财政拨款和通过被授权机构进行国有资产投资的资金可以无偿使用，获得财政投资的企业和项目可以将其投资作为自有资金或资本金注入。财政资金使用期限长，短则3~5年，长则10~20年，比一般银行贷款期限长得多。

信贷资金指通过银行类金融机构提供的贷款资金，通常需要借款主体达到金融机构的贷款人资格条件，大多数需要抵押或质押物品，中小企业和农户往往难以满足贷款条件以致从银行贷款困难。

民间资金指融入资金来自非金融企业、自然人或者其他民间经济主体。民间融资通常有民间借贷和民间集资的形式，城乡统筹中民间资金的介入往往是为了组织生产经营或参与基建，未来有一定盈利预期的项目。

2.2.5 项目融资模式

常见的项目融资模式主要有：

2.2.5.1 BOT 融资模式

BOT（build operate transfer）融资模式是由政府、所属机构提供融资项目

特许权协议，由国内公司或国外公司共同出资建设和运营项目，为项目提供资金。开发建设项目，承担风险，在有限期限的获取经营利润，最终按照协议规定将项目转移到政府主管机构。在协议期限内，项目的经营权和收益权归项目公司所有，以弥补日常经营支出并获得相应的预期回报；在协议期限结束后，项目公司依照协议将该项目无偿转让给相应的政府机构。在基础设施投资中，BOT 是民间资本参与投资的成熟模式，最近几十年来受到许多发展中国家的重视。

近些年来，BOT 以其明显的优越性获得我国各地的众多大型基础设施建设项目的青睐。从政府机构角度分析，BOT 的优势主要表现在以下几方面：一是资金来源广，由于吸引着大量国外资金及民间资本，建设资金便不再是问题。二是风险可转移，特别是规模越大、运营周期越长的投资项目，风险出现的概率就越大；而运用 BOT 模式时，政府将项目融资的全部责任都由承包商承担，从而减轻了政府债务负担。三是项目运作效率高，为了降低风险，获得更多的利润回报，在项目建设中，项目公司必然引入先进的设计和管理方式以及成熟的经营机制，按照市场化原则对建设项目进行经营和管理，从而项目的建设和经营效率得到提高，同时是保证了项目质量和加快了建设进度，使建设项目按时按质完成。四是技术和管理水平先进，在项目建设和经营过程中，国外的大型投资和管理公司会引用国际先进的技术和管理，这样既可以保证项目的建设质量和进度，又可以提高东道国的管理和技术水平。

2.2.5.2　PFI 融资模式

PFI（private finance initiative）融资模式是指民营企业或私营机构利用自己的资金、人员、设备、技术和管理优势，积极参与基础设施项目的开发、建设和管理。在这一模式中，由私有机构和私营企业共同设立的项目公司负责该项目的设计、开发、筹资和建设。最终，项目公司向当地政府和相关部门销售该项目。PFT 模型可以实现基础设施建设项目投资主体的多元化，并在一定程度上克服传统基础的弊端，比如低效率、高投入、资源高消耗等。

2.2.5.3　PPP 融资模式

PPP（public private partnerships）融资模式是指私人非营利性组织、营利性企业以及政府根据某个基础投资项目通过结合而形成相互合作的关系。该模式有效地把政府寻求通过投资给社会带来最大的经济效益的目标与私营部门追求回报的投资目标结合起来，促使更多的私营企业参与一些基础项目建设中，减轻政府投资负担，从而实现政府、企业等其他组织“共赢”的局面。

2.2.5.4　ABS 融资模式

ABS（asset-backed securitization）融资模式即资产支持的证券化的融资模

式，是指以目标项目所拥有资产为基础，及以该项目资产的未来预期收益为保证，在资本市场上发行高级债券来筹集资金的一种融资模式。

2.2.6 融资风险

2.2.6.1 含义

一般说来，风险指的是在一定时间内和一定条件下可能使最终结果偏离预期的程度。1901 年，美国的威雷特在其博士论文中，率先定义了风险，认为“风险是客观反映了不愿发生的事件的不确定性”，该定义强调了风险的客观性和本质属性的“不确定性”。

融资风险是指资金需求方因融入资金而增加的风险，通常由企业利用负债而对股东造成额外的风险，主要包括两个方面：一是企业的风险可能会失去偿付能力；二是造成股东的利益遭受损失。例如，债务融资利息的刚性偿还（定期、固定利率偿还）和股权融资下的高额分红和企业收入不确定性并存，会带来一定的风险。

2.2.6.2 特征

（1）客观性

融资风险具有风险的一般性特征，其客观主要表现为不以人的主观意志而改变，是客观存在的。因此通过揭示引起该风险产生的客观原因，它可以被人们识别。

（2）可度量性

由于融资风险是客观存在于整个融资过程，因此可以通过数学方法或者统计概率方法等将其度量出来，但准确度量风险往往是风险控制的最大难题。

（3）不确定性

融资风险产生的必要条件是不确定性，如果没有不确定性，融资风险也就不复存在。

（4）潜在性

融资风险往往不是显露在表面，只有当引起风险产生的环境条件成为现实时，风险才会潜在状态被唤醒进而转化为现实，从而风险事件产生，造成经济损失。

（5）相对性

融资风险具有相对性，主要表现在与主体采取的决策、从事的活动和行为方式紧密相关。不同的活动主体对于同一风险事件会导致不同的后果；同一活动主体，采取的措施或决策、行为方式不同，会产生不尽相同的风险后果；对于同一风险事件，各个活动主体的态度可能是不同的。所以，融资风险是具有相对性。

2.2.6.3 成因和分类

融资风险是企业融资目标与融资结果之间的不确定性，这种不确定性是客观存在的，企业的融资风险的成因主要分为内部因素和外部因素。内部因素主要指企业融资过程中与企业本身资本结构、偿债能力以及经营管理等相关的因素。外部因素则主要是指宏观因素，如国际经济环境、经济发展及金融市场等方面。这些原因，可归为系统性风险和非系统性风险两大类：

（1）外部经营环境发生变化产生的系统性风险

①宏观经济环境风险

宏观经济发展存在周期性变化，对企业融资会产生较大的影响。比如，整个经济的景气度下降有可能会导致行业收缩，从而融资风险增加。

②金融市场风险

金融市场风险同时也称为金融市场系统风险，是指由于汇率、利率等某种因素的变化和变动而致使金融市场波动，从而导致融资风险。

③政策法律风险

由于政府的制度和政策出台所导致金融市场波动而产生的风险。特别是在一些非市场经济体或政府经济干预力度大的国家，企业融资风险的主要来源之一便是由政策因素引发的系统风险。

（2）内部经营因素发生变化产生的非系统性风险

①经营风险

其指企业的经营管理者决策上失误而导致企业在筹资和资金使用过程中产生的融资风险。这种风险主要是由于：经营管理不当、资金管理不到位、资金闲置过久以及筹资得来的资金使用不当等。

②负债规模风险

所谓负债规模即指企业负债与总资产之比的大小。该比率越大，表明利息支出越多，则越容易出现资不抵债的财务问题甚至破产。所以，负债规模越大，越容易引发企业的融资风险。

③负债的期限结构风险

所谓债务的期限结构就是指企业短期借款的期限结构与长期借款的期限结构相对比例。通常情况下，短期资金与长期资金一般是分别通过长期融资和短期融资而得。当债务期限结构安排不合理，而长期资金却采用短期融资方式筹集，则可能导致较大的还款压力，引起流动性风险，甚至易造成企业资金链断裂。

④内部控制风险

企业的内部控制体系和治理结构不健全是直接导致内部控制风险产生的本质根源。当股东会、董事会、监事会没有形成有效的制衡机制，个人素质低下、缺少制约机制以及激励不足等原因导致决策者在企业融资过程中很可能出现道德风险。

⑤融资决策风险

所谓融资决策风险即指企业筹资过程中由于融资决策失误而引发的风险。融资决策风险可能会使企业在融资过程蒙受巨大的损失。

2.2.6.4 控制的方法

融资风险的控制主要是运用各种技术手段或者经济方法把风险化小、分散以及转嫁的过程。其基本手段主要有：

（1）风险回避

事先预料风险产生的可能性程度，主动拒绝可能引起风险损失的方案或者放弃实施。此方法是将风险行为减为零的极端方法。风险回避简单易行，但回避风险的同时也丧失了收益机会。

（2）风险抑制

不是为了终止风险，而是为了计划或采取措施，以降低风险的发生或降低实际损失的可能性，包括在事件发生之前、期间和之后的三个阶段。事件发生之前是为了减少损失的概率，事件发生期间和之后主要是为了减少实际损失。

（3）风险分散

风险分散是指可以通过进行投资组合将风险分散于各个投资上，以此达到降低风险的目的。

（4）风险转嫁

所谓风险转嫁指某风险承担者通过契约将风险转嫁给他人承担，从而降低风险程度，通常是指将风险转嫁给保险公司和担保机构的做法。

（5）风险自留

对于一些无法回避和转移的风险采取现实的态度，经济主体自行承担面临的融资风险。

2.2.7 融资效益

融资效益是企业的融资成本与融资收益之间的关系，是某种融资方式具有以最低成本为筹资者提供融入资金，以及为企业创造最大财富的能力。融资成本，即筹资和使用资金的成本，包括融资成本和资金成本。融资成本是指筹资过程中的各种交易成本。例如通过发行股票或债券进行筹资时所产生印刷费，发行手续费、资信评估费以及广告费等；资金成本是指企业在使用所筹集的资金而向资金供给者给予报酬，如通过债券或借款融资所产生的利息；通过发行股票筹资而向股东支付红利及股息，租赁资产使用所支付的租金和其他。一般说来，融资成本是通过融资成本率来表示的，即融资成本（融资费用与资金成本之和）与实际筹集获得的资金之比。城乡统筹中的融资效益高低往往体现为筹集资金量的多少、资金所投项目覆盖面的大小以及项目产生的经济和社会效果好坏。

2.3 融资机制与城乡统筹两者关系的相关理论

城乡统筹发展中的产业和城镇化等经济发展内容，户籍、社保和科教文卫等社会事业的发展，都需要资金的支撑才能得以实现。这恰是本书研究的重点，而这两者关系的基本理论，可以溯源至资本对经济增长、金融对经济增长的相关内容，都集中在金融促进经济增长和发展上。

2.3.1 资本作用于经济增长的相关理论

这主要从宏观角度研究资本对于经济增长的作用。典型的理论有：

2.3.1.1 *索洛模型*

生产要素的增长是经济增长的重要源泉，主要包括劳动力或资本的增长，或两者的增长。其中，资本要素始终是生产不可缺少的重要因素。亚当·斯密在《国富论》中指出物质资本的积累是经济增长的动力，之后大卫·李嘉图进一步肯定了该观点。如今经济增长理论强调了在经济增长过程中，资本形成对其的重要性。索洛模型在新古典经济增长理论中充分而准确地描述了资本与经济的关系：$Y=ze^{ut}K^{\alpha}L^{1-\alpha}$。其中，$Y$ 为国内生产总值；K 为资本存量；L 为劳动投入量；z 为全要素生产率；e^{ut} 为一个常数，一般代表了外生的技术进步；α 和 $1-\alpha$ 介于 0、1 之间，α 反映了资本对经济增长相对于劳动的贡献率。$1-\alpha$ 则是反映劳动投入对于经济增长相对于资本的贡献率，故而，经济增长与资本形成紧密相连，而根据资本形成过程 $K^1=(1-d)K^0+I$，其中 K^1、K^0 分别为未来与当前的资本存量，d 为资本的折旧率，I 代表投资或者储蓄。所以可以看出，投资或储蓄行为等是直接促成资本形成的途径。由此体现出投融资对经济的一种作用。与此同时，经济又反作用于金融，两者相互作用、相互促进。经过一系列推导和变形，索洛增长模型达到稳态时表述为：$szf(k*) = dk* + nk*$，其中，$k*$ 为稳态时人均资本拥有量的变化率，$nk*$ 为按照既定资本劳动比配备每一新增人口所需资本量；$szf(k*)$ 为人均储蓄率。该关系式表明，人均储蓄有两种用途，一方面增加 $k*$，即提高人均资本存量，这过程称为“资本深化”；另一方面为新增人口提供平均的资本设备，被称为“资本广化”，即将社会储蓄全部转化为投资，则可使人均资本存量增加从而进一步资本深化和满足新增人口的资本需求的资本广化。因此，当投资量大于资本广化所需资本量时，便进入了资本深化阶段，经济加速增长。

2.3.1.2 哈罗德-多马模型

哈罗德-多马模型强调投资的双重作用，首先在需求方面，增加投资可以引起总需求增加，从而增加国民的收入；其次在供给方面，增加投资可以促使生产能力提高，进而增加下一期国民的收入，同时收入增加可以进行更多投资行为，以此促进投资增加①。哈罗德-多马模型的公式：$g=s/k$，即一国的国民生产总值增长率（g）等于该国居民储蓄率（s）与资本产出率（k）之比。其中资本产出率 k 为资本存量与产出之间的关系。哈罗德-多马模型的假定是资本产出率为一个常数，因此经济增长率 g 只受储蓄率 s 的影响。哈罗德认为，经济增长率应分为：①实际增长率，即指社会的实际增长率；②均衡增长率，同时也叫保证的增长率，是由投资者满意的储蓄率和资本产出比率所决定的；③自然增长率，是在达到充分就业条件下的经济增长率。只有满足“实际增长率 = 均衡增长率 = 自然增长率”这一条件时，经济才能实现均衡增长，然而现实中这样的长期均衡增长无法做到。当实际增长率与均衡增长率不等时，经济出现短期波动；当自然增长率与均衡增长率出现偏差时，经济出现长期波动，并且这种偏差还具有自我加强的趋势。

2.3.1.3 罗斯托经济成长阶段理论

该理论又称罗斯托“起飞”理论，在发展经济学中，罗斯托提出“起飞”理论，阐述了欠发达国家资本积累在实现经济发展和向发达国家转轨过程中的重要性。他认为经济由落后向先进过渡的首要条件，就是生产性投资率达到10%以上。由此可见，金融活动对经济的重要性。

2.3.1.4 纳克斯贫困恶性循环理论

纳克斯（1958）提出贫困恶性循环理论，他指出不发达国家陷入贫困境

---

① 唐颖. 东盟五国财政投资与经济增长关系研究［D］. 厦门：厦门大学，2008：18-20.

地的根本原因是资本形成不足。从资本的供给和需求两方面来分析：从资本供给看，不发达国家人均实际收入低→储蓄能力低→资本形成不足→劳动生产率低→收入低，这样循环往复，形成一个恶性循环；从资本需求看，不发达国家的实际人均收入低致使购买力低下，进而使投资引诱不足，促使生产率低，最终又导致收入低回到最初状态。如此周而复始，又形成一个恶性循环。两个循环相互影响，阻碍了经济发展。

2.3.2 金融发展作用于经济发展的相关理论

2.3.2.1 金融结构理论

1969年，戈德史密斯（Goldsmith）在其发表的《金融结构与经济发展》一文中，定义一国的金融结构为该国现存的各种金融机构与金融工具之和，包含了金融机构与金融工具的规模、种类，经营方式与特征等。戈德史密斯（1969）论述一个国家的金融结构为，对现有的各种金融工具和金融机构之和，包含金融工具、金融机构的规模、类型、经营特征及方式等。在该文中，通过深入分析金融结构与金融发展和经济增长的关系，他认为金融发展的本质是金融结构的变化，而金融发展的研究其实就是研究金融结构的变化过程和趋势①。一个国家的金融结构随着经济的发展而变化，金融结构的变化就是金融的发展。不同国家在金融发展中的表现虽然不同，但其发展趋势是一致的②。所以对于发展中国家来说，发达国家金融发展的经历能够为自身提供经验和教训。此外，戈德史密斯创造性地提出了评价一国金融结构和金融发展水平的存量与流量指标，即FIR金融相关比率。FIR是指某一时点上一国所有金融资产价值与该国经济活动总量的比值。相对于国民财富，金融结构互动越紧密，金融资产总价值越高，金融相关比率越高。FIR现已成为衡量一国金融发展程度的最重要指标，但是也有许多学者认为金融体系的功能不一定能够在金融机构的规模下准确度量出来，戈德史密斯仅仅强调了金融发展的量的方面而忽略了质的提高，此外，他并没有揭示金融发展是怎样提高经济的生产率以及会如何影响资本积累等问题③。

2.3.2.2 金融抑制和金融深化理论

20世纪70年代初，从二战后绝大多数发展中国家来看，二元金融结构、货币化程度低、金融体系不健全、资本市场严重扭曲、政府对金融过多管控等

---

① 张健华. 利率市场化的全球经验［M］. 北京：机械工业出版社，2012.

② 唐超. 金融发展与经济增长：基于山东省的实证研究［D］. 济南：山东大学，2012：4.

③ 唐超. 金融发展与经济增长：基于山东省的实证研究［D］. 济南：山东大学，2012：4.

现象普遍存在问题。系统性地提出了两种具有代表性的理论，即“金融深化”和“金融抑制”理论，并深刻地指出了“金融抑制”所带来的危害，而且很严密地论证了经济增长与投资、储蓄及金融自由化的正向相关关系。麦金农的《经济发展中的货币与资本》和肖的《经济发展中的金融深化》都指出因为发展中国家与货币制度的特殊性与经济发展情况，对发展中国家来说，新古典理论并不适合。在发展中国家，金融市场欠发达，金融机构高度国有化，政府往往过度干预金融市场，人为地降低利率和汇率，导致负利率，阻碍了储蓄，削弱金融机构汇集资源的能力，扰乱了资金资源在投资和储蓄的合理配置，阻碍了储蓄向投资转化效率的提高，使社会资金的造成供不应求的局面。供求关系的失衡导致资金变成稀缺资源，国有企业的供给只有由政府通过“信贷配给”的方式，但是，国有企业产权不明晰，资本利用效率往往低于民营企业。从而导致资金使用效率的下降和并造成浪费，致使不良资产产生，随之使经济发展受到阻碍。而另一方面，经济的运行状况直接影响资本积累，同时影响着社会对金融服务的需求，因此经济发展的滞后又制约着金融业的发展①。因此，肖和麦金农认为大多数发展中国家面临落后、不完全的金融制度阻碍经济发展，经济发展的停滞进一步导致金融业的萎缩的恶性循环。这种金融与经济的恶性循环被称为“金融抑制”。

如何打破金融与经济的恶性循环，肖和麦金农认为必须要进行“金融深化”，就是要完成金融体制改革，在金融市场中，打破政府垄断，放松对金融体系和金融市场的监管和限制，扶持民间金融的发展建设，大力支持金融机构在农村地区发展，完善金融体系，发展现代金融部门，充分发挥银行和资本市场吸纳和调动社会资金，合理引导资金投入生产；使利率准确地反映资金的稀缺程度和资金流动情况，促进储蓄向资本的转化②，从而建立健全的金融制度，动员社会储蓄和投资，推动经济发展，从而使国民收入增加，将进一步提高储蓄和投资水平，刺激金融业发展的良性循环。这种金融经济的良性循环称为“金融深化”。肖和麦金农的理论强调了金融因素在经济发展中的作用，打破了只重视真实变量论经济发展而忽视金融变量的传统，它将新古典主义和凯因斯理论是货币和物质资本相互替代的假设否定了。提供了一个全新的视角和思路给发展中国家以促进资本形成，带动经济的发展。

2.3.2.3 金融约束理论

二战后金融深化理论逐渐被人们接受，众多发展中国家掀起了金融自由化

① 张健华. 利率市场化的全球经验［M］. 北京：机械工业出版社，2012.

② 张迎春. 统筹城乡发展与金融支持体系构建研究［M］. 成都：西南财经大学出版社，2006：11.

的改革浪潮，但改革的结果却远远不如预期。在该背景下，经济学家赫尔曼、穆尔多克、斯蒂格利茨等人归纳了发展中国家金融自由化改革失败的原因，用有效需求的观点和从信息不对称角度批评了“金融深化理论”的不足，重新审视了金融发展中政府干预和放松管制问题，提出了“金融约束理论”。它是介于金融深化与金融限制两者之间的政策性理论，它并不违背金融深化理论，而是金融深化理论的丰富和发展。赫尔曼等人认为在经济实力落后、金融深化程度低的发展中国家，盲目推行金融自由化改革，会导致市场失灵，加剧金融体系的不稳定性，由政府主导的垄断性金融制度安排比竞争性金融制度安排更利于经济发展①。金融约束理论中的“金融约束”是指政府通过各种金融政策在私人部门创造一个“租金”机会，租金高于竞争市场产生的利润，是政府为银行、企业等民间部门提高的激励机制。金融约束理论认为政府凭借其持有的强制约束力，如控制存贷款利率、市场准入及竞争、限制资产替代等，为民间部门创造租金。一方面该租金可以促使贷款银行的特许权价值增加，刺激其长期经营发展，谨慎高效地配置资源，提高贷款质量，从而有效促进资本形成和金融发展。同时，鼓励银行等金融机构吸收存款，提高社会资金的使用效率。另一方面，租金的存在会激励企业改善自身经营状况，提高经营业绩，在融资中获得更多的租金份额。

金融约束理论认为金融约束只有在稳定的宏观经济环境或者实际利率为正、通货膨胀率较低，政府对银行或企业的干预较少，银行和企业行为符合市场要求等一定的前提条件下才能发挥作用②。在这些前提条件下提出如下政策主张：①利率控制，政府以先控制存款利率来创造租金机会给银行部门。同时通过控制贷款利率来控制租金在银行和企业之间的配置。②市场准入限制，政府控制银行业的市场准入，以确保新加入者不会侵蚀现有银行所需的租金。防止银行之间的恶性竞争消除政府给银行部门的租金，导致银行经营性倒闭，引发金融市场的紊乱和储蓄投资者们的恐慌，加剧金融体系的不稳定性，最终导致金融危机的爆发。③限制资产替代，限制正规金融部门的存款转换为证券、外国存款、非正规金融部门的存款以及其他形式的实物资产，降低银行体系的经营风险③。

---

① 吕剑. 金融约束理论：中国转轨时期金融改革的思考［J］. 中国物价，2010（11）：48-51.

② 张健华. 利率市场化的全球经验［M］. 北京：机械工业出版社，2012.

③ 沈伟楠. 浅析金融约束理论及其是否适合中国［J］. 现代商业，2013（27）：30-31.

2.3.3 农村金融作用于农村发展的相关理论

城乡统筹关键在农村，资本形成对农村经济的积极作用十分重要。早在20世纪中期，Hasody就认为大多数农民属于小农，政府发展和组织对小农的贷款，有助于提高农民收入①。Rodan在1943年提出“大推进”理论，提出农业国家全面地、大规模地向各个部门如基础设施建设部门注入资金是实现现代化的关键。在研究人均收入和人口不同速率增长背景下人均资本的增长问题②。Nelson（1956）提出了“低水平均衡陷阱”理论，主张进行大规模的资本投资，使得投入和产出增长率超过人口增长率，有效地提高人口收入和促进经济增长。他认为资金的匮乏是制约农村经济发展的关键因素③。进入21世纪以后，Koester（2000）研究发现功能完善的农村金融市场在实现计划经济向市场经济转变，在提高农村资源配置效率起着关键性作用④。Jensen（2001）通过研究农业资金绩效，实证结果发现在发展中国家的农业投融资方面，政府主导的农业信贷体系并没有很好的起到促进作用⑤。Townsend等（2001）通过对农业经营风险对农村融资活动和农村金融发展的影响研究，认为政府主导的农业信贷不仅效率低下，而且会增加农村金融风险⑥。Coetzee（2004）从“规模经济”和“交易成本”角度，研究发展中国家农村经济主体的投融资活动，发现发展中国家农村经济发展普遍面临着投融资活动效率低下问题，改革和完善投融资制度是解决该问题的关键⑦。kolar等（2005）在研究金融中介、体制转型中竞争和监管，农村市场组织的作用时发现，金融中介在解决项目融资问题，消除信息不对称方面扮演了重要的角色，创新农村融资机制是解决农村资金短缺的关键⑧。

---

① 张杰. 中国农村金融制度：结构，变迁与政策［M］. 北京：中国人民大学出版社，2003.

② ROSENSTEIN-RODAN P N. The problems of industrialization of eastern and south-eastern europe［J］. The Economic Journal, 1943（53）：202-211.

③ NELSON R. A theory of low-level equilibrium trap in underdeveloped economies［J］. American Economic Review, 1956, 46（5）：894-908.

④ KOESTER U. CAP is something we can be proud of［R］. Kiel：University of Kiel, 2000.

⑤ JENSEN E. The farm credit system as a government-sponsored enterprise.［J］. Review of agricultural economics, 2000（22）：263-270.

⑥ TOWNSEND R M, YARON J. The credit risk-contingency system of an Asian development bank.［J］. Economic Perspectives, 2001, 25（3）：31-48.

⑦ COETZEE A W. What it means to be a loser：non-optimal candidates in optimality theory［D］. Amherst：University of Massachusetts Amherst, 2004.

⑧ KOLAR J M, JERISON J D. The home mortgage disclosure act：its history, evolution, and Limitations［D］. New York：Cornel University ILR School, 2005.

3 成渝地区双城经济圈城乡统筹水平与投融资状况

2007年，经国务院和国家发改委同意批准，将重庆市和成都市两地设立为"全国城乡统筹综合配套改革试验区"，成渝两地要"按照国家对两地的要求，实行全面体制改革，率先突破重点领域，不断探索创新，加快促成统筹城乡发展体制机制，充分发挥两市城乡经济协调发展促进作用，为实现全国实现科学、和谐发展与深化改革开创发展道路"①。从成立试验区开始到如今已十年有余，成都和重庆相继启动了一系列城市地区农村改革和政策措施，取得的成果也十分显著。本章首先回顾成渝城乡统筹发展的做法，其次对成渝两地城乡统筹水平进行评估，并分析目前的投融资状况。最后，简要说明投融资在成渝试验区城乡统筹中的地位和作用。

3.1 成渝试验区城乡统筹的主要做法

成渝两试验区作为全国范围内城乡统筹改革发展的先例，其地位是有所不同的，其破解我国的经济和社会体制改革的难题的优劣势各不相同的，所以两地承担着不同的任务，因此两地改革的重点也就不尽相同，国家对成渝两地改革试点的期望自然也有所不同，试点工作的主线和重点都将围绕其展开，见表3-1所示。

① 摘自国家发展改革委员会《关于批准重庆市和成都市设立全国统筹城乡综合配套改革试验区的通知》(发改经体〔2007〕1248号文)。

表 3-1　国家对成渝两地城乡统筹改革试点的要求

地区	国家对改革试点要求的主要内容
成都市	1. 建立城乡统一的行政管理体制 2. 建立覆盖城乡的基础设施及其管理体制 3. 建立城乡均等化的公共服务保障体制 4. 建立覆盖城乡居民的社会保障体系 5. 建立城乡统一户籍制度、健全基层自治、城乡统筹产业发展 核心要求：城乡统筹，一体发展
重庆市	1. 着眼于城乡统筹劳动就业，大力推进农村富余劳动力转移 2. 着眼于统筹进城务工经商农民向城镇居民转化 3. 着眼于城乡统筹基本公共服务 4. 着眼于城乡统筹国民收入分配，加强对“三农”的支持 5. 着眼于城乡统筹发展规划，推进区域生产力协调发展 6. 着眼于统筹新农村建设，大力促进现代农业发展 7. 着眼于统筹城镇体系建设，大力打造城镇群 8. 推进户籍、土地管理和使用、社保、财政金融、行政等改革 核心要求：城乡统筹，协调发展

3.1.1　成渝两地城乡统筹发展的基本要求

3.1.1.1　成都

成都市较早实施城乡统筹发展，早在 2004 年年初，成都市委、市政府就统筹城乡经济社会发展及促进城乡一体化方面出台相关的意见文件。而到了 2007 年，成都被批准建立了全国城乡综合配套改革试验区。成都市委、市政府就推进城乡综合配套改革试验区建设出台了相应的意见文件。

（1）城乡统筹改革目标

早在 2003 年成都市就详细地规划了未来近十年的城乡统筹发展方向：一是将“三个集中”[①] 的战略思路明确指出，即①工业向园区集中，使工业达到 80%的集中度；②农民向城镇集中，要求达到 70%的城镇化率，且要将 150 万农民在 2017 年全部转变为市民；③土地向规模经营集中且达到 75%的集中经营率。二是全市地区 GDP 要超 2006 年的两倍，实现突破 1 万亿元的目标，使万元 GDP 能耗下降 20%。三是城乡差距明显缩小。城镇居民收入增长平稳，农民人均纯收入年均提高了 10%以上，城乡居民收入差距下降到 2：1。均等

---

① 在贯彻国家宏观调控政策和市场机制推动下，工业向集中发展区集中；在产业聚集和城镇建设推动下，农民向城镇和集中居住区集中；按照依法、自愿、有偿的原则，土地向规模经营集中。“三个集中”在试点区县 2003 年 3 月以来的探索实践中诞生，于 2003 年 10 月 22 日双流会议被正式提出作为推进城乡一体化的具体办法。

化教育、就业、社保、医疗等公共基本服务，城乡居民的生活条件基本上是同结构的。四是科学发展体制初步成型。建立一个更加完善的社会制度及市场经济体制，廉洁高效的行政管理体制，推动经济、政治、文化和社会建设全面发展，城乡居民共享发展的成果，人与自然环境、城乡及区域更加协调发展。

（2）城乡统筹改革思路

基于成都“圈层化”的地域特征——中心城区位于内圈层，中间近郊区县，远郊县（市）位于外圈层，且具有差异明显的产业梯度，农业在外圈层与中间圈层占比相当大，成都市关于城乡统筹改革思路是：根据统筹城乡、“四位一体”① 的战略，紧紧围绕“三个集中”，在市场力量的带动下，在服务型政府与基层民主的保障体制下，全面提升成都市城乡一体化水平。

对“三个集中”的要求是：一是集中工业与集中发展区。完善工业整体布局，集中整合分散的116个工业开发区为21个。二是农民向城镇和新型社区集中。成都市规划的城乡体系为：特大中心城市1个、中等城市与小城市分别为14个和30个、小城镇156个和农村新型社区上千个。三是土地适度规模经营集中。在稳定发展农村家庭承包经营的基础上，根据依法、自愿和补偿的原则，不断促进土地向农业龙头企业和农村集体经营组织流转，大力支持特色优势产业发展。

3.1.1.2 重庆

（1）关于城乡统筹改革目标方面

力争到2020年通过“两步走”推进改革试验，形成城乡、区域协调互动发展机制。第一步，在2007—2012年5年里，将基础打牢，在关键领域重点突破，初步形成统筹城乡发展体系框架，努力实现经济社会发展走上“三个台阶”的目标②。其具体指标是在2006年的基础上，全市经济总量翻一番以上，城镇化必须超过55%，逐渐将100万农民转变成市民，缩小城乡居民收入差距到3∶1；第二步，在2012—2020年8年时间里，实现统筹城乡发展机制上新台阶、全面覆盖、建成完善的体系。其具体指标是在2012年基础上，全市经济总量翻一番以上，全市地区生产总值要超过2万亿元，全市人均GDP要达到6.5万元，城镇化率达到70%以上。其具体量化的各改革目标情况见表3-2。

① 经济、政治、文化、社会、生态五位一体发展是党的十九大提出的新的发展格局。

② 经济实力迈上新台阶，人民生活迈上宽裕小康新台阶，城乡统筹发展水平迈上新台阶。

表 3-2　重庆市城乡统筹综合配套改革量化目标

指标类别	指标名称	单位	2006 年	2012 年	2020 年
经济发展	GDP	亿元	3 492	8 000	20 000
	人均 GDP	元	12 457	27 000	65 000
	城镇化率	%	46.7	55	70
	非农产业就业比重	%	51.6	65	80
	农业劳动力人均耕地	亩	2.2	3.1	5
	农产品商品率	%	5.5	6.2	8.5
	土地规模经营比例	%	2.1	2.5	5
生活质量	城乡居民收入比	以农为 1	4	3	2.5
	城乡居民消费支出比	以农为 1	2.85	2.3	1.8
	村公路通畅率	%	20	50	75
	城乡居民人均用电比	以农为 1	2.4	2	1.6
	城乡居民恩格尔系数比	以农为 1	1.44	1.3	1.2
公共服务	城乡人均受教育年限比	以农为 1	1.82	1.7	1.5
	村级公共服务中心覆盖率	%	80	100	
	农村居民基本养老保险参保率	%	1.5	20	50
	农民工享受廉租房比例	%	1	20	50
资源环境	GDP 综合耗能	吨标准煤	1.42	1.08	0.86
	森林覆盖率	%	32	38	40
	三峡库区长江干流水质		III	II-III	II
	人口自然增长率	%	3.4	4	4

资料来源：重庆市发展和改革委员会。

（2）关于城乡统筹改革思路方面

重庆市立足当地实际情况，在推进新型城镇化，工业化的支撑下，深入贯彻执行国家对重庆的定位要求，实行统筹兼顾、科学规划、重点突破以及按步实施。一是调整国民收入分配格局，建设以工业带动农业、以工业促进农业、逐渐缩小城乡差距的长久有效机制；二是推进建设具有西部特色城市化、产业化模式，建立大城市带动大农村、共同发展城乡经济，实现城乡一体化的良性机制；三是致力保护三峡库区移民安居乐业、稳定发展、共同致富和自然生态环境，形成社会和谐、环境友好、资源节约以及发展持续的科学发展新机制。

3.1.2 成渝两地城乡统筹发展的主要做法

3.1.2.1 成都

(1) 制定的主要政策

成都市委、市政府于2004年2月关于促进城乡经济社会发展，推进城乡一体化等问题推出了一系列政策文件及意见，文件中指出“规划创新城乡一体格局、统一规范城乡劳动力市场、进一步完善适于城乡一体化的社会保障制度、实现城乡路网及水利广覆盖、确保城乡生态体系建设，着力建设农村教育、医疗卫生以及文化事业、统一建设城乡户籍管理制度、规范建设农村房屋产权以及宅基地管理制度、建立健全农村土地制度；大力促进农村社区转变成为城镇社区、大力扶持农业发展，加大财政投入力度”等一系列城乡统筹发展的综合配套措施和政策，促使成都市的城乡一体化起初就踏上了“系统推进”的道路。

成都市委、市政府于2007年陆续推出了关于持续推进成都城乡一体化的政策性文件，指出要加大城乡改革力度，进一步推进城乡一体化，并且组织成立了关于推进城乡统筹综合配套改革办公室。改革办公室和农委在向市委市政府提交的工作报告中，其中关于城乡统筹科学发展措施以及方案为市委市政府制订政策提供了理论依据，随之市委和市政府就制定了相应的政策及措施。其中在关于开展现代农业新格局的意见中明确指出：产业发展是实现“三个集中”的前提和关键，同时也在推动城乡统筹发展、促进城乡一体化过程中不可或缺的动力。现代农业在推进城乡发展也处于极为重要的地位，它是现代产业体系中不可缺少的组成要素，让农民实现增收的基本途径，同时又是推进城镇化，实现农民市民化的重要基础。

成都市委于2008年1月，发布了“第一号文件”，指出农村集体土地和房屋权属登记，是深化改革的重点，要促使耕地保护和土地承包经营权流转机制的创新，推进农村建设用地以及农村房屋产权使用权流转试点和其他目标，这些都进一步表明要持续推进农村资产的资本化、加快转变农民生产生活方式。

成都2013年发布了《2013—2017年全市城乡统筹改革发展工作方案》，将深入实施“两化”互动、城乡统筹总体战略，坚持以“五大兴市战略”① 为

---

① “两化”：新型城镇化和新型工业化。“五大兴市战略”，指交通先行战略、立城优城战略、产业倍增战略、圈层融合战略和全域开放战略。

抓手，力争在2017年，农村生活质量明显提高，大大缩小城乡之间的差距，进一步完善城乡发展一体化体制机制，全面建成小康社会取得了重大进展，“第一城市”带头示范，充分发挥辐射作用。

2016年1月出台了《成都市城乡统筹2025规划》（成统筹领办〔2016〕1号）。规划指出，成都将以实现“五化”① 为方向，重点完善城乡统筹发展机制，以盘活农村劳动力、资本和土地资源作为切入点，注重城乡区域协调发展，建设形成特色鲜明、生产要素平等交换、公共资源均衡分配、社会治理科学有效、都市型现代农业发展，人与自然的和谐发展的新型城镇化发展区域，力争2025年，在全国其他城市之前将成都建设成为城乡一体，和谐快乐的城市。

（2）采取的主要措施

成都市委、市政府于2003年10月22日在双流县召开关于全市开展城乡一体化工作会议上，总结了当年的工作经验，在此基础上，决定全面实施城乡统筹经济社会发展，推进城乡一体化战略。从这以后，成都市将全面开展概括为“紧紧围绕城乡一体化这一核心目标、在基层民主政治建设和服务型政府的保障下”的城乡统筹、按照“四位一体”实施科学发展战略，全市启动全面深入的城乡统筹“自费改革”，统筹发展城区与郊区、大城市与周边卫星城市。成都市自从2007年6月7日获得国家批准设立为全国城乡统筹综合配套改革试验点之后，在开展城乡规划、农村土地和房屋所有权登记发证，建立耕地保护基金，探索建设社会管理一体化和城乡基本公共服务均等化机制、规范化服务型政府建设和基层民主政治建设六个方面，探索出了成都的城乡统筹改革之路。

①城乡规划一体化

成都是在全国范围内最早将城市规划延伸为城乡规划，将规划遍及县（镇）、乡、村一级。成都在“全域成都”这一理念的指导下，将城乡统筹规划全面覆盖了1.23多平方千米市域范围，在城乡一体化的总体布局下，对全市土地利用进行总体规划编辑，全面规划全市土地，并划分为三个区域，分别是城镇用地区、农业用地区以及生态环境，以成都市“一区两带”为中心的总体规划，包括中心城区及西北东南两个旅游开发区（总共6区，覆盖面积600多平方千米）。在城乡总体规划的基础上实施基本农田保护，调整农业产

---

① “五化”：2015年4月30日在中央政治局就健全城乡发展一体化体制机制进行集体学习时，习近平总书记指出的，要逐步实现城乡居民基本权益平等化、城乡公共服务均等化、城乡居民收入均衡化、城乡要素配置合理化、城乡产业发展融合化。

业结构，进一步发展工业，推进规划14个县和210个乡镇、农民中心村和城乡基础设施一体化；以及灾后重建过程中形成的所有规划，都充分展现了多元性、发展性、兼容性以及共享性原则的新型农村规划。统一规划城乡基础设施、统一规范城乡交通网络体系建设、促进市政公用设施向农村覆盖建设，促进生态环境和城乡信息服务一体化建设。

②建立现代农村产权制度

成都市委、市政府于2008年1月出台了当年的“第一号文件”，随之开展了农村市场化改革，对农村房屋所有权、林权所有权等相关所有进行确权登记发证，并为市、县两级设立农村产权交易平台，完善对农业的投资担保机制，转变农民为市场的主体，严格确保农村产权，明确所有权，分清权责，确保流转通畅。为农民实现“还权赋能”。如今已经对2 661村35 858集体经济组织，212万农村宅基地及房屋以及农民承包第共485万宗等农村产权的确权、登记、发证工作。

③大力开展土地整理，为农民建设新家园，充分挖掘村镇土地潜力

一是实施“一户一宅”政策；二是在清理“空心村”闲置宅基地和空置住宅的基础上，加强“一户多宅”清理；三是通过实施集中居住，节约宅基地；节约的宅基地，通过土地置换或土地复垦，进而扩大耕地面积或发展第三产业，并将资金适当用于补贴农民。

④为600多万亩耕地设立保护基金

因为成都位于都江堰自流灌溉核心区这一特殊的地理位置，所以，对于成都来说，在开展城乡统筹的工作中，这600多万亩的耕地必将作为重要基础。为了保护耕地资源和粮食生产能力，成都率先在农村产权制度改革中建立了耕地保护基金。具体做法是以市县两级的新增建设用地施行土地出让收入、土地有偿使用费，并按照一定的比例为主要来源，不足部分由财政资金补足。每年筹资26亿元，或作为耕地流转担保资金和农业保险补贴，或按每年基本农田400元/亩、一般耕地300元/亩的标准，作为拥有土地承包经营权并承担耕地保护责任的农户养老保险补贴，或作为承担未承包到户耕地保护责任的村组集体经济组织的现金补贴，全市约有170多万农民受益。这一措施完善了耕地开发权补偿机制，使农民保护耕地的内在动力得到充分的发挥。它不仅有利于提高耕地保护利用水平，而且有利于促进社会公平。

⑤公共服务一体化

全国城乡一体的公共服务体制和资金整合、财政投入机制率先在成都建立，同时成都在教育、就业、文化、卫生、医疗等方面推进城乡公共资源均衡

配置以及城乡基本公共服务均等化。成都市于2008年在全市范围内实现了待遇一致、政策统一的城乡居民基本医疗保险；并于同年11月，启动村级公共服务和社会管理改革，为了实现均衡配置城乡公共资源，财政对在全市2 396个村提供每年人均不低于20万元资助公共服务配套资金，并提出在我国建党100年之时，均等化城乡基本公共服务的目标基本实现。标准化建设了223乡镇公立医院以及2 396个村卫生站；由市县两级财政共同对区（市）县职业学校和农村410所中小学实施标准化建设，总共投资近20亿元。经过此次改革，在全国率先详细地对村级公共事务进行了分类，并且设立了村级59项社会管理和基本公共服务标准体系，首次在公共财政预算中纳入了农村社会管理和公共服务支出。成都于2010年，建立起了养老保险制度，自此，实现了合并城乡社会保障制度；在就业服务体系方面，根据常住地分类纳入了劳动者，建立起了城乡困难群体就业援助制度的覆盖面，惠及了城乡所有就业困难群体。成都率先在全国提出“实行一元化户籍制度”，统一登记全市户籍人口为全市居民户口。

⑥管理体制一体化

为建设规范化服务型政府，成都在全国率先设立了城乡一体的管理体制：一是逐步改革市和区（市）县行政管理体制。通过“大部制”改革，实施对教育、农业、民政等30多个部门的融合和调整，促进政府管理和服务的覆盖范围，并向农村延伸。二是改革市县乡三级财政管理体制。整合三级财政支出结构，加大对农村财政倾斜力度，加大对困难地区的市级财政转移支付，县级要做好对乡级财政的管理。三是积极推进乡镇综合配套改革，简化机构设置。施行了“村改居”的农村社区管理。

⑦建立新型基层民主政治建设

在实施灾后重建、农村产权改革以及村级公共服务的过程中，成都各个村镇陆续组建了由村民自主选举产生一些由众多德高望重的村民担任议事员的村民议事会等新型的基层民主自治组织。

（3）改革典例的介绍：农村产权制度改革和村级公共服务管理

①农村产权制度改革

以“还权赋能”为要求，牢牢把握“在农村产权确权的基础上，紧紧围绕这农村产权顺畅流转，在城乡统筹发展综合配套改革的保障下，为实现城乡发展这一目标”这一统筹城乡发展改革方向，必须遵照农民“自愿、自主、自治”原则，进行农村产权制度改革。

一是探索农村土地经营权和承包权相分离的具体方式方法。按照最初的分配方式将土地分配给农民，虽然对于农民来说是很公平，但是却很分散，不利于农民的统一经营。因此要发展现代农业，必须先实现土地规模经营，但由于承包地的交叉、分散很大程度上阻碍农民和市场主体实行土地规模经营。为此，可以实行股份量化农民土地承包权，将土地经营权和承包权进行分离。让农民以股份化的土地承包权将其流转给有竞争力的市场主体，实现大规模的土地管理，从而促进一般农民向第二产业和三产业转移就业，或者直接成为农业工人。因此，在稳定农村基本经营制度的条件下，促进了现代农业的发展和农民收入的增加。

二是确权颁发“五证”，即向农民颁发了《房屋所有权证》《集体林权证》《集体土地使用证》《农村土地承包经营权证》以及颁发给村民小组《集体土地所有权证》。

三是搭建“两个平台”。完成了城乡统一产权交易服务平台和城乡产权抵押融资平台建设。成都农业交易所各类农村房地产交易额达 456 亿元以上，交易总量居全国同类交易所首位。同时，建立健全农村承包地上生产设施确权颁证和农村土地经营权抵押融资制度。农村产权抵押融资成效明显，截至 2015 年年底，累计实现农村产权抵押融资 3 040 笔，金额达到 122.9 亿元；成都农商银行创新推出“信用农贷通”线上标准化农户授信业务，实现农户贷款线上申请、审批和放款，已发放贷款 10 笔 49 万元；新津、双流等地探索开展供应链融资试点，新津邮储银行与大北农公司“小额互助担保”贷款项目，并已向大北农 49 户销售商、种植户发放贷款 1 405 万元；加大金融对农业经济支撑作用，发放支农再贷款 3.2 亿元，带动新增“三农”贷款 4.8 亿元；支持新型农业经营主体 224 个，贷款余额 44 亿元，新增贷款 9.8 亿元；通过银行间各类债务融资工具融资 1 211 亿元，支持成都银行成功取得银行间市场 B 类主承销会员资格。

四是大力支持农地规模化经营，实现现代农业发展，实施全村推进土地流转，通过规模开发，提高效益。坚持农村家庭承包经营的稳定性的基础上，依照依法、自愿以及有偿原则，通过转包、出租以及入股等形式，不断促进土地流转向农业龙头企业、农村集体经济组织、农民专业合作经济组织和其他种植大户，实施大规模的集约化管理。在全市农村率先发展 31 个乡镇，其中包含 14 个重点镇的发展，统筹城乡发展，基础设施建设，用 3~5 年的发展形成城市功能，土地以股权转让形式，政府设立建设公司根据市场运作方式为农民建设新家园，使农民渐渐融入都市生活中。比如，锦江区财政投入 1.8 亿元将三圣乡 5 个村创建成了“五朵金花”（幸福梅林、江家菜地、荷塘月色、花乡农居以及东篱菊园）的4A景区，建设农业生产和农民收入的平台，打造绿地成为开放的公园为市民提供游乐休闲等，创造出一条规模化、专业化以及品牌化的都市观光农业发展道路。农民增收机制形成，有些地方已经实施了“四金”或“五金”收入。土地资本收益和农业产业化经营打工的收入、社会保障，以及采取租金（不占土地份额）的租金收入，甚至一些房产收入。这些都是农民实现增收的渠道，比之前的增加了许多。

②村级公共服务和管理

成都于2008年开展了村级社会管理和公共服务改革，为了促进城乡公共资源与公共服务均等化，财政对在全市2 396个村提供每年人均不低于20万元资助公共服务配套资金，在“有钱办事”与“民主议事”有机结合的基础上，推出了村级社会管理和公共服务改革，创建了“分类供给、资金保障、基础设施建设、民主管理、人才队伍建设”五大机制，提升了村级公共服务和社会管理水平，促进基础公共服务城乡均等化发展。

首先建立公共财政体制：在市县财政预算管理纳入由市县政府提供管理和服务的项目所需经费。实行市县财政村级定额补助村级自治组织负责提供服务和管理的项目所需资费。

其次积极探索基层民主管理工作“六步法”，通过村级专项资金项目建设，创新创造出了“六步法”（宣传动员→征求意见→形成议案→决议公示→组织实施→社会评价），确定了实施办法和操作规程，赢得了广大农民群众的支持认可。

（4）深化改革的思路

根据2016年1月出台的《成都市城乡统筹2025规划》，成都城乡统筹的未来思路和主要任务如下：

①总体思路

在城乡经济社会发展综合考虑中纳入“四化同步”① 的理念和思路，在“全域成都”发展理念指导下，将农业和工业、农村与城市有效结合起来，根据区域要素禀赋和发展优势，突破行政区界限以及城乡界限，推行统筹规划，推动城镇化与农业现代化的相互促进发展、城镇化与工业化的相互协调以及工业化与信息化的有机结合，大力推进经济社会发展向“四化同步”的科学发

① 党的十八大提出具有中国特色的“四化”目标，即坚持走中国特色新型工业化、信息化、城镇化、农业现代化道路，推动信息化和工业化深度融合、工业化和城镇化良性互动、城镇化和农业现代化相互协调，促进工业化、信息化、城镇化、农业现代化同步发展。“四化同步”的本质是“四化”互动，它是一个整体系统。

展转变。城乡规划体系方面将得到优化完善，对市域城镇体系、区（市）县域总体规划、土地利用规划、乡镇规划及新农村综合体建设规划，以及与之配套基础设施建设、城乡产业发展、生态环境建设、社会事业发展等各项规划进行详细划分。在进一步完善城乡各类规划的基础上，积极促进多轨衔接，特别是城镇体系规划与土地利用、产业发展、公共服务等规划的相互融合和无缝对接，形成有机衔接、全面覆盖的规划体系。进一步重点全面完善城乡统筹体制机制，以盘活农村资劳动力资源、土地以及资本为切入点，大力推进城乡生产要素平等交换的集成创新区、形态特色鲜明的协调发展区、都市现代农业发展的综合示范区、公共资源均衡配置的成果共享区、人与自然和谐发展的生态宜居区、社会治理科学有效的善治先进区等建设。到2025年，率先将成都建成城乡一体、和谐相融的幸福城市。

②主要任务

A. 深化农村产权制度改革

建立健全农村产权登记管理政策体系，完善农村产权登记信息系统和管理服务平台建设，完善纠纷调处、法律援助、仲裁等农村产权保护体系，实现农村集体产权主体清晰等，来加快建立现代农村产权制度，实现农村产权权利价值；探索农村产权“长久不变”的实现方式和法律支撑，推进二轮承包到期后自动续期的制度建立，实行农村产权投资的长远预期；推进集体资产股份化改革，确保集体经济成员的集体财产权和收益分配权得到落实。

B. 深化农村土地制度改革

规范城乡统一的用地市场建设，实施国有土地与集体土地在用途和规划管制下的同地同价同权同责原则，积极探索集体建设用地开发利用机制；通过交换不同区域建设用地的指标，通过城市对农村的反哺作用，特别是要保证偏远地区农民在城镇化进程中的能够分享到土地级差收益，建立健全用地指标交易制度建设；在保障农户依法获得的宅基地权益基础上，积极创新农民住房保障机制，明确对农民住房财产权的范围、促进农村宅基地有偿使用制度创新、推进农民自愿有偿退出宅基地机制创新；规范农村产权公平、公开以及公正的交易体系，支持农村产权交易入场，进一步完善对入场交易农村产权的公证、融资、权证代办以及纠纷仲裁等“一站式”权益保障和流转服务工作。

C. 深化农村金融改革

支持银行等金融机构将经营网点延伸覆盖农村，逐步拓宽涉农贷款业务范围，实现涉农贷款增量不低于上一年、增速不低于各项贷款平均增速发展，鼓励设立新型农村金融机构和组织，培育发展新型农村合作金融组织，探索开展农村普惠金融综合服务；推进集体建设用地、农村房屋、承包土地经营权、林权等农村产权抵押融资，推进农具以及农作物和农村其他动产抵押或抵质贷款，发展涉农仓储金融，支持农业项目在股权众筹平台、区域金融要素市场开展资产证券化等方面进行多元化融资；鼓励金融机构围绕农业生产、加工、销售各个环节的特点，创新金融服务产品，满足新型经营主体融资需求；开展信用户、信用村、信用乡（镇）创建活动，完善农村守信激励和失信惩戒机制，提升农业经营主体和涉农小微企业的诚信意识；建立健全农业保险与财政补助相结合的农业风险防范、救助机制。

D. 深化户籍制度改革

开展以人为中心的新型城镇化，着力促进有就业竞争力的在城镇有序就业和生活的常住居民有序转为城镇人口，稳步推进城镇基本公共服务常住人口全覆盖；深入实施城乡统一的就业失业登记和就业援助扶持制度；大力培育新型职业农民，发展农业职业经理人。

E. 优化完善城乡规划建设体系

在城乡经济社会发展综合考虑中纳入“四化同步”① 的理念和思路，规划创新理念和方法，抛弃传统建设规划体系，创新规划发展，统一规划城乡一体化发展建设；加快“小组微生”新农村建设。择取具有良好的基础设施、产业发展、改革的乡镇，建设成为统筹城乡改革示范地、示范镇，引导城乡进行由点到面，由浅渐深的改革和发展工作。

F. 加快推进农业现代化

致力打造“五大新型现代农业”，即“创新高效、标准品牌、开放合作、生态安全、幸福共享”，建立健全“农业产业贸易和旅游一体化，生产一条龙服务”和“产业体系现代农业集约化、专业化和社会化相融合”新型模式的组织农业管理系统，推进一、二、三产业协调发展。

G. 完善城乡基础设施

要重点建设农村的公路道路建设、城乡居民安全饮水问题、城乡信息以及城乡能源等基础设施工程；建立健全多层次、系统化、全覆盖的农村社会管理设施配置与农村公共服务标准化体系。推动城乡基础设施建设全覆盖，实现城乡基础设施的互联互通共建共享，加快提升城乡居民的生产生活水平和条件。

---

① 党的十八大提出具有中国特色的“四化”目标，即坚持走中国特色新型工业化、信息化、城镇化、农业现代化道路，推动信息化和工业化深度融合、工业化和城镇化良性互动、城镇化和农业现代化相互协调，促进工业化、信息化、城镇化、农业现代化同步发展。“四化同步”的本质是“四化”互动，它是一个整体系统。

H. 完善城乡一体公共服务体系

优化调整财政的支出结构，实现公共服务广覆盖，引导更多资金投入到公共服务领域，明确市县乡三级的事权和财权，完善市县乡财力与事权相互对应的机制；加速完善惠及城乡居民、更加公平可持续的社会保障体系；推动公共服务均等化、资源分配长期平衡、质量水平同步提升和管理模式创新相结合的城乡教育一体化发展机制；建立村级公共服务和社会管理常态化机制。

I. 完善城乡基层治理机制

推进政府职能转型，促使放管结合、促进管制以及简政放权型政府转变为服务型政府，完善市县乡三级政府权力清单建设，建立具有行政职权机构的权力清单、具有依法承担行政职能的事业单位；完善“一核多元、合作共治”的新型基层治理机制，推进各种自治主体的“微权利”清单的制定，搭建政府治理和社会调节以及居民自治和市场机制相互协调作用的平台；促使乡镇和村级自治组织在社会治理中的基层基础作用充分发挥出来，依照权责一致原则，贯彻落实乡镇、村或社区管理责任；通过对农村小型公共基础设施项目政府的参与，让农民自行决定项目的选择、实施和评价的权利，进一步推进实施各行各业的涉农相关项目，按照村民自建的方式开展。

J. 加强生态文明建设

突出农业农村的生态功能，充分发挥乡村对城市“绿肺”作用，实现城与乡、人与自然的和谐发展。

3.1.2.2 重庆

(1) 制定的主要政策

重庆在获批准成统筹城乡改革试验区的第一年，就获得了关于建设全国城乡统筹综合配套改革试验区相关方案及政策的报批，并且于同年制定了相应五年规划，以及详细计划了每年的试点工作。与此同时，重庆对改革任务分别年、分区域进行分解。

2014年发布的《重庆市城乡统筹重点改革总体方案》把激发农村发展活力、增强农业发展动力作为战略任务，基本方向是确保重要农产品供给以及增加农民收入，主要路径是“农村劳动力转出来”→“工商资本引进去”→“农村要素活起来”，根本要求是推进城乡经济社会发展一体化格局形成，推进新型农业经营制度的全面发展，注重改革户籍制度，农村地区的金融服务、地票交易制度以及农村流通体制和其他体制、推进制度创新，打破发展阻碍，推进农村改革取得更大突破，推动“三农”发展步伐迈出更深更远，实现城市和农村地区的有效开展。

2016年重庆市发布了关于进一步深化改革的工作方案的政策性文件。该文件将城乡发展一体化作为目标，在前阶段改革试验成果的基础上，以农村集体资产管理改革为核心，推动城乡要素合理流动，促进一、二、三产业协调发展，促使人口合理分布，实现城乡基本公共服务均等化、完善城乡区域生态补偿机制等重点领域建设，进一步全面推进城乡统筹综合配套改革，建立健全体制机制建设，促使较为完整城乡统筹制度体系的形成。

（2）采取的主要措施

根据重庆在城市整体格局的特征、城乡人口以及地域分布呈现严重失衡（农村人口分布密集，地域广阔，远超于城市）的格局，因此，对于主城区、郊区（郊县）以及县域的城乡统筹发展便成了重庆所要探索和解决的问题。经国务院批准，自成为城乡发展综合配套改革试验区以来，重庆提出，在新型城镇化以及新型工业化的支撑下，促进城乡社会经济的协调发展，促进城乡劳动力经济健康发展、促进土地集约利用和流转，实行三条主线并行改革，在城乡统筹发展的改革中开辟出独具重庆特色改革之路

①推进城乡经济社会协调发展

一是利用财政倾斜和结对帮扶的形式，先推进“一圈两翼”联动发展和搭建完善大城市带动大农村的区域平台。其中更多经济总量和人口主要集中于“一圈”区域，要积极创造条件，转变“小马拉大车”的格局；而“两翼”是生态功能区，经济发展相对较弱，同时城乡统筹改革短板所在，所以，在实际中，调整财政投入比例很有必要，加大财政在“两翼”上的投入比例，同时建立“一圈”扶持带动“两翼”共同发展的有效机制。调整财政支出结构和国民收入结构，加大财政投入于“两翼”比例。通过安排每年专项资金77 500万元，扶持建设31个远郊区县的基础设施；建立城乡统筹发展的公共财政框架，同时建立城市引导乡村扶贫开发机制。加大了财政投入于“三农”比例，对“三农”投入每年平均增长了15.4%，市级财政超过75%的财政资金都投入到了区县和农村的发展；市级财政超过70%的固定资产投资增量和新增社会事业经费也都投向了农村地区；以此保证了财政支农力度稳步增长，尤其是对农村公共基础设施的倾斜度较为明显；农用地开发资金主要用于农田建设、水利设施和土地整理；推进城乡统筹发展，形成了“主城引导库区”的模式。探索形成“一圈两翼”的区县相互促进协调发展关系，开展“两翼”农民增收万元项目，拉动发展“两翼”农村经济。充分发挥三峡库区资源优势，把握库区建设机会，结合国家相应的政策，将优先发展特色产业，着力培育品牌，加强基地建设，强化龙头企业建设，促使品牌响遍全国乃至世界。

二是促进统筹城乡统筹发展。调整规划管理分工，加强城乡统一规划工作的建立。开展了1 000个新农村和105个中心城镇规划工作，推进规划工作向农村延伸。分别在江北、九龙坡等6个区县实施了国民经济和社会发展、土地利用、环境保护、城乡建设规划“四规重合”试点。进一步推进农村基础设施建设，逐步把建设重点转移到农村。根据城乡基础设施网络化，一体化及共建共享原则，加快基础设施建设，不断向农村延伸。进一步完善农村饮水安全问题、道路建设、通信条件等。

三是鼓励民间资本积极参与，确保生产要素在城乡之间顺畅流动。进行城市资源向农村建设示范项目，包括10个城市资源下乡获得首批示范项目，共计4万亩的农业用地参与流转，促进了当地农民6 320人就业，农民人均收入同比增长67.2%。同时，吸引工商企业参加改革试点，成功在农村发展建设中吸纳了城市要素和资源。重庆众多企业结合自身发展情况实施了战略调整，其中包括广厦集团、建工集团、商社集团、美心集团等。促进了小城镇开发与农业产业化有机结合，成功推进了与农村居民共享，开展了一批三次产业联动综合项目，促进了工商业资金积极参与城乡统筹发展改革的优良格局。

四是继续深化行政管理体制改革，建立适应可持续发展的政府服务机制。完善行政管理体制改革，创新建立了管理效率高、运行成本低、行政层次少的新型行政管理体制。推动政府职能不断向服务型转变，推动乡镇企业赋权改革模式的创新与发展，逐步形成了市与县，区与乡的问事权体制。

②推动城乡劳务经济健康发展

城乡统筹发展改革的进程必定会伴随着工业化和城镇化的过程，同是也必定伴随着城乡劳动力的结构调整和大量流动的过程。在我国改革开放历史中以及城镇化工业化快速发展的过程里，随处出现的庞大的社会群体便是进城务工人员。在全国所有进城务工人员中，重庆的进城务工人员所占比例就超过了1/3，所以，重庆城乡统筹改革的切入点是解决进城务工人员问题。

一是统筹城乡教育，加大财政对农村教育的支持力度，确保城乡教育均衡发展。实行以县为主的农村教育管理体制，确保实现“两基普实”目标，确保“两免一补”政策的全面落实。建立提升劳动力素质和引导其就业创业的新机制，着力加大农村劳动力的就业培训力度，着力发展职业教育。实施了在14个试点县实施农民工创业小额信贷政策工作，进一步推进农民工职业教育培训体系建设，实施农民工接受首次职业技能鉴定补贴。市场机制的指导下，建立重庆市“国家服务的电子商务平台”，逐步推动劳务输出服务体系建设，累计共有9 105家企业签署了就业服务合同，帮助解决10万人的就业问题。

二是统一城乡基本养老、医疗保险、最低生活保障和特困户最低救助制度等社会保障体系。不断建设完善逐步农村社会保障和社会事业发展体系，逐步均等化城乡基本公共服务。对城乡居民合作医疗保险实行“一个平台、两套标准”，对农民工大病医疗保险和基本养老保险办法实行“低费率、广覆盖”，加强了推行强制工伤保险的力度。促进建立农村社会养老保险制度，其中20个区县率先批准参加农村社会养老保险，人数为45万。推进特困户最低救助制度和农村最低生活保障制度全面覆盖，其中首批超过65万人享受农村低保。统一城乡居民的医疗保障，其中参加了新型农村合作医疗包含了全市17个区县的752万农民。创建了提高农村卫生服务可及性和公平性为核心的“黔江模式”。共有26个区县实施了城乡居民合作医疗保险，其中比上一年增加21个区县，累计参加居民人数达到1 641.8万。使城乡居民共同享受同等医疗待遇。考虑到解决城市低收入家庭和农民工住房保障等住房困难问题，对购房农民工实施优惠政策，税收减免、价格优惠等，勉励农民工集中修建住宅，促使集体宿舍、农民工公寓等形成，对于主城区部分无法给农民工给予免费集体宿舍或者保障性租赁房的用工单位，相应给予农民工住房补贴，如按月给予每人40~150元的租房补贴。比如在大渡口区和南岸区积极开展蓝领公寓、廉租房以及农民工“阳光公寓”建设。在南岸区，加强完善城乡一体的就业市场公共服务以及合作医疗体系建设。

三是统一城乡户籍管理和就业制度。建立引导城乡人口合理分布的新机制，城乡户口统一管理，统称为“重庆户口”，不再区分非农业户口和农业户口。实行户口迁移政策为“三投靠”。彻底开放城市劳力市场，在工资待遇上逐渐拉平城乡差距，如江北区出台了农民转市民的“1+5”政策。

四是统一现代社会管理新机制，保障和维护农民工的合法权益如南川地区推行农民工权益“4+N”模式①。

---

① 从2004年开始，南川市（现为重庆市南川区）通过探索建立维护农民工合法权益的“4+N”长效机制，形成了工作合力，推进了维权工作的日常化、规范化和制度化。在构成框架上：“4”就是以工会、劳动保障、农业、司法四个部门为维权责任主体，“N”就是以具体维权过程中涉及的部门为联合行动单位。在职责分工上：工会主要负责牵头组织、协调各方关系；劳动保障部门主要负责劳动保障法律法规的执行、监督和检查，以及劳动争议仲裁、职业技能考核、劳务信息提供、组织就业招聘等工作；农业部门主要负责务工技能、法律法规及其他相关知识培训；司法部门主要负责提供法律援助。主要作用：解决恶意拖欠农民工工资、农民工与用人单位劳动争议、建立农村劳动力资源数据收集网点、举办就业招聘会、培训农民工、发放职业技能鉴定证书、组织农民工参加各类保险等。

③推进土地流转和集约利用制度创新

城乡统筹必然要求活跃土地要素，加强农民财产的流动性。

一是统一城乡土地交易制度。统一规范土地交易市场建设，通过重庆农村土地交易所，创新推行林地承包经营权、土地承包经营权、地票交易和实物交易。

二是实现规模化经营土地流转多样化。为县乡村三级设立了土地流转服务机构。创新“土地承包置换社保，宅基地交换住房”① 等新机制，促进土地流转，提升土地使用效率。大力扶持规模化种养殖，在全市财政补贴部分抽出其中15%用于扶持种粮大户发展，实行直接补贴10万~80万元给标准化养殖大户。

三是土地利用新机制。将土地规划直接落实到村，并建立了节约集约用地评价指标体系，例如，北碚区、九龙坡、江北区35个村启动了村级土地使用编制试点。

四是创新耕地保护新格局。设立耕地保护基金、开启了长久性基本农田划定试点。

（3）改革典例的介绍：地票制度改革和农民工户籍制度改革

①地票制度改革

为了激活农村闲置和废弃建设用地，实现耕地保护和增加农民收入的目标，根据“增减挂钩政策”的原则，重庆实行了土地收购制度的设计。

A. 基本思路

以实现增加农民收入和保护耕地为目标，创新农村建设用地复垦的市场化激励机制的建设，农民自主将废弃的、闲置的土地复垦为耕地，推进农村自身发展得到保障后形成指标，以地票形式在市场上公开交易的剩余部分，并按照在全市城乡规划建设中的许可范围使用。例如，江津区已探索出将农村建设用地列为“地票”挂牌方式，大大提高了土地级差收益，所得收益主要用于改善农村生产和生活条件。

B. 制度体系

一是自愿复垦。根据在住所保障的条件下，农村或农户集体经济组织按照自

---

① 以农村宅基地置换城市住房，以城市社会保障换取农村承包地。这些政策都是在保护和尊重农民土地承包权和宅基地权益的基础上，探索实施农民进城后自愿退出的宅基地和承包地的回购、置换等政策，采取土地换社保、提供免费培训、廉租房或给予住房补贴、子女免费义务教育、享受城镇最低生活保障等多种政策措施，以此鼓励农民自愿退出承包地和宅基地，并确保农民进城后的生活无忧。

愿原则对废弃或闲置的建设用地申请复垦。在实施复垦过程中，依法依照权证，控制复垦范围及边界依据二调图版，确认复垦面积依据验收实测结果，复垦设计施工要严格按照复垦工程的规范进行，按照验收的标准和程序严格执行。

二是公开交易。根据“三公”原则进行，统一在农村土地交易所以地票交易形式进行，利用拍卖、挂牌等方式，及时发布交易信息，组织公平的交易活动，对交易主体实行公平态度，公开透明整个交易过程。

三是收益归农。在地票交易所得减掉复垦成本后，其余全部收入归为“三农”收入。集体经济组织和农民按照15：85共同享受宅基地收入，控制交易价底线，每亩不低于12万元的农民收益以及每亩不低于2.1万元的集体经济组织收益，切实保障农民和集体经济组织的最低收益，保持复垦区耕地的所有权不再改变，其所有权仍属于农村集体经济组织。

四是价格直拨。经农村土地交易所委托银行，集体经济组织和农民在土地票交易价格直接纳入他们的账户，避免造成挤占、拦截、挪用和滥用地票收入等其他可能的风险。

五是按规利用。地票不论是在生产、利用等方面必须与城乡建设规划、土地利用规划相一致，在农村建设用地复垦过程中不应该包含城市规划区范围内的农村建设用地，以确保城市规划建设范围内使用的地票，地票的利用还依旧遵循土地转让，征用等其他制度。

②农民工户籍制度改革

2010年7月出台了《重庆市城乡统筹户籍制度改革意见》及《重庆市户籍制度改革配套方案》，2010年8月启动农民工户籍制度改革，提高全市城镇化比率，在2010年28%的基础上，到2020提高到60%~70%，相当于要将近1 000万人的农村人口逐步转变成为城镇人口。

A. 基本思路

依照“三分”的思想。首先，分阶段进行。2010年8月至2011年12月为第一阶段，主要任务是将300万多满足要求的进城农民工和新一代的户口户籍问题妥善处理完成；之后从2012年起为第二阶段，集中对制度等问题打通通道，常态化农民工进城落户。其次，分群体实行。将300万多人按群体划分为满足要求的农民工和新生代，各种历史遗留问题划分为两大类共7大群体，不同问题用不同方法解决。最后，分区域布局。以“对于主城要松紧适度，县城再次放开，中心城镇全部放开”为原则，避免落户人群过于集中在主城区，合理布局城市人口。

B. 制度体系

一是按照自愿原则。若是在主城区就业超过 5 年的或者在区县工作超过 3 年的，只要满足该条件就可以落户。但是，农民首先是自主自愿的，而且农民如何对在农村里的宅基地使用权以及土地承包权进行处置，他人不得干预，完全由农民自主选择实施方式。

二是推进教育、就业、住房、医疗、养老等城镇居民权益逐步落实。一旦农民工进城落户即可享受与本地原来市民同等待遇与福利。在教育方面，随迁子女可就近免费入学，与城市原来子女一样共同享受城市义务教育，接受各阶段平等教育。在就业方面，城市就业服务体系将纳入进城落户居民，可与城镇普通居民同等享受相关的就业能力培训，并且可以享受政府提供的创业补贴。在住房方面，进城落户农村居民可以与普通城镇居民同等享受购置普通商品房的相关税收减免政策以及获得公租房保障。在医疗、养老方面，与其他市民一样，由用工单位依法足额缴纳社会保险费用，按照城镇职工标准严格执行。

三是对于进城落户的农村居民，原来在农村的一切相关权利仍然保留。如果还保留在农村的土地承包经营权等其他权益，可以继续享受土地所有的利益和各种补贴和其他相关权益，并且可以在规定期内继续享受在农村以农民身份获得的各种政策待遇。

四是确保自愿退出土地者的相关权益不受损害。进城落户农村居民自愿退出农村土地。自愿退出宅基地，实施土地复垦形成“地票”，通过农村土地交易所通过交易所得，由集体经济组织和农户按 15：85 比例分享其净收益，探索提高农村资源配置效率的有效途径，保障农民的权利和利益。自愿退出合同，将其向经营大户或者专业合作组织流转或者转让于朋友亲戚，做到土地不闲置、不撂荒。

五是依法改革成本实行划分，共同承担。据推算，在统筹城乡改革改革第一阶段，要解决好这 300 多万人的户籍落户问题，所需资金大约为 4 000 亿元，如此庞大的成本需要由多个主体共同长期分担。因此该成本主要由三大主体（政府、用工企业以及社会）共同完成分担，各分担三分之一，但改革绝大多成本并非需要一次性完成支付，而是一个长期的平衡过程。在全市开展扩大公共服务和基础设施投资以政府承担为主，平均每年有 100 多亿元增量，因此，不会对政府的财政造成过多的压力；对于农民进城落户的医疗保险和养老保险新增部分主要由对应企业承担；其他个人缴费由农民工自己承担；农村居民退出宅基地的成本主要由房地产企业和其他社会主体共同承担，最后通过地票交易市场机制达到平衡。

（4）深化改革的思路

“健全城乡发展一体化体制机制”这一要求是在中国共产党十八届三中全会明确被提出来的，重庆全面推进实施“深化城乡统筹改革”。根据2016年出台的《重庆市进一步深化城乡统筹综合配套改革工作方案》，重庆城乡统筹下一阶段的思路和主要任务如下：

①总体思路

巩固改革试点前阶段的成果，努力完善城乡发展一体化体制机制为方向，围绕农业现代化、新型城镇化，加快改革的三大核心任务，继续深化市场化改革，解决“人往何处去？地怎样处理？钱从哪里来？”三大问题。完成改革试点项目的总体任务，形成比较完善的城乡统筹规划体系，为建立直辖市统筹城乡发展奠定制度基础。

②主要任务

A. 着力解决“人往何处去”的问题

第一，建立功能区实现人口与经济集聚的基本平衡。根据第十八届三中全会，中央要求“加快主体功能区战略的实施，促进发展”，根据资源环境承载能力和全域重庆发展实际分为核心区、扩展区、发展新区、渝东北、渝东南，根据各功能区发展的行业分类——财政、土地、环境、人口和土地政策，建设城市发展新区和扩展区的经济功能，强化对渝东南、渝东北的保护力度。建立激励政策，促使城市发展新区和扩展区吸纳渝东南、渝东北两区更多人口，加快发展城镇化、工业化，同时也提高了两生态区资源的人均水平，人口与经济的平衡水平的不断提高，实现区域功能相互促进发展，如表3-3所示。

表3-3　重庆市2013—2020年人口、经济平衡关系变化

	全市GDP/亿元	全市人口/万人	核心区、扩展区/%	发展新区/%	渝东北/%	渝东南/%
2013年	12 666	2 790	43.7	33.4	17.3	5.6
			27.2	35.7	27.6	9.5
2020年	28 500	3 300	48.0	36.0	12.6	3.5
			36.4	37.8	20.1	5.7
2013年平衡系数			1.6	0.93	0.62	0.59
2020年平衡系数			1.31	0.95	0.65	0.61

资料来源：杨庆育. 重庆城乡统筹综改案例及深化改革方向［C］//第十二届中国改革论坛论文集. 北京：中国经济体制改革研究会，2014.

第二，不断完善户籍制度改革。鼓励农业人口转移落户城市，在不违背就业原则这一前提下，优先解决具有如下条件农村居民和其他常驻居民进城落户问题：就业能力强、进城时间长，对市场竞争环境以及城镇产业转型升级适应能力强。建立居住许可制度，调整城市准入条件，优化不同地区的移民政策，促进人口梯度转移和合理分配。为了提高城市人口的承载能力，着力促进公共服务均等化，建立和完善全市一致的基本公共服务设施配置标准，推进基本公共服务设施配置、供给规模与人口分布相互协调适应。重点处理对于转户居民城镇教育、就业、住房、医疗、养老等问题。推进农村居民进城落户后保留在农村的林地、宅基地、承包地以及集体财产所有权益，对于连体房、夹心房复垦难等问题施以市场化方式妥善解决，确保使农民自愿退获得公平合理的补偿。改革成本由政府、企业和家庭共同分担制度。

B. 着力解决“地怎样处理”的问题

第一，完善农村产权制度。保护农民的集体资产和其他相关权益。权属界定要依法依规进行，建立健全产权相关手续，完善建设管理台账。优先考虑积极性较高、工作基础较好以及资产量较大的农村集体经济组织，根据“依法治理、合理分配、健全制度、量化确权、明晰归属、全面清理”的思想体系，稳步推进农村集体资产数量和权利所有制改革，创新各种方式实现集体资产数量化，盘活集体资产，实现农民财产性收入增长。

第二，不断推动地票制度的改革。完善地票交易和使用机制，根据不同区域实施差异化地票交易体系，完善地票拍卖、挂牌交易机制，有效地促进地票的供应和需求，建立较为完善的地票价格调控机制，力争实现每年交易大约5万亩地票。推动比较完善的“三农”的权益保障机制，根据农民自愿复垦的原则，进行严格公示制度，促使集体经济组织和农民相关权益得到有效保障，在农宅基地和建设用地宅基在腾出的过程中，坚持农村土地发展的优先保护。建立农村综合产权交易服务平台，创建城市县乡三级交易市场体系，重庆农村土地交易所建设成为市级农村综合产权交易平台，继续开展农村林权、土地承包经营权等市场化公开流转交易，不断完善集体经济组织入股权，“三权”的抵押物处置，农村集体资产，水产养殖经营权、农业设施装备、农业知识产权、林权和森林产品，农村“四荒地”使用权和其他交易机制。积极探索推进农房转让与农村集体建设用地使用权流转试点工作。颁布了《重庆农村产权交易管理办法》，建立了较为完备的农村产权交易监管机制，探索了市场中介服务体系发展建设。

第三，创新和建设新型农业管理体制。推进以工农联盟和产业链为基础的新型农业产业综合经营体系建设（见图 3-1）。在图 3-1 中，我们可以清楚地看到，由城市公司和农民自愿组建的农业公司组成的股份公司进行种植、加工、包装、物流和销售的连锁经营。同时，为了整合订单，城市公司向前端提供产品信息、技术管理和资金投入等。全产业链的综合利润由股份公司共同分享。

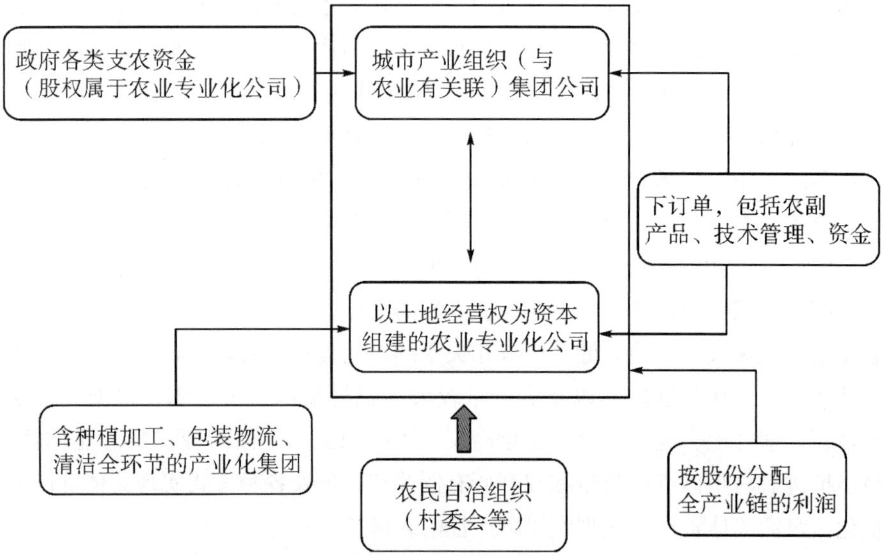

图 3-1　城市资本资源下乡构建全产业链的农业经营体系

（资料来源：杨庆育. 重庆城乡统筹综改案例及深化改革方向［C］//第十二届中国改革论坛论文集. 北京：中国经济体制改革研究会，2014）

通过此模式，改变了农民先前单纯的种植业模式，同时也将“以城带乡，以工育农”模式形象地呈现出来，实现农业现代化。大力支持在公开市场上将承包经营权井井有条地流转至家庭农场、专业大户、农业企业与农民合作社。实行家庭农场规范化经营，进一步推进财政、税收、金融优惠政策，不断创新家庭农场适度规模经营机制。积极探索和推进农民专业合作社的管理服务机制，建立健全农业社会化服务体系，专业化区域推广机构的建设，实施整个农业社会化服务试点，不断加强政府对农业公共服务采购，不断完善农业保险、保险和补贴政策。

C. 着力解决“钱从哪里来”的问题

推进农村金融服务体系建设。建立和完善农村产权抵押融资机制，确保在土地用途、土地集体所有不改变以及农民土地承包权益不受损害的基础上，逐步扩大农村产权抵押融资范围，将农村居民房屋、林权、农村土地承包经营权纳入抵押融资范围，农民对集体资产股份占有权、农村小型水利设施、大中型农机具、地上种植（养殖）物及附属设施、农村建设用地复垦指标、农村经营性集体建设用地、保单以及地票等。积极推进有融资需求的农民共同成为一个合作的非营利农村金融服务组织，或通过农民合作组织建立金融服务机构为农户向银行申请农村产权抵押贷款时提供财产保管、风险补偿、资产处置等服务，不断规范农村金融合作社等新型农村合作金融组织。积极探索财税支持政策的制定，着力扶持为“三农”提供信贷和担保投资，同时融资利率和费率低的金融机构的发展。推动银行业金融机构降低对新型农业经营主体贷款利率。不断深化农村金融服务的积极激励机制，进一步激发“三农”信贷积极性。继续探索“三乡”保险品种，推广地方特色优势农业农产品保险，探索创新农业保险巨灾风险扩散机制。

3.2 成渝试验区城乡统筹水平评估

3.2.1 成渝两地城乡统筹水平的总体描述

3.2.1.1 成都城乡统筹水平的总体描述

成都城乡统筹改革总体成效表现为：第一，紧紧围绕推进城乡一体化这一核心，在市场力量的带动下以及在服务型政府与基层民主的保障体制下，形成了“四位一体”（经济、政治、社会、文化）的科学发展战略；第二，农村新型社区建设规划、新市镇总体规划以及区县总体规划基本完成，促使“全域成都”的监督执行和规划体系形成；第三，紧紧围绕着“三个集中”这一核心，推进了城乡资源空间整合与产业发展，逐步促进了城镇化、新型工业化以及农业现代化；第四，农村公共服务体系基本建成，建立健全了农村社保以及科教文卫体系，促进城乡公共服务均衡发展；第五，开创了城乡一体化的居民身份制度，破除了城乡分治的管理模式，初步建立了市县财政一般转移支付制度，基本形成城乡一体的管理体制；第六，改革并完善了基层工作机制，推进基层民主政治建设。

2014 年农民人均纯收入在 2007 年基础上增加了近 2.6 倍，明显缩小了城乡收入差距，城乡收入比由 2.63∶1 降至 2.26∶1，城、乡居民人均可支配收入分别年均增长 9.6%、11%；城镇化率由 62.6%提高到 70.4%；加大市级财政对民生支出倾斜力度，提升所占比重达到 66.8%；实现了城乡一体的社会保险体系建设，社会保险保障体系广覆盖；在教育综合改革方面，改革成绩尤为显著，促使县域义务教育均衡发展基本实现。具体表现为以下方面：

（1）城乡统筹制度体系初步建立

完善农村产权制度改革，推动农村产权确权发证基本完成；启动生产要素的自由流动改革，实现资本、土地、人力资源等要素的自由流动，提高了城乡资源配置效率；推进农村金融体制改革创新、各类农村产权抵押融资，2014年的总融资金额超过120亿元；率先在全国完成了成都农村产权交易所的建设，以及农村产权交易中全部过程和程序规则的确立，成都农村产权交易所进行各种流转交易总量位居同类交易所榜首，达到了416.24亿元的累计交易额。

（2）城乡规划建设水平提档升级

完善城乡一体化的、有机结合监督体系和规划体系。率先在全国推行农村规划制度，促进了城乡规划的全面覆盖。创建“网络化、多层次、双中心”城乡体系，推动了重点镇、一般镇别转型升级为小城市、特色镇。初步形成了一批独具特色、综合功能的宜居城镇。探索“小规模、集中式，微生态园”新农村综合体模式建设，得到农业部、中农办高度认可同时也受到广大农民群众的喜爱。目前，1 900多个新农村聚居点和综合体已经完成建设，促使230万多户农村居民的生产生活条件得到突破性提升。推进基础设施建设覆盖至农村，不断完善城乡能源、交通、水利、交通等基础设施条件。全镇创新建设、跨城市推进城乡综合配套改革示范，目前，示范镇等已建成覆盖52个乡镇。

（3）城乡产业互动发展再上台阶

加强“工业反哺农业、贸易促进农业、旅游业助推农业”城市现代农业建设，2014年增加农业产值370.8亿元。基本建成了现代农业规模化生产基地，包括示范园区155个，示范基地263个，高标准农田376.43万亩，粮食大规模管理面积38.3万亩。促进农产品加工业快速发展，农产品加工产值超过900亿元。继续提升乡村旅游档次，有游客9 000多万人，促进乡村旅游收入突破160亿元。创新创造土地托管、“大园区+小农场”等土地适度规模经营模式，这对促进中国的农业经营模式转型的突破发挥了重要作用。

（4）城乡基本公共服务有效保障

促进了城乡就业、教育、文化、医疗、治安等社会服务均等化基本实现。消除城乡户籍差别，城乡社会保障制度惠及所有，参保居民遍及城乡，完善了城乡社保体系。2014年，打破了97%的城乡居民养老保险参保率和98%的城乡居民基本医疗保险参保率。完善了城乡社会救助体系，形成了以最低生活保障为核心的综合性社会救助体系。基本实现了农村中小学、村文化站、村卫生站、乡镇卫生院等公共设施标准化，完成了城乡优质公共资源延伸覆盖。促进了村级社会管理和公共服务的改革，实现了每村至少40万元的专项资金救助，促进了村级公共服务的“民主审议”和“有钱办事”。

（5）城乡基层治理机制不断深化

贯彻落实党组织村书记选举，公开“三会”制度和基层干部的社会评价。探索建立村（居）委员会制度，对“一元多核”与“合作治理”模式的村庄治理机制，充分发挥基层党组织领导核心的作用，促进民事民议民定，提升了村（居）的满意度，高达96%。积极探索农民集中居住区的自治管理，在党组织的领导下，管理委员会，委员会和理事会的自主平台，通过物业服务中心和其他社会组织的有效补充，推进农民集中居住区的自治管理模式。继续完善农村小公共基础设施，推进村民自治改革。

3.2.1.2 重庆城乡统筹水平的总体描述

重庆城乡统筹改革的总体成效表现为：重庆市不断进行“率先”“突破”，全面推进城乡统一的公共财政体制，促进城乡财政公平、公正分配；健全社会管理体制，推动人口有序流动，构建了相应的户籍制度，形成城乡一体化的社会保障体系；推进土地使用管理制度改革，实现土地出让的增值由农民共同享受，推动农村市场体制改革，促使农业市场化、产业化；促进各种生产要素为农民提供更优质的服务，推动城乡市场协调发展；促使城乡发展的陈规陋习通过政府的行政改革下完全被打破，促进了城乡统筹和法制型的公共服务型政府基本建成。另外，通过探索建设区域合作机制，推动了“片线圈翼”① 的区域经济合作总体格局基本形成。

具体来看，城乡统筹改革促进了经济社会的较好发展。一是发展成果显著。2007—2016年重庆经济总量实现了大幅度提升，在2007年的4 676亿元的基础上，增长到2017年的17 559亿元，重庆人均GDP更是突破了57 902元，在经济增加值中非农产业所占比例上升到了92.6%，城镇化比率也提升到了62.6%。其中“两翼”地区经济增长速度连续快于全市平均水平。二是改革成就明显。以三条主线开展改革为核心，创新地票制度、微型企业发展、公租房建设以及农民工户籍制度改革等众多改革成果，受到了国家发展改革委以

① “西南一片”：涵盖川、滇、藏、黔、桂、渝在内的整个大西南地区。“长江一线”：涵盖上海、南京、武汉、重庆、攀枝花、宜宾、泸州、宜昌、荆州、岳阳、咸宁、鄂州、黄石、石首、九江、安庆、铜陵、芜湖、合肥、马鞍山、泰州、镇江、南通、宁波、舟山、黄冈、巢湖、扬州和池州29市自东向西传导的长江沿线市场体系。“周边一圈”：涵盖川、滇、黔三省15个城市组成的重庆经济协作区。“南北两翼”：涵盖渝粤、渝闽、渝鲁地区，拓展向南、向北合作交流空间。

及相关部委的充分肯定。明显缩小了城乡居民收入差距，城乡收入比由3.6∶1降至2.6∶1。三是民生改善效果明显。加快推进城乡公共服务均等化，实现全面发展文化、卫生、教育、体育等社会事业，不断完善城乡社会保障体系，稳步提高城乡居民待遇水平，促进城镇居民人均可支配收入进一步增加，在2007年12 591元的基础上，提高到了2016年的29 610元，同时农村居民人均纯收入大幅度提高，在2007年的3 509元基础上，逐步提高到了2016年的11 549元。提速建成了一批群众多年期盼的交通、水利、电力、垃圾污水处理项目，发展环境和生活环境显著改善。

3.2.2 成渝两地城乡统筹水平的实证分析

3.2.2.1 评价指标体系的建构思路

为量化评估城乡统筹水平，现拟设置一系列指标体系，作为全面衡量城乡统筹水平的评价标尺。

（1）城乡统筹评价指标体系设计原则

①数据可获得性

尽量选取可以以数值或比例的形式反映相关水平的指标，尽量不选取以主观推断所得的指标进行分析。

②科学性

尽可能地选取能够较好反映城乡统筹程度的衡量指标，确保能够对城乡统筹有一个较为可靠、真实地评价。

③动态稳定性

选取的各项指标应当尽量保持相对稳定性，以便进行长期比较分析城乡关系的动态发展过程，但同时，选择指标可以对现状进行较为详细的解释，对未来有较好的预测能力，且能够对时代特征进行较为准确的反映，并能呈现动态趋势，但要遵循经济社会发展的规律。

④经济性指标

尽量选取数据可靠真实，且容易获取的经济指标，以便对比。

⑤系统性

指标体系作为一个整体，尽可能地将不同城市和农村发展的系统发展和主要特征表现出来，因为每一个指标既是相互联系又相互独立的，所以可以通过不同视角全方位地将城乡建设发展构建出框架。

（2）城乡统筹评价指标体系设计思路

城乡统筹发展是一个综合性的概念，它包括城乡统筹经济发展、城乡统筹社会文化发展和城乡统筹生态文明发展。因此，在参考了大量相关研究的基础上，结合成渝地区的客观实际情况，城乡统筹指标体系的构建采用以下步骤：

第一步，以“四位一体”为总纲，对经济、文化、社会、生态四大子系统（一级指标）展开研究，对每个子系统选取一些能较好反映其性质的指标（二级指标）进行细化量化研究。

第二步，对二级指标进行修正处理。由于二级指标之间都或多或少会存在一些相关关系和多重共线性问题，所以本部分拟通过主成分分析法并利用Eviews 软件进行实证研究分析。

第三步，对二级指标进行横向（地区间）和纵向（通过对比 2006 年和 2014 年数据）比较，最后综合分析城乡统筹总水平。

3.2.2.2 成渝试验区城乡统筹水平的实证分析

（1）成都

因为成都市城乡统筹以一体化发展为方向，所以选取指标时并没有特意对城乡进行区分比较，而大多是将城乡作为一个整体对城乡统筹发展水平进行评估，设定的指标如表 3-4 所示。选择从经济、文化、社会、生态四方面着手作为一级指标，每个一级指标下设几个二级指标，这些二级指标都是与城乡统筹发展水平密切相关的。其中，在城乡统筹经济发展水平方面，人均地区生产总值，这是衡量一个地区最基本的数据指标；第三产业越来越能代表一个地区的发达程度，所以拟选取第三产业占地区生产总值的比重来反映地区发展程度；乡镇企业、农林牧渔业以及城乡居民人均收入之比都直接反映了城乡统筹发展水平；固定资产投资和工业集中度也是反映地区生产能力的一个指标。在城乡统筹文化发展水平方面，基于数据的可选取性和代表性，从教育和医疗两大基本方面入手，选取普通中学数量、专任教师数量、卫生机构以及医生数量作为二级指标进行分析。在城乡统筹社会发展方面，因为邮电社保这些都可以反映社会生活状况，再加上数据的可获得性，所以选取了邮电主营业务收入、年末移动电话用户数以及社会保障和就业支出占公共财政支出的比重。在生态发展方面，基于数据的可获得性和代表性，选取空气质量优良天数占全年总天数之比这一指标进行分析。当然，以上二级指标势必会有相关性，所以在后文我们会通过主成分分析法进行筛选。

表 3-4　成都城乡统筹发展水平综合指标选择

	一级指标	二级指标
城乡统筹发展水平综合评价指标	城乡统筹经济发展	人均地区生产总值（万元）（X1）、第三产业占地区生产总值比重（X2）、乡镇企业税收占比（X3）、农林牧渔业总产值与工业总产值之比（X4）、城乡居民人均收入之比（X5）、固定资产投资（亿元）（X6）、工业集中度（X7）
	城乡统筹文化发展	普通中学数量（所）（X8）、普通中学专任教师数量（人）（X9）、卫生机构（个）（X10）、医生数量（人）（X11）
	城乡统筹社会发展	邮电主营业务收入（亿元）（X12）、年末移动电话用户数（万户）（X13）、社会保障和就业支出占公共财政支出比重（X14）
	城乡统筹生态发展	空气质量优良天数占全年总天数之比（%）（X15）

①成都市内部各区县城乡统筹发展情况的实证分析

通过查阅统计年鉴以及实地走访，我们得到了 2014 年成都市 14 个非中心区县城乡统筹发展主要指标原始数据（见表 3-5），之所以选取非中心城区的 14 个区县，这主要是基于本书研究城乡统筹问题的考虑，非中心城区的农业占比相对较大，其城乡统筹的需求和必要性较大，而中心城区本身城市化水平就比较高，研究城乡统筹的意义较弱，因而在此只选取 14 个非中心区县进行实证研究。为了绘制表格方便，将成都市除了中心城区以外的 14 个区县：龙泉驿区、青白江区、新都区、温江区、金堂县、双流县①、郫县②、大邑县、蒲江县、新津县、都江堰市、彭州市、邛崃市、崇州市分别以英文字母 A—N 作为代表。

表 3-5　2014 年成都市 14 个非中心区县城乡统筹发展主要指标原始数据

	X1	X2	X3	X4	X5	X6	X7	X8	X9	X10	X11	X12	X13	X14	X15
A	11.8	0.16	0.08	0.04	1.9	405	98	19	2 964	300	1 505	7.3	75.9	0.05	56.3
B	8.3	0.20	0.13	0.1	2.3	288	84	15	1 637	34	747	3.7	44.2	0.08	51.5
C	6.74	0.33	0.33	0.12	2.2	405	80	39	2 741	465	2 086	11.1	129	0.04	55.3
D	7.75	0.44	0.20	0.13	2.1	325	87	18	1 632	339	1 679	7.4	80.1	0.06	57.6
E	3.48	0.36	0.06	0.50	2.1	288	83	28	2 494	540	1 363	2.2	8	0.09	64.3
F	5.82	0.41	0.21	0.07	2.3	445	77	42	4 424	537	2 865	4.06	120	0.05	56.7
G	7.31	0.36	0.003	0.15	1.9	321	89	41	2 385	403	1 829	2.8	49.7	0.05	88.9

① 现为双流区。

② 现为郫都区。

表3-5(续)

	X1	X2	X3	X4	X5	X6	X7	X8	X9	X10	X11	X12	X13	X14	X15
H	3.27	0.39	0.14	0.73	1.9	200	74	22	1 882	459	1 208	3.4	53.5	0.01	73.2
I	3.93	0.33	0.1	0.56	1.8	115	65	15	1 070	178	603	3.4	19.3	0.07	75.3
J	6.05	0.34	0.02	0.27	1.9	105	88	16	1 248	190	799	0.7	28	0.05	60.0
K	3.76	0.53	0.02	0.37	1.8	123	69	26	2 295	417	1 733	7.1	57.4	0.15	91.0
L	3.92	0.27	0.04	0.38	1.7	182	36	31	2 521	501	1 758	1.5	79.3	0.08	87.4
M	2.98	0.36	0.008	0.68	2.0	210	56	32	2 137	409	1 167	3.4	48.4	0.08	69.9
N	3.06	0.30	0.003	0.50	1.9	194	66	18	2 119	389	1 400	1.1	13.8	0.09	66.8

A. 评价指标数据的标准化

由于在使用主成分分析法时，须严格要求指标的正向性，我们可以这样做——先无量级化处理原始数据。其标准公式为：$X_{ij}=(X_{ij}-X_j)/stdev_j$，其中，$i=1, 2, \cdots, 14$，代表14个区县，$j=1, 2, \cdots, 15$，代表15个指标，$X_{ij}$表示区县$i$的指标$j$，$X_j$等于指标$j$期望，$stdev_j$等于指标$j$的标准差。我们通过标准化后得到的数据如表3-6所示。

表3-6　2014年成都市14个非中心区县城乡统筹发展标准化指标值

	X1	X2	X3	X4	X5	X6	X7	X8	X9	X10	X11	X12	X13	X14	X15
A	2.48	-1.8	-0.19	-1.21	0.20	1.39	1.67	-0.59	0.97	-0.36	0.14	1.08	0.54	-0.66	-0.62
B	1.12	-1.37	0.37	-0.94	2.48	0.36	0.81	-1.00	-0.63	-2.16	-1.14	-0.16	-0.33	0.39	-0.98
C	0.53	0.06	2.41	-0.87	1.68	1.39	0.58	1.45	0.70	0.75	1.12	2.36	1.99	-0.68	-0.69
D	0.92	1.18	1.06	-0.83	0.99	0.68	0.99	-0.69	-0.63	-0.1	0.43	1.11	0.65	-0.11	-0.52
E	-0.74	0.41	-0.38	0.77	1.46	0.35	0.72	0.33	0.40	1.26	-0.1	-0.66	-1.32	0.63	-0.01
F	0.17	0.91	1.15	-1.06	2.11	1.75	0.39	1.76	2.73	1.24	2.44	-0.03	1.75	-0.38	-0.59
G	0.75	0.42	-0.95	-0.72	0.41	0.65	1.11	1.65	0.27	0.33	0.69	-0.45	-0.18	-0.4	1.83
H	-0.82	0.68	0.48	1.71	-0.01	-0.42	0.17	-0.28	-0.33	0.71	-0.36	-0.25	-0.07	-1.81	0.65
I	-0.56	0.08	0.05	1.00	-0.33	-1.18	-0.41	-1.00	-1.31	-1.19	-1.38	-0.25	-1.01	0.08	0.81
J	0.26	0.17	-0.74	-0.22	0.46	-1.26	1.03	-0.9	-1.1	-1.11	-1.05	-1.17	-0.77	-0.43	-0.34
K	-0.63	2.17	-0.81	0.22	-0.22	-1.11	-0.16	0.12	0.16	0.43	0.53	1.00	0.03	2.58	1.99
L	-0.57	-0.58	-0.61	0.23	-1.07	-0.58	-2.21	0.63	0.44	0.99	0.57	-0.88	0.63	0.54	1.72
M	-0.93	0.39	-0.90	1.52	0.57	-0.33	-0.93	0.74	-0.03	0.37	-0.43	-0.27	-0.21	0.48	0.41
N	-0.90	-0.24	-0.95	0.75	0.15	-0.48	-0.34	-0.69	-0.05	0.24	-0.04	-1.03	-1.16	0.83	0.17

B. 主成分分析

通过计算各指标之间的相关系数，结果如表3-7所示（计算过程由Eviews实现），在KMO and Bartlett Test中，得到Bartlett、KMO的F检验值分别为0.000 0与0.780 0，这就意味着我们所选的指标服从正态分布，所以适用主成分分析法。得出的结果如图 3-2 所示。

表 3-7　各指标变量相关系数

	1	2	3	4	5	6	7	8	9	10	11	12	13	14	15
1	1														
2	-0. 51	1													
3	0. 30	0. 30	1												
4	-0. 84	0. 26	-0. 41	1											
5	0. 34	-0. 08	0. 56	-0. 48	1										
6	0. 62	-0. 23	0. 61	-0. 67	0. 64	1									
7	0. 71	-0. 11	0. 27	-0. 57	0. 53	0. 50	1								
8	-0. 09	0. 29	0. 22	-0. 18	0. 20	0. 50	-0. 13	1							
9	0. 17	0. 04	0. 28	-0. 39	0. 31	0. 71	0. 04	0. 72	1						
10	-0. 40	0. 44	0. 09	0. 20	-0. 12	0. 28	-0. 20	0. 71	0. 65	1					
11	0. 12	0. 32	0. 39	-0. 45	0. 22	0. 66	0. 01	0. 78	0. 88	0. 72	1				
12	0. 46	0. 13	0. 69	-0. 45	0. 26	0. 52	0. 33	0. 20	0. 24	0. 09	0. 38	1			
13	0. 38	0. 07	0. 72	-0. 57	0. 28	0. 67	0. 05	0. 58	0. 64	0. 36	0. 76	0. 68	1		
14	-0. 34	0. 31	-0. 46	0. 1	-0. 16	-0. 39	-0. 37	-0. 07	-0. 06	0. 01	-0. 02	-0. 05	0. 28	1	
15	-0. 48	0. 40	-0. 57	-0. 42	-0. 74	-0. 53	-0. 54	0. 24	-0. 12	0. 31	0. 02	-0. 26	-0. 23	0. 40	1

igenvalues: (Sum = 15, Average = 1)

Number	Value	Difference	Proportion	Cumulative Value	Cumulative Proportion
1	5.946723	2.212231	0.3964	5.946723	0.3964
2	3.734492	2.476389	0.2490	9.681215	0.6454
3	1.258103	0.055802	0.0839	10.93932	0.7293
4	1.202301	0.167900	0.0802	12.14162	0.8094
5	1.034401	0.259200	0.0690	13.17602	0.8784
6	0.775200	0.361574	0.0517	13.95122	0.9301
7	0.413626	0.092820	0.0276	14.36485	0.9577
8	0.320806	0.200529	0.0214	14.68565	0.9790
9	0.120277	0.032001	0.0080	14.80593	0.9871
10	0.088276	0.024233	0.0059	14.89420	0.9929
11	0.064043	0.035840	0.0043	14.95825	0.9972
12	0.028203	0.014653	0.0019	14.98645	0.9991
13	0.013550	0.013550	0.0009	15.00000	1.0000
14	5.34E-17	2.56E-16	0.0000	15.00000	1.0000
15	-2.03E-16	---	-0.0000	15.00000	1.0000

图 3-2　特征根、贡献率以及累计贡献率

由图 3-2 我们可以看出，主成分值为 5，对应的累计贡献率是 0.878 4，这意味着前面 5 主成分因子中已经将所有指标的绝大多信息包含进去。因此我们可以分别前面 5 个选取记为第一、二、三、四、五主成分 *F*1、*F*2、*F*3、*F*4、*F*5 做主成分分析。

通过做变量载荷图（variable loading plot），我们可以看出对应主成分的变量载荷系数，从图 3-3 中我们能够看到，怎样将原始变量合成新的主成分，成分得分图（component scores plot）显示对应于样本区间内的观测值成分的得分值，biplot（将两者合一）（见图 3-3）则表示在一张图中同时显示载荷系数和得分值。

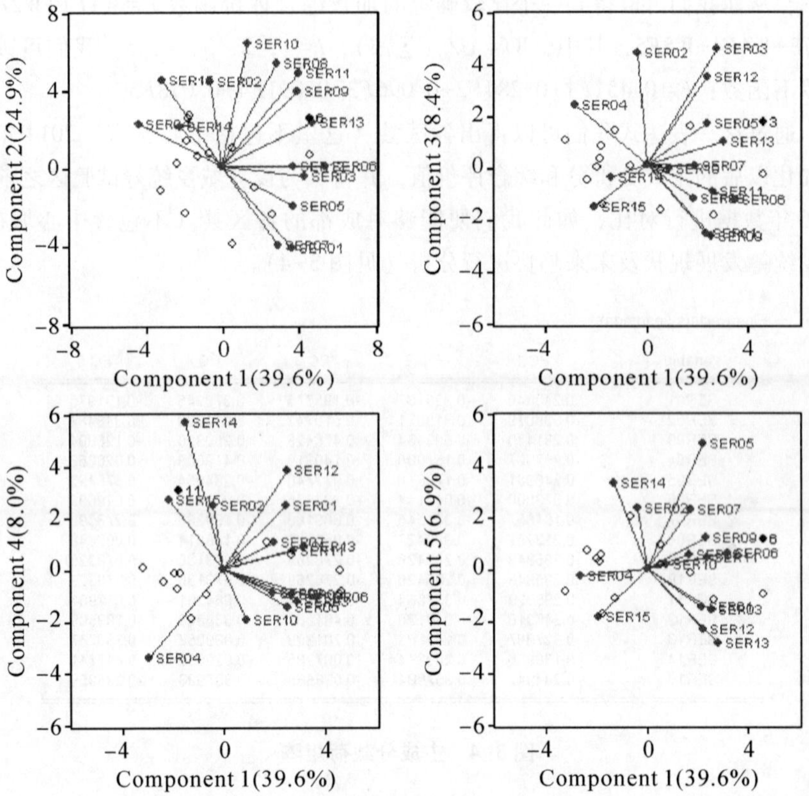

图 3-3　biplot

从图 3-3 中我们可以看出，主成分与各变量之间的关系：*F*1 贡献率为 39.6%，主要反映的是人均地区生产总值（*X*1）、固定资产投资（*X*6）、工业集中度（*X*7）、普通中学教师数量（*X*9）、医生数量（*X*11）、年末移动电话拥有量（*X*13）；*F*2 贡献率为 24.9%，主要反映的是中学数量（*X*8）和卫生医疗机构数量（*X*10）；*F*3 贡献率为 8.4%，主要反映的是第三产业产值占总产值之比（*X*2）、乡镇企业税收占总税收之比（*X*3）、农林牧渔业产值占总产值之比（*X*4）；*F*4 贡献率为 8.0%，主要反映的是邮电主营业务收入（*X*12）、社会保障支出占公共财政支出的比重（*X*14）、空气质量优良天数占全年天数之比（*X*15）；*F*5 贡献率为 6.9%，主要反映的是城乡居民人均收入比（*X*5）。主成分公式为：$Fp=a1i*ZX1+a2i*ZX2+\cdots+api*ZXp$，其中，*p* 代表主成分序号取值 1、2、3、4、5，i 代表标准化指标值序号，取值 1、2、…、14，api 代表相应特征向量，ZXp 代表标准化指标数值。设定权重 Wi 等于对应的主成分贡献率，从而我们可以得到一个比较确定的加权综合评价函数 $F=W1F1+W2F2+W3F3+W4F4+W5F5$，其中，$Wi=\lambda i/(\sum\lambda i)$，$i=1,2,3,4,5$，我们可以得出以下函数：$F=0.451F1+0.284F2+0.096F3+0.091F4+0.078F5$。

通过这一表达式我们可以得出各区县（这里不包括中心城市）2014 年的标准化以后的主成分得分和综合评价值，并将其与设立城乡统筹试验区之前的 2006 年数据进行对比，如此我们便能够对成都的各区县（不包含中心城市）城乡统筹发展现状及未来趋势进行分析（见图 3-4）。

Eigenvectors (loadings):

Variable	PC 1	PC 2	PC 3	PC 4	PC 5
SER01	0.240840	-0.325187	-0.195775	0.378945	-0.191975
SER02	-0.039079	0.310071	0.510743	0.111020	0.348487
SER03	0.281440	-0.093464	0.475428	-0.250920	-0.128004
SER04	-0.297907	0.157088	0.140319	-0.419608	-0.020053
SER05	0.248881	-0.176670	0.072740	-0.234054	0.576492
SER06	0.373000	-0.040144	-0.127576	-0.070441	0.028693
SER07	0.184857	-0.341545	-0.008166	0.180386	0.278589
SER08	0.213261	0.382427	-0.066036	-0.108914	0.002640
SER09	0.295843	0.285426	-0.278269	-0.073136	0.079329
SER10	0.295843	0.285426	-0.278269	-0.073136	0.079329
SER11	0.295329	0.338664	-0.022454	0.064291	0.017901
SER12	0.246310	-0.040120	0.481307	0.330048	-0.183508
SER13	0.327997	0.142183	0.201329	0.039057	-0.333767
SER14	-0.138966	0.203374	0.007285	0.529859	0.447741
SER15	-0.204842	0.357984	-0.038505	0.307993	-0.235956

图 3-4　主成分载荷矩阵

根据图 3-4 主成分载荷矩阵、主成分得分公式以及综合评价函数 F，通过计算得出结果如表 3-8 所示。

表 3-8　主成分得分及综合评价值

区县	$F1$	$F2$	$F3$	$F4$	$F5$	F		排序	
	2014 年	2014 年	2014 年	2014 年	2014 年	2014 年	2006 年	2014 年	2006 年
龙泉驿区	2.588	−2.43	−1.32	1.33	−0.93	0.40	0.88	5	4
青白江区	0.64	−3.57	−0.11	0.19	1.26	−0.62	0.27	12	7
新都区	4.6	−0.03	1.89	1.99	−0.17	2.42	0.83	2	6
温江区	1.87	−1.27	2.38	0.78	0.61	0.83	1.34	4	2
金堂县	−0.19	0.29	0.07	−1.04	0.97	−0.02	−0.27	9	9
双流县	4.89	1.96	−0.16	−0.86	1.31	2.77	1.15	1	3
郫县	0.9	−0.27	−1.19	0.97	0.3	0.33	0.87	6	5

表3-8(续)

区县	*F*1	*F*2	*F*3	*F*4	*F*5	*F*		排序	
	2014 年	2014 年	2014 年	2014 年	2014 年	2014 年	2006 年	2014 年	2006 年
大邑县	-0.74	0.42	0.77	-1.87	-0.55	-0.35	-0.44	11	10
蒲江县	-2.9	-0.03	0.89	0.54	-0.91	-1.25	-0.85	14	13
新津县	-1.84	1.994	-0.17	0.003	0.78	-0.22	-0.13	10	8
都江堰市	-0.16	2.72	1.25	2.50	1.33	0.99	1.73	3	1
彭州市	-0.93	2.77	-1.24	0.08	-1.37	0.15	-0.57	8	11
邛崃市	-1.26	1.44	-0.06	-0.85	0.72	0.19	-0.64	7	12
崇州市	-1.67	0.19	-0.95	-0.22	1.28	-0.71	-0.97	13	14

C. 结论

结合成都地图，由于蒲江县、新津县、崇州市等均处于相对偏远的地区，各类指标原水平都比较低，在城乡统筹发展中，当地财政力量较弱，在统筹发展的举措实施中支持力度不够，因此统筹发展水平相对靠后。同时，将数据纵向对比，我们看到自从被批准成立试验区以来，成都的许多区县的排位变动比较明显，指标数据大部分是上升的，尤以新都区、双流县最为明显，改革成效较为显著。

②与全国城乡统筹水平比较

前面主要对成都市各区县的城乡统筹发展水平进行了实证研究，且得出了成都市大部分区县城乡统筹水平显著提高的结果，为了进一步说明成都市作为城乡统筹试验区的成效，本部分拟对成都市与全国的城乡一体化水平进行比较。由于篇幅限制，且本书主要研究对象是成都，无须对全国城市进行与之类似的实证分析，本部分借鉴已有的研究成果进行对照说明，如表 3-9 所示。

表 3-9　2006—2011 年中国不同尺度①城乡发展一体化指数

省域	2006 年	2007 年	2008 年	2009 年	2010 年	2011 年
北京	8.58	9.57	10.61	11.01	11.60	11.51

① 不同尺度是指从中国整体、四大区域及省域三种尺度对城乡发展一体化水平进行测度。东部地区包括北京、天津、河北、上海、江苏、浙江、福建、山东、广东、海南共 10 个省域；中部地区包括山西、安徽、江西、河南、湖南、湖北 6 个省域；西部地区包括重庆、四川、贵州、云南、陕西、甘肃、青海、宁夏、新疆、内蒙古、广西 11 个省域（西藏除外）；东北地区包括辽宁、吉林、黑龙江 3 个省域。

表3-9(续)

省域	2006 年	2007 年	2008 年	2009 年	2010 年	2011 年
天津	4.10	3.54	6.09	6.12	6.38	7.35
河北	1.38	1.50	2.53	2.53	2.32	2.96
山西	1.65	1.89	2.75	2.78	2.36	2.46
内蒙古	1.20	1.19	1.93	2.14	1.97	2.11
辽宁	1.92	2.18	3.06	3.21	2.57	3.32
吉林	1.19	1.31	2.01	2.16	2.00	2.34
黑龙江	1.51	1.68	2.45	2.24	2.05	2.34
上海	9.08	9.50	10.76	10.06	11.69	13.12
江苏	3.05	3.70	3.48	3.77	4.15	4.94
浙江	3.29	4.48	4.42	4.63	5.09	5.55
安徽	1.35	1.67	2.39	2.62	2.43	2.76
江西	1.36	1.66	2.12	2.34	2.30	3.14
福建	2.17	2.49	3.31	3.21	3.28	3.73
山东	1.92	2.28	2.83	3.53	3.32	3.73
湖北	1.53	1.68	2.61	2.91	2.83	2.71
河南	1.46	1.98	2.18	2.63	2.46	2.58
湖南	1.23	1.31	2.03	2.59	2.23	2.52
广东	2.80	3.09	3.79	3.54	3.77	4.36
广西	1.16	1.26	1.86	2.13	1.94	2.32
海南	2.13	1.39	1.75	1.75	1.79	2.26
重庆	1.48	1.44	2.64	3.17	2.77	3.18
四川	1.10	1.17	2.04	2.20	2.11	2.43
贵州	0.85	0.96	1.69	1.72	1.57	1.88
云南	1.11	1.14	1.38	1.64	1.27	1.63
陕西	1.11	1.32	2.07	2.31	2.07	2.45
青海	1.11	1.13	1.65	1.61	1.50	1.47
宁夏	1.20	1.34	1.88	1.82	1.50	1.96

表3-9(续)

省域	2006 年	2007 年	2008 年	2009 年	2010 年	2011 年
甘肃	0.88	0.99	1.76	1.75	1.51	1.86
新疆	1.13	1.14	1.75	1.72	1.50	1.86
东部地区	3.85	4.15	4.96	5.02	5.34	5.95
东北地区	1.54	1.72	2.51	2.54	2.21	2.67
中部地区	1.43	1.70	2.35	2.65	2.44	2.70
西部地区	1.12	1.19	1.88	2.02	1.79	2.10
全国平均	1.59	1.72	2.07	2.18	2.49	2.77

数据来源：周江燕. 中国省域城乡发展一体化水平评价研究［D］. 西安：西北大学，2014.

上述资料显示的是省域之间的比较，一般我们可以推测，省会城市城乡一体化水平会高于所属省域城乡一体化水平。因此，从表 3-9 中可以推论：以成渝城乡统筹试验区开始之年的 2007 年为界，四川省在 2006 年城乡一体化水平在全国排名 22，而在 2011 年排到了 18 名，并且在 2006 年其城乡一体化水平（1.10）低于西部地区平均值（1.12），而从 2008 年开始，其城乡一体化水平均高于西部地区平均值，尤其到了 2011 年其城乡一体化水平（2.43）已大大超过了西部地区城乡一体化水平平均值（2.10）。成都市作为四川省的省会城市，其城乡一体化水平大大超过四川省整体的城乡一体化水平，由此可以看出，成都市作为城乡统筹试验区取得了很好的成效。

（2）重庆

因上文已经对相关实证研究方法进行了详细介绍，在此不再赘述。在此对重庆市城乡统筹水平的分析中，将直接写出通过相关软件做出的一些数据的处理结果。

①设置指标、收集数据并标准化处理

由于重庆市和成都市在城乡统筹发展理念上有所不同（成都市走的一体化发展之路，重庆市走的协调发展之路），所以在指标选择上与成都略有不同。在此，基本选用的都是一些城乡对比指标，包括人均地区生产总值（*X*1），城镇化率（*X*2），二、三产业与第一产业产值之比（*X*3），保障性住房数量（*X*4），城乡消费品零售总额之比（*X*5），城乡居民人均收入之比（*X*6），城乡恩格尔系数之比（*X*7），城乡人均医疗床位之比（*X*8），这几个指标都是属于城乡统筹正相关指标，经过查阅 2010—2014 年的相关资料，搜集到了一些数据并进行了标准化处理，如表 3-10 所示。

表 3-10　2010—2014 年重庆市城乡统筹发展指标标准化数值

年份	*X*1	*X*2	*X*3	*X*4	*X*5	*X*6	*X*7	*X*8
2010	−1. 41	−1. 29	−1. 04	−0. 62	1. 74	−1. 02	−1. 46	−1. 51
2011	−0. 47	−0. 71	−0. 59	−0. 52	−0. 72	−0. 35	−0. 63	0. 004
2012	0. 11	0. 17	−0. 25	−0. 95	−0. 54	−0. 30	0. 74	1. 29
2013	0. 58	0. 68	0. 32	0. 72	−0. 39	0. 01	0. 61	0. 01
2014	1. 20	1. 16	1. 56	1. 38	−0. 08	1. 66	0. 74	0. 21

数据来源：2010—2014 年《重庆市国民经济和社会发展统计公报》。

②主成分分析

通过 Eviews 软件进行变量间相关性分析，认为变量间相关性较强，F 值为 0. 000，KMO 值为 0. 78，可以做主成分分析，如图 3-5 所示。

Number	Value	Difference	Proportion	Cumulative Value	Cumulative Proportion
1	5.715263	4.023590	0.7144	5.715263	0.7144
2	1.691673	1.345916	0.2115	7.406936	0.9259
3	0.345757	0.098449	0.0432	7.752692	0.9691
4	0.247308	0.247308	0.0309	8.000000	1.0000
5	1.66E-16	6.96E-17	0.0000	8.000000	1.0000
6	9.66E-17	8.99E-17	0.0000	8.000000	1.0000
7	6.67E-18	1.18E-15	0.0000	8.000000	1.0000
8	-1.17E-15	---	-0.0000	8.000000	1.0000

图 3-5　主成分分析结果

从图 3-5 中可以看出，前两个成分贡献率累计已达 92. 59%，且其特征值均大于 1，所以我们可以选取这两个成分作为主成分进行分析，分别记为 *F*1、*F*2，并有如下主成分载荷矩阵（见图 3-6）。

Variable	PC 1	PC 2
SER01	0.416506	0.070684
SER02	0.373957	-0.156739
SER03	0.379947	0.307027
SER04	0.299218	0.512586
SER05	-0.286291	0.456189
SER06	0.359426	0.318310
SER07	0.395169	-0.183971
SER08	0.292369	-0.519762

图 3-6　主成分载荷矩阵

由图 3-6 可得

$F1 = 0.42X1 + 0.37X2 + 0.38X3 + 0.3X4 - 0.29X5 + 0.36X6 + 0.4X7 + 0.29X8$

$F2=0.07X1-0.16X2+0.31X3+0.51X4+0.45X5+0.32X6-0.18X7-0.52X8$

将两主成分 F1、F2 的贡献率作为权重，我们可以得出城乡统筹水平综合评价函数 $F=0.7716F1+0.2264F2$，并将 2010—2014 年指标值代入综合评价函数，计算出各年份的主成分总得分，见表 3-11。

表 3-11 重庆市 2010—2014 年城乡统筹水平

年份	F1	F2	F
2010	−0.354	0.991	−2.51
2011	−1.008	−0.699	−0.936
2012	0.448	−1.73	−0.046
2013	1.196	0.107	0.947
2014	2.918	1.338	2.554

③结论

城乡统筹水平指标 F 是用来衡量城乡统筹发展水平的综合评价指标，F 值越大，城乡统筹发展水平就越高。我们可以从图 3-7 直观地考察重庆市城乡统筹的长期发展趋势和变动规律，可以看出，F 值随着年份不断上升，说明重庆市城乡统筹试验取得了明显的成效，对照之前提到的重庆市的发展目标，我们可以得出结论，重庆市的城乡发展朝着目标方向行进，前景向好。且从表 3-9 中也可以看出重庆在进行了城乡统筹试验区的试点后城乡一体化水平有了很大的提升，说明其作为城乡统筹试验区效果显著。

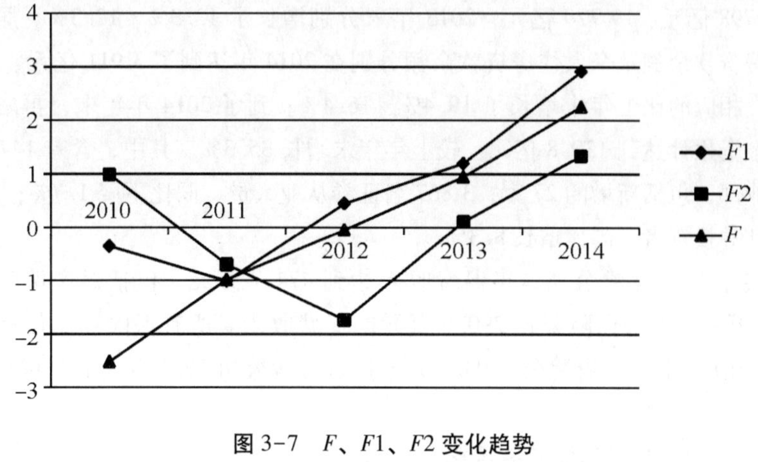

图 3-7 F、F1、F2 变化趋势

3.3 成渝试验区城乡统筹水平所对应的投融资状况

城乡经济主体在产业结构、资源禀赋、发展水平、地理区位等许多方面都在存在极大差异，对金融需求也是不尽相同，主要呈现出多层次特征。无论何种单一的金融服务模式都不能适应城乡市场协调发展的需要，只有提供多样化多种服务和金融产品组织的金融措施组织，方能满足城乡多层次特征且动态变化的金融需求。因此，要逐步促使成渝试验区金融创新步伐加快，完善金融运行机制。建设多层次资本市场，推动金融产业创新发展，不断加大金融对经济的支持力度。另外，要牢牢把握社会主义新农村建设带来的业务发展机遇，尽快适应新农村建设对金融提出新要求和新任务。鼓励支持农村金融产品创新与金融组织创新，不断拓宽农村金融市场，多样化新农村建设的金融服务，推进经济金融的互惠共赢。

下面我们分别对成都和重庆的投融资状况（以涉农为主）进行分析。

3.3.1 成都

所谓涉农投融资体制即指与“三农”领域的相关投融资体制，根据成都投融资体制改革分析，必须要坚持经济市场化取向，促使政府投入方式转变，构建投融资平台，促进金融创新，大力支持社会资本进入，完善农村多元化投入机制。在2014年年末，所有金融机构人民币存款余额、贷款余额分别突破了26 798亿元、19 779亿元，2013年末分别增长了13.3%、12.3%。居民个人消费贷款余额及个人住房贷款余额分别在2014年达到了3 911亿元、3 254亿元，相应的比上年末增长了19.4%、16.4%。到了2014年年末，再融资与首发融资累计达到130.8亿元，较上年年末增长35.3%。其中，含有147家证券营业部，包括新增的27家；3 867名证券从业人员，同比下降1.7%；371.9万名证券投资者，同比增长8.3%。

共计79家保险公司，年保费收入达到474.7万元，包括财产保险公司184.1万元与人寿保险公司290.6万元的保费收入。所有保险和赔偿费用为153.8万元，包含了财险公司94.7万元以及寿险公司59.1万元的支付和补偿支出。

3.3.1.1 农村投资需求旺盛

在城乡统筹发展的历史背景下，城乡的投资结构发生了本质性改变，同时城市金融投资需求活跃，农村金融需求突破了抑制许久的极不平衡状态，极大地激发了农村金融和投资需求，促进投资需求的多样化。

（1）农村生产性投资需求

推进城乡一体化离不开农业产业的发展，由于城乡发展战略开展以来，作为“三化联动”的基础，农业现代化对农村生产的金融投资需求的影响较为明显。在此之前，主要是个别农户的小规模生产行为具有金融投资需求，而通过民间借贷或农村信用社小额信贷便可以满足其需求，在开展了“三集中”以后，土地流转到企业等较大规模地集中，主要的发展模式逐渐转向了农业的集约化、标准化和规模化生产发展。按照成都统筹城乡发展改革初步方案，力争到2020年促使全市土地规模经营率达到75%。不断发展农业产业化经营和土地规模集约经营，随着企业、大户和业主的机械化作业、规模化生产的生产方式变革，激活了对农业生产保险、农业机具租赁、大额农业贷款等金融服务的大量需求。随着大幅度增加的农业生产投资额度，改变了农村金融抑制的现象，激活了农村生产性金融，过去的小额信贷模式不能够满足于如今的农村生产发展的金融需求。

（2）农民生活设施投资需求

目前，农村居民是以散居为主要形式的传统模式，这种传统的散居方式导致两种弊端：首先是农民生活条件差和环境恶劣，利用农村公共设施，成本过高，其次是土地使用粗放，造成了土地的严重浪费。为了转变这种情况，2003年，成都就开始鼓励农村居民进城居住。并建造了农村新型社区和城区新居工程，逐步鼓励引导农村居民转移到城镇居住或者就近于居民居住的地方集中居住，这一举措为成都市城乡统筹发展战略提供了重要的指引方向。根据成都统筹城乡发展的初步规划，全市2020的城市化率提高到70%，逐步转化160万左右的农民为市民。因此，除了吸收了城市化进程中的农民外，还有数以百万计的农民，必须通过建设新农村社区和新建城市住宅项目工程，实现新型城市化。根据每人35平方米住房的标准计算，截至2020年，成都还必须建立近3 500万平方米的住宅，如果房屋建造每平方米需要1 000元，那么建成所有需要超过350亿元的总投资。政府为了促进农民城镇化和集中居住，需要投入大量的资金，这些资金可以向银行贷款，或通过建设用地“增减挂钩”的土地政策，吸引社会资本投资建设。但是无论政府采取哪种方式，都不可避免地会对金融投资产生巨大的需求。

（3）基础设施和公共服务设施投资需求

统筹城乡发展的重点领域，是推进城市基础设施及公共服务延伸至农村地区。实现城市基础设施及公共服务向农村覆盖，成都城乡统筹发展战略，拉动了农村对基础设施和公共服务建设的巨大需求。同之前“轻乡重城”，城乡对立的基础设施建设规划相比统筹城乡改革需要将县和区域中心镇作为发展重点，建设道路交通、电力、供水、垃圾处理、污水处理、医疗卫生、计划生育，文化、教育体育设施和其他设施。在推进城市基础设施及公共服务延伸覆盖至农村地区的同时，必须以建设新型农村为目标，改善农村生活用水、污水处理、垃圾处理和其他方面生活服务设施。很明显，自从成都实施了城乡统筹发展战略，硬件设施建设创造了大量的金融投资需求。由于公共物品的性质，农村基础设施和公共服务设施的投资主要依靠财政资金，但财政支持是有限的。这种巨大的投资需求最终将转向金融市场。

（4）公共服务体系投资需求

统筹城乡发展的重点要求是推进城乡公共服务体系一体化以及推进财政大量投入到农村教育、医疗、社会保障、农业科技推广等其他方面，逐步实现城乡公共服务均等化。针对成都市，推进城乡公共服务体系的重点应该放在：首先是促进农村养老保险全面覆盖，从2016年的情况来看，95%农民参与了养老保险，提前完成了2020年的目标；其次是进一步提升农村合作医疗服务水平以及调整医疗合作费用标准；再次是调整区县中小学公共人均经费以及教师工资水平，逐步缩小差距；最后是建立健全农业科技推广服务体系。因为成都农村公共服务体系的发展基础相对薄弱，城乡发展差距较大。完善农村公共服务体系需要投入大量资金。对于公共服务体系的投资，主要靠政府财政的投入，农村居民个人投资作为补充。为了弥补自有资金的不足，政府和个人对金融需求都有巨大的需求。

3.3.1.2 城乡统筹发展中农村金融支持力度加大

（1）改革农村信用社，完善农村金融服务体系

2003年，为推进农村信用社改革，国务院制订发布了关于改革农村信用社试点的方案及指导意见，总的目标是“确定改革产权清晰，加强约束机制建设、加强服务功能建设，国家适当扶持、地方政府负责”，进一步改革产权制度和管理制度，鼓励农民，农村工商户和其他经济组织积极入股农村信用社，逐步将其建设成为能够提供给“三农”更为优质服务的地方金融机构。在成都市农村信用社作为“三农”服务的主力军分别在2009年和2010年完成

的股份制改革，并共同建立了成都农村商业银行，建立了较为合理的法人治理结构，农村金融服务体系逐步完善。

（2）放宽农村金融市场准入，增加农村金融机构

成都市积极落实中国银行业监督管理委员会关于在农村地区银行业金融机构准入政策，调整放宽了农村地区银行业金融机构种类以及资本限制和其他方面的准入政策条件。目前，成都已建立了郫都区国开村镇银行、蒲江民富村镇银行、龙泉驿稠州村镇银行、崇州上银村镇银行、金堂汇金村镇银行等众多村镇银行，还允许设立了各类小额贷款公司和资金互助社等新的组织形式。

（3）引进商业保险公司，农业保险试点逐步开展

农业生产是有风险的，且作物易受气候的影响，新技术的采用都包含风险。如果没有保险，农民就不敢从事于较大规模的生产，也不敢试用新技术，金融资本和社会资本也不敢投向农村，因此就必须构建和完善农村市场的风险分配机制。目前我国农业保险体系发育非常落后，远远不能满足实际需要和有效需求。我国农业保险体系基本上为国有农业保险，但规模较小。成都市政策性农业保险于 2007 年起开始启动试点工作，通过政府补贴、市场化运作的方式，引导和鼓励驻蓉保险机构开展水稻、玉米、生猪、奶牛、油菜等政策性农业保险业务。具体做法是：以中国人民财产保险股份有限公司、中华联合财产保险股份有限公司以及法国安盟保险公司作为在成都市开展政策性农业保险业务的承保机构，以区（市）县或乡（镇）为单位选择一家保险公司同时承保种植业、养殖业保险业务，委托农业发展投资公司与保险经营机构签订承保合作协议，全面落实承保机构承办成都市政策性农业保险业务有关展业、承保、查勘、定损、理赔、防灾防损等各项工作的责任与义务，保证全市在每个险种上各项标准一致。中央财政、省财政和市、区（市）县两级财政对政策性农业保险给予补贴，并根据不同的保险品种，分别制定了保费补贴分摊比例。2009 年，水稻、玉米、生猪承保面不断扩大，并在 2008 年原有基础上，新增了油菜品种试点。中央财政、省财政和市、区（市）县财政分别补贴 4 418 万元、1 766 万元和 2 927 万元，水稻、玉米、油菜的承保面分别达到 59. 2%、52%和 48. 9%；能繁母猪承保面达到 105. 6%，实现保费收入 12 087 万元。2008—2015 年，全市政策性农业保险已为投保农民提供 525. 88 亿元风险保障。

（4）以农行为代表的大型商业银行加大支持力度

自 2009 年以来，中国农业银行四川省分行营业部致力服务于成都市城乡统筹改革发展，大力支持农村“四大基础工程”之一的农村土地综合整治项

目，对成都市惠农投资建设有限责任公司，成都市小城镇投资有限公司和其他市、县两级政府性公司累计提供21.3亿元信贷支持，用于实施位于新津、崇州、郫县、蒲江、金堂等地的多个农村土地综合整治和农民新型社区建设项目。农行四川省分行营业部积极开展服务支持模式创新，先后以村民组建的资产管理公司和民营企业为主体探索实施项目运作新模式，按照这一模式运作了成都郫县青扬村资产管理公司。唐元镇青扬村城乡建设用地增减挂钩折旧区项目、成都贯中房产公司青城山镇石桥村农民安置房建设项目已实现突破。2012年9月24日，中国农业银行和成都市政府在成都关于合作框架进行协议签署，约定5年内农业银行将提供至少1 500亿元的信贷意向，用以支持天府新区和"北改"基础设施建设以及社会公共事业和其他6个方面的建设，支持成都市"两化"相互作用以及统筹城乡发展的重点产业和重大项目以及重点领域的发展。截至2014年年底，农行四川省分行营业部累计通过投放贷款支持超2万亩农村集体建设用地、农村耕地的土地综合整治，通过宅基地复垦新增耕地面积近6 000亩，帮助建成农民新居总面积达150万平方米，安置农户约5万人。

成都市是全国首批城乡统筹综合配套改革试验区，由于已经在各个领域（例如农村发展改革，农村金融服务综合改革、农民实现增收的途径与渠道等等其他领域）的改革都取得良好成效，并为全国其他省份、区域提供先锋模范作用，为全国各个省份推行统筹城乡改革提供实践经验与理论依据，2015年由人民银行、发展改革委、银监会、证监会、保监会、四川省人民政府会同中央农办、财政部、国土资源部、住建部、农业部结合当地实际制定的《成都市农村金融服务综合改革试点方案》（以下简称《改革试点方案》）已正式印发。这意味着成都成为全国首个农村金融服务综合改革试点城市，承担了5个方面19项农村金融改革任务，为正处于统筹城乡改革深化期的成都市增添新的推动力。

3.3.1.3 城乡统筹发展中投融资体制创新

（1）现代农地产权制度的确立和发展

①农地确权颁证为流转和融资奠定基础

为促进农村家庭承包制发展成为更加完善并且包含更加有保障的转让权的农村产权制度，为推动农村资源的可以更大领域内实现重组和自由流转，为了达到农村资源效益最优化，自2008年年初，成都市根据"五个一致、该确尽确、持续规范、群众满意"的准则，经过了两年零十月，完成了关于农村土地所有权、承包经营权、使用期的确权工作，实现了生产要素在城乡范围内的自由流动和优化配置，不断推动了国有土地与集体土地实现了转让权的“同地同权”，基本完成了现代农地产权制度的建设，提高农村市场的微观基础。

为促进农村产权融资的推进，2009年，成都发布了关于推进农村产权交易。投融资等一系列政策、意见以及方案措施文件，并且对于操作程序和风险控制及分担办法等都做了极为详细的相关方案以及规定。次年，颁布了关于集体建设用地使用权抵押融资专项措施。以“城乡建设用地增减挂钩”（撤院并院）为其最大特征，通过综合整理土地获得的集体建设用地可用于抵押融资贷款。

②成立农村产权交易所为流转搭建平台

成都于2008年10月13日建立了成都农村产权交易所，成为第一家全国农村产权综合性市场平台，完成了区县的农村产权交易建立、完成了乡镇的农村移动服务站的建设，为市、县、乡三级农村产权流转搭建了服务系统平台。成都农村产权交易所秉承“以创新为手段，以市场为导向”的发展理念，以破解“三农”难题、促进城乡统筹为目标，不断探索农村产权制度改革中重大问题的突破，为产权依法流转、要素对接资本、资本发展产业、产业引导富民创新经验和模式。农交所在建设用地指标、集体建设用地、农村土地综合整治及多项农村产权服务中探索全新的服务模式，建立配套完善的交易制度和规则，通过信息集成、要素集成、服务集成，创新实践城乡统筹发展，以公开、公平、公正的阳光服务助推“三农”发展。成都农村产权交易所业务涵盖农村房屋所有权、林权、土地承包经营权等其他多种农村产权交易以及农村的资产处置、市场信息咨询等各类服务。2014年年底，在成都投控集团和成都农发投持股的基础上，农交所完成股权划转，拥有5 000万元的注册资本金，不断推进公司治理结构的完善，大步迈向了现代企业体制建设道路。

③成立农村产权流转担保公司为融资增信

2008年5月，结合农村产权制度改革，现代农业发展投资公司投资3亿元促进了成都市建成农村产权流转担保公司，为农村产权融资提供担保服务。特别是汶川大地震后，为引入信贷资金推动农村住房自建，成都市财政与有关市（县）按照1∶1比例各出资2.725亿元，组建了都江堰市、彭州市、崇州市、大邑县、邛崃市的5个农村产权流转担保公司（产担公司）。农户用土地承包经营权、宅基地使用权和林权等向产担公司提供反担保，产担公司出具担保函，银行机构根据担保池向农户发放贷款。

（2）政策性专业投融资平台的建立和发展

为城乡统筹筹集资金，成都市积极探索新的投融资载体，成立政策性投融资公司。2007年起，成都市开始尝试转变传统的财政支农资金的投入方式，以财政资金作为资本金设立了三个市级涉农投融资平台，为了能够通过社会资本增加及支持金融资本以及财政资金为杠杆撬动向“三农”的投入。在市级推动下，区（市）县也分别成立了相应的涉农投融资平台。目前，成都市共有超过百家政府融资公司，他们主要进行股权投资和涉农项目的开发建设，引导和集聚社会资本通过直接投资、担保及反担保、委托贷款和其他各种方式或渠道投入到现代农业、投入新农村建设和农村公共设施建设中。同时全市农业产业化龙头企业达650多家，农民专业合作社达2 300多家，新型集体经济组织达1 100多个。专业合作组织、农业产业化龙头企业以及政府涉农融资公司不断成为金融介入农村发展的主要融资主体。

政策性农业投融资公司，通过“政府注资、企业运作、滚动发展”的具体方式，由政府出资建设完成，在投融资公司引导作用下，财政确保按期还款，构建完成了农村社会事业和农业产业发展建设融资平台。自2007年以来，成都市相继组建的三家涉农政策性投融资公司分别是：①成都市现代农业发展投资有限公司；②成都市小城镇投资有限公司；③成都市城乡商贸物流业发展投资有限公司，详细见表3-12。

表3-12　三家涉农政策性投融资公司基本功能

公司名称	现代农业发展有限公司	小城镇投资有限公司	城乡商贸物流发展投资有限公司
主要职责	投资促进现代农业发展的重大项目；引导和集聚信贷资金和社会资金投入农业产业化；促进各类金融机构开展为农业和农村经济发展的金融服务；参与农村土地整理；促进土地规模经营以及成都市范围内农业及农业相关项目投资。其经营范围具体有：现代农业项目投资；投融资项目担保；土地开发投资、土地整理；投资管理、物业管理等	小城镇建设投资和融资；小城镇建设项目经营和综合开发；小城镇土地开发整理	从事市政府制定的城乡物流产业、现代商贸设施建设等项目的投融资和建设管理；建设城乡物流产业、现代商贸信息交流平台；建立农产品批发、农村生产生活资料销售网络；承担粮油储备和贸易、全市农产品供给、应急保障功能；对政府性投资的菜市场进行经营和管理、实现国有资产的保值增值

表3-12(续)

公司名称	现代农业发展有限公司	小城镇投资有限公司	城乡商贸物流发展投资有限公司
运作机制	通过直接投资，委托贷款以及贴息、奖励、补助等方式为农业发展提供资金支持	利用“耕地增减挂钩”政策，引导和集聚信贷资金和社会资金投入小城镇建设，参与小城镇综合开发	作为政府农产品商贸物流的投融资平台，重点支持区域农产品基础设施建设，完善商贸流通体系

资料来源：根据三个公司官网资料整理。

①成都市现代农业发展投资有限公司

成都市现代农业发展投资有限公司（简称“农发投”）作为政府支持农业产业化发展的投融资平台，公司通过直接投资、委托贷款、付息、奖励、补贴等方式支持农业发展。以重大项目投资促进现代农业发展作为公司的职责；带动各类信贷资金和社会资金注入农业产业发展；推动各类金融机构开展为农业和农村经济发展提供金融服务；为农业实施政策性农业保险和农业信贷担保服务；参与农村土地整合；推进土地规模化经营以及全市的涉农项目投资。自成立以后，农发投公司通过创新投融资机制，在加大都市现代农业重点领域投资力度、推动新型农业经营主体融资担保、试点农业保险新品种及开展准公益性农业项目融资贷款等方面积极探索，使有限的财政支农资金持续放大，极大地提高了财政资金的使用效率。一是利用市财政拨付的项目资本金向金融机构首次融资并借以放大信贷资金，解决了投资资金的来源问题；二是通过直接投资、委托贷款、参股、贷款担保、政策性农业保险、补贴、奖励共6种方式带动大量社会资本投资于产业化项目；三是将区（市）县农投公司作为二级融资平台并为其发放切块（专项）委贷，使委贷资金得到第二次放大；四是为中小企业建立了低成本融资通道，委贷项目均按人行同期基准利率执行，下属涉农担保公司平均担保费率保持在1.5%以下，远低于市场平均融资费率，累计让利农业企业逾亿元；五是通过建立自下而上的三级项目评审体系，实现了项目决策的规范化、科学化。据统计，2015年公司已落实准公益性融资贷款项目两批次，共计项目7个，项目总投资2 910万元。其中，公司直接投资1 030万元，撬动社会资金1 880万元，涉及畜禽养殖、食用菌种植、园林绿化等优势特色产业，其准公益性特点在于畜禽地方品种的保护、生态循环种养、生物质集中供热及秸秆综合利用，有效地促进了农业品种资源的保护、减少农业生产对大气的污染。截至2015年7月底，市农发投公司已累计支持各类新型农业经营主体120余个，扶持金额达4 436万余元，引导社会资本投入达9

707万余元，单个新型农业经营主体平均投资强度达37.28万元。农发投根据成都市农委的清单（市农委确定的首批5个拟实施项目分布在温江、崇州、金堂、大邑等二、三圈层区（市）县，涉及花卉、食用菌、畜禽等优势农业产业）全面启动了首批准公益性融资贷款项目的有关工作，在不断创新的基础上，力图开辟新的融资贷款渠道，为成都市范围内符合市政府准公益农业项目特点的项目提供资金支持，不断突破“融资难、融资贵”等的涉农项目难题。

成都市政府支持“三个农村问题”的三大金融投资模式和创新成果，政府转变了投资方式，在初步形成农村市场的基础上，利用社会资本与农业产业、财政资金在金融资本之间的相互协调，相互作用，带动社会、金融资本向农业流动，促进了各类社会资金向农业领域聚集，加上采取各种金融创新服务方式，如提供政策性农业保险和量身定做的农业担保服务，很好地解决了农业发展的资金瓶颈问题，为现代农业的发展提供了必要的支持。从2007年起，市政府提供6亿元资金，且不低于年均10%的增长，作为一种社会融资平台。现已从城市商业银行、市级农村信用联社已经农业发展银行省分行获得协议贷款或信用支持总额119亿元。例如，贷款8.1亿元扶持生猪、奶牛、家禽、冷水鱼等养殖基地2 800多个，贷款11.2亿元扶持建设猕猴桃、茶叶、葡萄、花卉等种植业基地。

②成都市小城镇投资集团有限公司

作为政府的小城镇建设投融资平台，公司通过“耕地增减挂钩”的政策，推动了社会资本和信贷资金投资于小城镇的发展建设，参与小城镇的全面发展。具体模式是：修建农民集中居住的新型社区→农民腾退原宅基地入住新型社区（减少占用耕地）→原耕地复垦（获得新增耕地指标）→原宅基地复垦（获得新增耕地指标）→出售建设用地指标弥补新型社区建设成本→农地综合整治发展现代农业。

③成都市城乡商贸物流发展投资（集团）有限公司

为了弥补成都在农产品物流及农产品信息方面的不足，2009年成都批准成立成都城乡商贸物流发展投资（集团）有限公司（以下简称“商物投”），其注册资本达6.35万元，主要业务是负责现代商贸设施建设以及政府制定的城乡物流业和其他项目投融资、建设管理和投资指导；搭建起城乡物流业、现代商务信息交流平台；构建较为完备的农产品批发以及农村的生产生活资料的销售网络；管理经营政府性投资的菜市场运作。商物投在打造区域农产品市场网络和农产品市场信息体系建设等方面颇有进展。除了参股四川国际农产品交易中心、白家农产品批发市场等农产品市场建设，商物投还积极探索菜市场标准化改造建设及管理模式，已完成改造城区的六个菜市场，创建了农残检测体系系统，农产品质量信息发布平台。作为政府农产品贸易物流的一个投融资平台，着力推进区域农业基础设施建设，建立健全贸易流通体系。期间完善了农产品物流体系建设、危化品物流体系建设、再生资源回升体系建设以及农副产品品牌打造。比如，开通运营益民网上菜市，作为联通益民入驻商家与消费者的网络平台，为小微企业商家提供了新的销售渠道，为市民提供了新颖的生鲜农副产品即时配送服务。

三大专业性投融资公司已经成功引导众多龙头企业和大量的社会资本投入到新农村建设与现代农业发展中，涉农投资多元化的局面已初步显现。三家政策性公司通过委托贷款、直接投资，担保、贴息、奖励等众多方式，大规模地将社会以及金融资本引入到农业农村近 237 亿元。其中成都农发投运用 27.85 亿元财政资金，累计启动了 675 个产业化项目，累计引导 94.4 亿元社会资金投入到建设项目中，促使支农效应放大，成功将一大批示范带动效应明显涉农项目做大做强，大大加强了农业发展后劲和活力。

成都的经验证明了改变政府投资方式、搭建投融资平台以及改革涉农业投融资体制是城乡统筹发展的切入点。对于公共设施项目的投资、建设和其他具体活动，政府大可不必进行直接参与，而通过授权给项目公司，让公司成为主体负责相关项目的投融资、建设等具体活动，搭建专业投资和融资平台，通过市场化机制实现资源配置、调动、引导社会以及金融资本参与“三农”项目建设，建立多元化投资模式。

（3）组建现代农业担保公司，探索适合农村的担保服务模式

2007 年 7 月，成都通过现代农业发展投资公司出资 3 亿元，建立了成都现代农业担保公司，并对农业现代化项目提供贷款担保。为支持现代农业发展，现代农业担保公司在担保品种类、担保品监管和处置等方面进行了积极探索。针对农业生产的特点，现代农业担保公司在为农户或企业提供担保时，接受农户或企业以苗木桩头、动物活体、股权、品种权等提供反担保，一定程度上解决了农业企业因抵（质）押物不符合金融机构要求而导致的融资难问题，提高了社会资本投入农业的积极性。针对担保品种的创新，现代农业担保公司也摸索出了一套抵押品监管、处置方式和程序。如因还贷不及时出现担保公司代偿，担保公司首先会与借款人协商解决；如确实无力还款则将出售担保（抵押）品，出售时应有所有人、买家、担保公司三方在场；如出售担保（抵押）品仍不足以补偿担保公司损失，则通过银保分担机制再分散一部分损失。

(4) 创新投融资的整体运营模式

成都市以投资体制改革为切入点，以整合政府资源和构建投融资平台为载体，取得了金融机构贷款，与此同时吸纳了大批民营资本，通过三种渠道解决统筹城乡发展的瓶颈问题。

①组建政策性投融资机构，推进资源向资本转化

拓宽融资渠道的关键是推进政府资源的资本化。实现资本化政府拥有的特许经营、金融资本、信息资源以及土地，并赋予它们资本的属性，通过政府和市场发挥作用，经重组、租赁、转让、流动等其他手段尽可能促使政府资源达到最优化。为了实现资本化政府资源，成都已建立了10多个政府性投资融资公司，通过国有资产的存量资本的注入、政府财政的投入等各种形式吸引资本注入，覆盖领域极广，例如，新城建设、旧城修建、教育、卫生等众多领域。并以此作为融资平台，从金融机构获得贷款和社会资本投资。例如在东郊开展的工业结构调整，市政府建立了成都市兴东投资有限公司，通过政府注入资本和固定资产，银行贷款19亿元，实际完成投资31.8亿元，成功地开展了完成了工业企业搬迁任务以及农迁房等众多项目。

②创新投建管三分离机制，提高资金使用效益

政府通过依法授予政策性投融资公司代表政府行使投资主体职能，为此设置了投建管三分离机制，以此作为政府投资项目决策的主体和市场监管主体，该公司利用招投标市场化形式意对项目建设主体进行选择；在项目实施的全过程中，政府职能部门监督项目建立主体；建设主体在项目竣工后，设立或聘请管理公司对该项目管理经营。该机制将实现效率化和市场化作为目标，形成了一系列由投资、建设和监督三者分离、又相互关联的运行规则。通过政府主导、企业主办以及市场运作的模式，完成了政府投资管理体制框架的建立，为发挥市场配置资源的作用以及转变政府的职能提供了制度保障，同时也给企业在市场竞争中提供了平等参与的机会。在建设成都地铁1号线一期工程时，就投资了78亿元。为了确保地铁项目顺利开展，政府根据“投、建、管”分离的原则授予了成都地铁投资有限公司的投资主体职能，地铁公司实施分段招标选择建设主体，建设主体根据相关要求启动建设项目。投建管分离机制打破了传统模投资管理经营模式，而且大大降低了投资成本的同时提升了政府的管理水平以及投资效率，推进了众多重大工程项目相继建成并投入使用，不仅促进了资金使用效率的提升而且大大缩短工程建设周期。

③加快地方金融机构改革，强化金融服务功能

成都充分发挥市场化作用，通过采用收购、处置、重组以及上市等各种手段，激活了部分负担沉重，难以发展的地方金融机构的生命力，如成都证券公司的重组。在重组之前，该公司只是地方一家小型的经纪类证券公司，各方面的实力都很弱。而通过重组之后，转变了经营管理模式，在 2005 年吸引了众多战略投资者为其增资 3.6 亿元，实现公司做大做强，转型为全国性综合券商，大大提高了公司的资本实力、经营规模以及抗风险能力。如今成都证券已更名为国金证券，公司现有客户超过 30 万户，托管的证券市值和保证金超过 280 亿元，也是中国证券监督管理委员会核准的七家合规试点证券公司之一。

3.3.1.4　财政投入的支持

城乡统筹中增加财政对“三农”的投入是十分重要的环节。以 2014 年来看，成都市市级财政用于支持都市现代农业发展和解决农村生产、生活问题的投入 55.65 亿元，主要用于都市现代农业示范基地（园、带），建设了 27.8 万亩高标准农田建设，以及支持农村金融发展、增加市农发投公司项目资本金、“7·9”洪灾水毁水利工程维修、产油大县奖励等项目。财政在社会发展方面的投入如下：

（1）教育财政投入

市级财政用于教育方面支出 60.5 亿元，大力支持城乡统筹教育综合改革试验区建设，兑现学前教育、义务教育、普通高中以及职业教育、高等教育各项教育资助和政策投入，提高了全市各阶段学校生均补助标准。全市公益性幼儿园减免了保教费，义务教育和中等职业教育实现了全免费，对普通高中和中等职业教育家庭困难学生发放了助学金，全市所有远郊市、县农村义务教育学校实行了“营养餐计划”，启动了公办幼儿园标准化建设，加大了城乡中小学标准化建设投入力度，保障了市工业职业技术学校新校区建设和区（市）县职业教育实训基地建设等重点项目投入需要，以及成都大学学科建设和融资贷款还本付息、中小学灾后重建融资贷款还本付息等支出需要。

（2）医疗卫生财政投入

市级财政用于医疗卫生方面支出 44.7 亿元，主要用于推进城乡公共卫生服务均等化，提高基层医疗卫生机构服务水平，完善县级公立医院药品零差率销售改革财政补偿政策等方面。全市城乡居民人均医疗保险财政补助标准由 300 元提高到 340 元，城乡居民人均基本公共卫生服务财政补助标准从 35 元提高到 40 元，县级公立医院取消药品加成，财政补偿政策落实到位，基层公益

性医疗机构装备水平和服务能力进一步提升。

（3）社保就业财政投入

市级财政用于社会保障和就业方面支出 53.6 亿元，主要用于支持实施更加积极的就业政策，完善基本养老保障体系，提高城乡困难群众的救助水平，重点保障了农村转移劳动力、高校毕业生、退役士兵就业培训和就业创业补贴，城乡居民养老保险基础养老金及企业退休人员基本养老金月均标准提高，城乡最低生活保障标准提高，全市养老服务机构建设补贴、床位补贴、营运补贴，以及资助重度残疾人参加养老保险、给予护理补贴等重点项目的支出需要。

（4）城乡环境保护项目财政投入

市级财政用于城乡环境综合整治方面的资金 7.4 亿元，重点保障中心城区道桥维护、道路环卫清扫保洁、垃圾焚烧处理和农村环境面源污染治理等项目；投入城乡水环境综合治理方面的资金 12.9 亿元，主要用于全市 183 条黑臭河渠治理、河道景观改造、中心城区排水管网建设、污水处理、饮用水源地保护等方面；用于环城生态区建设方面的资金 0.9 亿元，重点投入北湖等环城湿地建设；用于农村环境整治的资金 1.38 亿元，重点支持温江、郫县、都江堰、新津、崇州、邛崃等试点区（市）县农村环境进一步改善，集中连片推进新农村建设；用于环境治理等方面资金 4.25 亿元，重点投入环境污染防治、空气质量检测升级改造、重污染天气应急防控，以及燃煤污染整治、退耕还林等项目。

总之，在农村资源配置中，成都促进了市场的基础性作用充分发挥，推进农村土地、林地和其他生产要素在市场中自由流动，推动资源转变成为资本，优势转变成为强势，形成了多元化的涉农投融资新体系。

3.3.2 重庆

重庆金融市场运行总体平稳，金融业发展迅速，为城乡统筹融资打造了宽松的融资环境。2014 年全市金融业实现增加值 1 225.27 亿元，比上年增长 12.3%，占全市生产总值的 8.6%。其中新型金融业企业实现增加值 167.21 亿元，增长 17.7%。金融机构资产规模达到 3.8 万亿元，分行和法人机构达到 95 家，不良贷款率控制在 0.45%的低位。金融市场规模进一步扩大，全年社会融资规模为 5 472.76 亿元。2014 年年末全市金融机构本外币存款余额为 25 160.11亿元，比上年年末增长 10.4%。其中人民币存款余额 24 501.54 亿元，比上年年末增长 10.4%。金融机构本外币贷款余额为 20 630.69 亿元，比上年年末增长 14.6%。其中个人贷款及透支 6 526.92 亿元，比上年年末增长

25.5%，如表3-13和图3-8所示。

表3-13 2014年年末金融机构存贷款余额

指标	年末数/亿元	比上年年末增长/%
本外币存款余额	25 160.11	10.4
人民币存款余额	24 501.54	10.4
单位存款	12 788.24	9.3
个人存款	10 996.90	11.5
储蓄存款	10 774.12	12.0
本外币贷款余额	20 630.69	14.6
人民币贷款余额	20 011.50	15.1
短期贷款	5 404.51	17.1
中长期贷款	13 615.01	12.5
个人消费贷款及透支	6 256.92	25.5

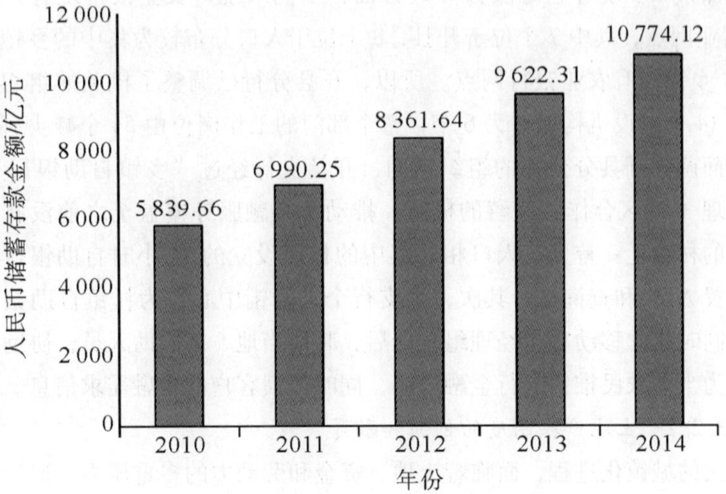

图3-8 2010—2014年重庆人民币储蓄存款余额

3.3.2.1 金融市场较完善

证券市场稳定发展。截至2014年年底，全市共有证券法人机构1家，证券公司营业部160家，证券分公司13家。境内上市公司40家，总股本377.83亿股，股票总市值4 456.67亿元。全年通过境内市场累计筹资239.73亿元，比上年增加 73.75 亿元。

保险业稳步健康发展。全市共有保险法人机构 3 家，营业性保险分公司 43 家。保费总收入 407.26 亿元。其中，寿险收入 222.94 亿元；财产险收入 138.87 亿元；健康险和意外伤害险收入 45.45 亿元。全年赔付各类保险金 151.43 亿元。其中，寿险赔付 55.17 亿元；财产险赔付 77.36 亿元；健康险和意外伤害险赔付 18.89 亿元。

中资全国性大型银行 7 家，中小型银行 19 家；中资区域性中小型银行 27 家，其中村镇银行 24 家；外资银行分行 13 家。全市证券法人机构 1 家，证券公司营业部 112 家。境内上市公司 37 家，总股本 290.31 亿股，股票总市值 2 185.45 亿元。境内上市公司通过首次公开发行和再融资共筹集资金 30.00 亿元。全市营业性保险分公司 41 家，保险法人机构 3 家，保险从业人员 8.51 万人，比上年下降 1.2%。保费总收入 331.03 亿元。

金融和融资租赁公司 5 家；担保公司 153 家；小额贷款公司 157 家。小额贷款、担保、金融租赁等 10 小类创新型机构 520 家，资本金总额超过 1 000 亿元。重庆 11 家交易场所已全部通过国家首批备案验收。

在探索城乡统筹金融服务方式方面，举例来说，农业银行现有开县支行 15 个营业网点，其中 7 个位于开县，8 个位于人口分布较为集中的乡镇，开县有 29 个乡镇没有农业银行网点。所以，开县分行已调整了机关的组织，把分行原有 14 个内设机构撤并为 6 个，整个部门的工作岗位由 54 个减少到 28 个。基于全面调整开县分公司的组织结构、开县支行经过“乡镇自助银行 + 移动客户经理 + 社区合作”经营的模式，推动了金融服务覆盖至之前没有农业银行网点的村镇上：首先，人口相对集中的村镇设立的 24 小时自助银行服务平台，配置 ATM 和查询机；其次，将支行个人营销中心作为村镇自助银行主管部门，同时成立移动客户经理组；最后，聘请当地 5 名协助人员，协助移动客户经理为当地农民推销农行金融产品，同时反馈客户的金融需求信息。

3.3.2.2 土地产权制度的创新和融资

重庆的城镇化进程，面临着土地、资金和劳动力的多重压力。通过将农村集体建设用地转化为城镇建设用地，为城镇化进程提供土地保障；通过土地储备和土地增值，为城镇化进程提供资金保障；通过土地增值收入补贴农民和建设新居工程，为进城农民和低收入群体提供住房等社会保障；通过地票交易，提升偏远地区的农村土地价值并增加农民的财产性收入，为城乡统筹经济社会发展提供政策保障。在具体的土地制度创新方面，重庆以农村土地流转为突破口，以交换推动农民变市民：江北区开展村级土地利用总体规划试点；涪陵区的社会资金参与土地整理模式；开县渠口镇土地合作社模式。

重庆在土地制度方面，与成都市进行了类似的探索，农村建设用地进行复垦形成的“地票”，金融机构同意可以将其作为抵押，为农户提供贷款。目前，重庆市通过“地票交易”，累计为集体建设用地融资余额已超过80亿元。全市全面深化投资体制改革，进一步简化程序，推行负面清单制度，拓宽投融资渠道，完善投资环境，提高投资效率。《统计公报》显示，2014年全市投资在保持适度合理规模和增速的同时，结构进一步优化。根据《关于引导农村产权流转交易市场健康发展的实施意见》（渝府办发〔2015〕167号）的精神，将在以下方面深化和完善：一是协调推进农村产权流转交易市场服务体系建设；依托重庆市农村土地交易所平台，负责组织地票等各种指标，以及大额农村产权和农业知识产权标的流转交易等；区县平台统筹辖区的固定资产登记等；确保乡镇范围内农村产权流转交易服务体系完善；不断完善农村产权网上在线交易系统建设，目前，耕地、林地、“四荒地”、水产养殖和农业机械经营权等网上交易已在一些区县试运行。二是完善交易管理制度。推动重庆市农村产权流转交易管理办法及农村土地经营权、林权、养殖水面经营权等专项交易规则及早出台，研究制定配套的制式文书、流转交易合同，完善交易管理工作规范，使全市农村产权流转交易有序组织、规范开展。三是稳步组织农村产权交易。积极推进承包地经营权、林权、“四荒地”使用权等品种进场交易，稳步拓展交易品种，探索开展农机、评估、融资等社会化服务。截至2014年10月底，重庆农村土地交易所累计组织10.91万亩农地经营权流转交易，其中有1.99万亩成功签约，成交总额达到1.33亿元，有4 149农户受惠；累计组织76.4亩养殖水面经营权挂牌流转交易；通过对市场主体培育，成功发展了87家农村产权交易会员。

2014年，重庆市通过了《重庆市城乡统筹重点改革总体方案》（以下简称《方案》）。《方案》包括新型农业经营体系、户籍制度、农村金融服务体系、地票交易制度、农村流通体系等五项重点改革。《方案》把激发农村发展活力、增强农业发展动力作为战略任务，把加快形成城乡经济社会发展一体化格局作为根本要求，把保障重要农产品供给、增加农民收入作为基本方向促进城乡统筹取得更大成效。要着力健全机制，完善市场化的生产经营机制、公开平等的要素交易机制。发展有效的风险保障机制，实现城乡资源要素顺畅流动；着力完善财政、金融、税收和惠农政策，构建社会化服务体系。

在PPP城乡统筹投融资模式方面，为推进PPP，将部分政府责任以特许经营权方式转移给社会主体，两者之间形成了“利益共享、风险共担以及全程合作”相互联系的关系，大大降低了政府财政压力，同时也降低了社会主体的投资风险。这有利于推动社会公共设施的完善，公共服务质量和水平的提高，促进城市建设和经济发展；有利于转变政府职能，改变政府管理方式；有利于改善财政收支状况，减轻政府债务；有利于深化国企改革，改善独资平台的运营管理和法人治理结构。为了确保投融资模式的创新有助于城乡统筹，在投融资模式改革过程中需要做好以下几点：第一，政府公共服务部门和社会投资者利益共享；第二，双方共担风险；第三，要有利于实现公共利益最大化；第四，要兼顾社会效益和经济效益；第五，要保证社会投资者有合理的收益但绝不能有暴利。

3.4 投融资对成渝试验区城乡统筹的作用

投融资对繁荣农村经济、推进城乡统筹具有十分重要的推动作用。涉农投融资体制改革的深入推进，有效地打破城乡统筹发展资金瓶颈问题，大大改善了城乡发展面貌，推动了经济社会又好又快发展。通过成渝试验区经验以及实践来看，投融资体制对城乡统筹发展具有尤为重要的影响。

3.4.1 对涉农投入的作用

成都在三个专业投融资公司的依托下，实现了财政涉农项目的投入方式的转变，用有限的资金扩大和吸引社会投资。三个专业投融资公司，通过直接投资促进了社会资本投资增加。对涉农投入起到了较大的推动作用。在重庆方面，《方案》把激发农村发展活力、增强农业发展动力作为战略任务，把加快形成城乡经济社会发展一体化格局作为根本要求，投融资模式的改革将政府和市场连在一起有效扩大了涉农投入。

3.4.2 对农业产出的作用

例如，2007 年成都现代农业投资发展有限公司（简称“成都农发投”）成立以来，利用 27.85 万元的财政资金，累计进行直接投资 232.04 万元，吸引社会投资 258.77 万元，开展 675 个涉农项目，为涉农项目的开展提供了资金支持，促进现代农业的发展，同时促进提高农业产出。而重庆方面，由于不断发展的农业产业化经营以及土地规模化集约经营，无论是公司，还是业主或者是大户的机械化、规模化生产方式的转变，都会对大农业贷款、农业保险、农业机械租赁和其他金融服务产生巨大的需求。随着农业投资的大幅度增长，农村金融抑制现象发生了根本性的变化。同时，这些金融服务也促进了农业的大规模生产。

3.4.3 对农民生活的作用

农村资源主要以土地为主，成都对农村土地实施了确权登记发证，通过市场配置，促使农民对土地承包进行出租、入股、入社等多种形式，推进了农村土地的流转效率以及流转规模，推动了农村劳动力向城市，向其他产业换转移。同时大大拓宽了农民实现增收的渠道或途径，2007—2014 年，成都农民人均纯收入大幅度提升，增长幅度超过 1.5 倍，人均纯收入由 5 642 元增至 14 478 元。城乡居民收入差距明显低于全国平均水平，大部分农民实现了居住条件的改善和生产生活方式的转变。重庆方面，通过土地增值收入补贴农民和建设新居工程，为进城农民和低收入群体提供住房等社会保障；通过地票交易，提升偏远地区的农村土地价值并增加农民的财产性收入。

3.5 本章小结

本章通过实证分析得出，成都市区域内大部分区县城乡统筹水平显著提高，重庆市整个区域的城乡统筹水平也取得明显成效，且与全国各省市城乡一体化水平比较，成渝两地作为城乡统筹试验区的成效都较为明显。

而这些成效的取得，与两地对城乡统筹建设的投融资紧密相关。在城乡统筹背景下，城乡投资及投资结构发生变化，农村由以前单一的保障性投资需求转变为多元化的发展性投资需求。由于土地集中和规模经营原因，农村生产性投资需求额度增大。因改善农村基础设施、生活条件及公共服务缘故，其投资需求大增。为满足这些城乡统筹的资金需求，两地通过银行、保险、小贷公司、担保公司等多种金融机构的准入、改革、试点等方式，特别加大对“三农”的支持；通过土地产权制度的创新和融资、搭建政策性专业投融资平台、创新推行投建管三分离机制和其他各种方式，吸引了大量资金投入同时大大提升了资金利用效益；通过财政投入的支持和倾斜，引导农村经济发展、促进农村社会事业发展。

4 成渝地区双城经济圈城乡统筹融资环境分析

融资环境是围绕融资主体、影响或制约融资动机、融资决策行为、效益和融资活动整个过程的各种外部境况和条件的总称。融资环境包括与一定融资活动有关的政治、经济、自然、社会等方面的因素。因此，融资环境是在一定的具体经济单位制度下，影响其筹资活动的各种外部境况和条件的集合。特定时期内的融资环境一般会反映着该时期内经济发展综合水平。融资环境通常具有综合性、整体性、区域性和动态性的特点。按影响因素融资环境可以划分为政治环境、自然环境、经济环境和社会环境。政治环境指当地的政治状况政策和法规；自然环境指自然或历史上长期形成的与融资有关的自然、地理条件；经济环境主要指影响融资的各种经济、金融、财政及民间资金方面的条件；社会环境指对融资有重要影响的社会方面的关系。本章将从融资政策环境、融资经济环境和融资社会环境三个角度分别分析成渝城乡统筹的融资环境。

4.1 成渝融资政策环境

2007 年 6 月，成渝两地被批为城乡统筹发展的试验区以来，国务院和成渝两地纷纷推出一系列政策推动这项改革，同时也起到了直接或间接地促进投融资的作用。

4.1.1 国务院的相关政策

4.1.1.1 *减轻农民负担、增加农民收入方面*

2008 年 3 月，《国务院办公厅关于做好当前减轻农民负担工作的意见》中指出，为了实现统筹城乡经济社会发展，推进社会主义新农村建设，促进全面建设小康社会的进程中，要加快推进农村综合改革。为了改善农村基础设施以促进农村公益事业的发展，要积极到发动农民对于其直接受益的项目进行共资共建共享，将国家出资与农民出力有效融合，不断提升农民生产条件与生活水平。深入规范化基层民主制度建设，逐步强化群众民主意识，加强民主监督，确保人民的知情权、决策权以及监督权等相关权益得到充分的保障。

2012 年 4 月，《国务院办公厅关于进一步做好减轻农民负担工作的意见》中指出，在统筹城乡发展进程中，要逐步将农民负担监管工作融入进来，不断强化农村社会管理、要确保强农惠农富农政策落实到位，不断推进农民负担监管领域扩展覆盖至农村基础设施建设、农村公共服务、农业社会化服务等其他方面，促进农村社会和谐稳定发展。

2016 年 1 月，《国务院办公厅关于推进农村一二三产业融合发展的指导意见》中指出坚持农业现代化与新型城镇化相衔接，与新农村建设协调推进，引导农村产业集聚发展。

同年 10 月，《全国农业现代化规划》指出强化支撑，加大强农惠农富农政策力度。完善财政支农政策，健全财政投入稳定增长机制，整合优化农业建设投入，调整优化农业补贴政策，完善信贷支持政策，加大保险保障力度。

同年 12 月，《国务院办公厅关于完善支持 政策促进农民持续增收的若干意见》，其中提出：①促进农业基础设施投资倾斜力度加大。确保财政对“三农”的优先投入，坚持国家固定资产投资重点领域（农业和农村）不改变，确保力度只增不减。规模整合农地农田，并促进农地农田标准化建设，完善农田水利、农技等基础设施建设，推进山水田地林湖生态保护与修复工程。启动新一轮农村电网改造升级项目。②进一步加大涉农资金投入倾斜力度，提升资金利用效率。积极探索投融资模式，促进财政资金的杠杆作用充分发挥，引导更多的社会资本参与到农业和农村。大力支持各地将对于财政投到农业农村形成经营性资产进行股权量化到各村各户，将其作为农户或村集体持有的股份，令农民终身享受到它带来的收益。③转变农业补形式。在保障国家粮食安全和农民收入稳定增长的前提下，不断完善农业补贴政策改革，注重补贴的绿色生态取向。④完善新型农业经营主体扶持政策。建立健全保险、税收和项目等扶持政策，发展培育新型农业经营主体，例如，农业产业化龙头企业、农村合作社、大型专业户、家庭农场等。创新启动粮食生产规模经营主体营销贷款改革试点。搭建较为完善的土地流转服务平台，带动农民实现土地承包经营权流转多元化，推进高标准的农民专业合作社整合，进一步加强对农村合作社的扶持力度。⑤完善农村金融服务体系。推动农村金融体系进一步延伸，力争促进农村金融覆盖每村、每镇。发展农村普惠金融服务。大力支持大中型商业银行加强“三乡”金融支持，增强对“三农”服务能力。积极探索村镇银行的组建模式，鼓励民间资本参与、建立村镇银行，提高覆盖率。规范化农村合作金融发展，支持满足条件的农民合作社施行内部信用合作。不断带动互联网金融、产业资本实行农村金融服务。加快建设农村信用体系，完善搭建农村信用社、农民专业合作社和小微企业等信用信息采集与评价体系。陆续开展农村各种相关产权抵押贷款试点，鼓励银行机构在风险控制和可持续管理经营的前提下，拓宽农业和农村贷款抵押范围。不断探索农业保险产品和服务，将农业保险作为支持农业发展、增加农民收入的重要途径，逐步完善农业保险制度。提高农业保险服务体系的基本水平，形成适度竞争的市场结构。重点对关系国计民生、国家粮食安全的农作物进行保险服务，不断发展主要畜产品保险、进一步发展重要“菜篮子”品种保险及森林保险。积极推广农房、农产品，农机和其他各种保险业务。积极开展粮食、生猪、蔬菜价格保险试点。创新气象指数保险和“基本保险 + 附加保险”的形式。创新启动适于农业农村特色的农业互助保险组织。大力支持各地区因地制宜启动优势农产品保险试点。建立健全农业巨灾风险分散机制，增强抵御重大自然灾害风险的能力。⑥探索财政撬动金融支农新模式。利用税收优惠、奖励、补贴和其他政策工具，进一步加大金融服务政策对“三农”的支持力度，重点支持发展新型农业经营主体贷款、农户小额贷款、农业产业链贷款等；确保县级金融机构增加农业贷款的政策全面落实；推进覆盖全国的农业信贷担保体系的建设；完善银行与政府的合作机制；健全涉农贴息贷款政策，进一步降低新型农业经营主体及农户融资费用；积极对“财政补贴、农民缴费、社会帮扶”等模式进行总结推广，引导建立各种形式的农民资金互助组织，切实提高农户小额信贷的可得性；鼓励农业私募股权基金、农业科技风险投资基金以及社会资本投资农业产业投资基金；不断完善涉农信贷、农业补贴、农业保险、农产品期货联动机制的建设。

4.1.1.2　城乡统筹教育方面

2008 年 3 月，《国家教育事业发展“十一五”规划纲要》指出，城乡、区域教育更加协调，义务教育趋于均衡。要求中等发达地区城乡之间教育发展的差距明显缩小，发达地区建立起较为完善的城乡一体化教育体系。

2015 年 11 月，发布了《国务院关于进一步完善城乡义务教育经费保障机制的通知》，其要求坚持完善机制，城乡一体，统筹规划城乡一体的义务教育经费保障机制，不断增强政策的统一性、前瞻性和协调性，并指出增加投入和突出重点。继续加大对义务教育的投入，推进资金优化整合，盘活存量，用好增量，进一步加大义务教育发展在贫困地区、边疆地区、民族地区、农村地区、革命老区倾斜力度，统筹解决城市义务教育的相关问题，均衡发展城乡义务教育。

2016年7月，《关于统筹推进县域内城乡义务教育一体化改革发展的若干意见》提出，优先发展，统筹规划。在推进新型城镇化进程中坚持优先发展义务教育，做到公共资源配置上对义务教育统筹规划、优先发展和重点保障。坚持城乡并重和软硬件并重，科学推进城乡义务教育公办学校标准化建设；促进教育公平，使城乡学生共享有质量的教育。

4.1.1.3 城乡统筹就业和社会保障方面

2008年3月，《国务院关于解决农民工问题的若干意见》提出，不断推进城乡一体的就业制度建设。统筹城乡平等就业，破除城乡分割的就业管理体系，推行统一的、平等竞争的劳动力市场，充分发挥市场决定劳动力配置的作用，促使农村剩余劳动力转移就业，实现城乡劳动者共同享受到平等的就业服务和机会。

2014年2月，《国务院关于建立统一的城乡居民基本养老保险制度的意见》指出，坚持和完善社会统筹与个人账户相结合的制度模式，巩固和拓宽个人缴费、集体补助、政府补贴相结合的资金筹集渠道，完善基础养老金和个人账户养老金相结合的待遇支付政策，强化长缴多得、多缴多得等制度的激励机制，建立基础养老金正常调整机制，健全服务网络，提高管理水平，为参保居民提供方便快捷的服务。

2015年8月，《国务院办公厅关于全面实施城乡居民大病保险的意见》提出坚持统筹协调、政策联动，加强基本医保、大病保险、医疗救助、疾病应急救助、商业健康保险和慈善救助等制度的衔接，发挥协同互补作用，输出充沛的保障动能，形成保障合力。

2016年10月，《国务院关于激发重点群体活力带动城乡居民增收的实施意见》中指出，坚持鼓励创收致富与缩小收入差距相结合，完善税收、社会保障等再分配调节手段，规范收入分配秩序，切实保障困难群众基本生活，有效抑制通过非市场因素获利，不断缩小不同群体间的收入差距。

4.1.1.4 《国务院关于推进重庆市城乡统筹改革和发展的若干意见》和《国务院关于成都市城乡统筹综合配套改革试验总体方案的批复》

2009年1月，《国务院关于推进重庆市城乡统筹改革和发展的若干意见》（以下简称《意见》）（国发〔2009〕3号）明确提出，对推进重庆市城乡统筹改革和发展提出了明确的总体要求，并予以各种政策支持。《意见》指出，坚持城乡统筹，促进城乡协调发展，始终把解决好“三农”问题作为全部工作的重中之重，加大以工促农、以城带乡力度，把基础设施建设和社会事业发展的重点放在农村，促进城乡经济社会一体化发展。为此，重庆实施“一圈两翼”开发战略，即着力打造以重庆主城区为核心、一小时通勤距离为半径的经济圈（“一圈”），加快建设以万州为中心、三峡库区为主体的渝东北地区和以黔江为中心、少数民族聚居的渝东南贫困山区（“两翼”），形成优势互补的区域协调发展新格局。要求重庆到2012年，重要领域和关键环节改革取得重大进展，城乡统筹发展的制度框架基本形成；要求到2020年，城乡各方面改革全面深化，建成适于城乡统筹发展的体制机制，在西部地区，要求率先达到全面建设小康社会的目标。

2009年5月，《国务院关于成都市城乡统筹综合配套改革试验总体方案的批复》正式下达，文件中提出，成都要按照统筹城乡综合配套改革试验的要求，进一步开展重点领域和关键环节改革试点工作，尽快实现城乡统筹发展的制度框架基本形成，加快在产业布局、城乡规划、公共服务一体化、基础设施建设和其他各方面取得重大进展，推进城乡之间实现公共资源均衡配置和生产要素的自由流动，促进城乡经济社会协调发展，为全国深化体制改革以及推动科学发展等提供必要的理论依据和经验。文件里特别提出，国务院相关部门按照职责分工，着力支持在成都启动相关专项改革，先对一些重大改革措施进行试验，尤其是在关系到城乡统筹发展的、推动了改革的项目，要在成都等改革试验区优先进行试验。国家许多部委纷纷与成都签订部省市三级联动合作协议，其中包括了国家发改委、教育部、国土资源部、社会保障部及人力资源和其他部委，共同推动成都试验区的改革与创新。

4.1.2 成都的相关政策及举措

成渝两地均有广袤的农村，农村人口众多，城乡二元结构矛盾突显，建设统筹城乡发展综合配套试验区的典型和示范意义十分明显。成都从2003年开始，就提出了“统筹城乡经济社会发展，推进城乡一体化”的工作思路。在2004年2月5日成都市出台《中共成都市委　成都市人民政府关于统筹城乡经济社会发展推进城乡一体化的意见》（成委发〔2004〕7号）后，围绕意见印发了涉及县乡财政体制、农业行政管理体制、户籍管理制度、土地流转办法、社会保障等方面的政策、制度文件若干个，形成了较为完善的统筹城乡发展政策体系。2007年6月7日，在国家批准设立下，成都与重庆同时成为全国统筹城乡综合配套改革试验区，这里是在过去五年的统筹城乡实践经验的基础上，开始国家级统筹城乡综合改革试验的。

4.1.2.1 相关政策

2003年以来，成都始终坚持以科学发展观统领经济社会发展全局，提出了“城乡统筹经济社会发展，加快推进城乡一体化，实现城乡同发展繁荣”的发展战略，从解决“三农”问题入手，深入实施城乡统筹，坚持“四位一体”科学发展总体战略，大力推进农村“三个集中”。早在2003年3月，成都就已确定在所辖双流、大邑等五个区县进行加快城市化进程的试点。2003年8月，又进一步扩大试点，将五城区纳入试点范围。2003年10月22日，成都在双流县召开现场会，部署在全市全面推进城乡一体化的工作。2004年8月，原市委农工办、市农牧局和农机局合并为成都市农业委员会，其职能就是推进城乡一体化工作，成都在市、区两级都成立了分管领导牵头的领导小组，成立了推进城乡一体化工作领导小组办公室（推进办）就设在此，2007年进一步整合为统筹委，各区也成立了相应的领导机构，主要领导亲自挂帅，加强对这项工作的领导。实施主体是区、镇（街）政府，市有关部门以专项工作领导小组办公室为依托，进行组织协调、政策指导和督促检查，从而形成上下配合、横向联动的组织推进机制。2005年2月，撤销原水利局，原来分属几个部门管的河流水利设施，集中到市水务局，“城乡分割、多龙管水”改为“一龙治水”。负责农村交通的市交通局和负责市内公交系统的市政公用局中的相关职能机构重新整合为交通委员会。市林业和园林管理局合并为林业园林局。

（1）相关的主要政策

成都市在推进城乡统筹工作中，制定了一系列优惠扶持政策。2004年2月5日，成都发布了《中共成都市委　成都市人民政府关于城乡统筹经济社会发展推进城乡一体化的意见》，明确了这项工作的指导思想、目标任务、工作重点和政策要求。这个文件明确提出：“城乡统筹经济社会发展，推进城乡一体化是新形势下解决‘三农’问题的根本途径，是探索西部大开发新路的有益尝试，是全面建设小康社会的重大举措，对于贯彻落实十六届三中全会精神、牢固树立科学的发展观、促进成都城乡社会经济的协调发展具有重要的战略意义。”2005年12月，成都提出把推进城乡一体化作为成都经济社会发展总体战略的建议，次年纳入了成都国民经济和社会发展“十一五”规划。2006年3月，成都发布了《中共成都市委　成都市人民政府关于深入推进城乡一体化建设社会主义新农村的意见》以及关于征地农转非、土地使用权流转、改善农民居住条件、节约集约用地、优先发展重点镇、发展现代农业等上百个配套政策文件。

2007年6月7日，国家发展和改革委员会下发《国家发展改革委关于批准重庆市和成都市设立全国城乡统筹综合配套改革试验区的通知》。2007 年 7 月 28 日，成都方面出台了《关于推进城乡统筹综合配套改革试验区建设的意见》，进一步加大了城乡一体化的改革力度，成立了推进城乡统筹综合配套改革办公室，市农业委和推进办分别向市委、市政府提供了《加快城乡统筹、推进科学发展》和《城乡统筹综合配套改革工作情况》。2009 年 5 月，国务院对于成都市上报的《成都市城乡统筹综合配套改革试验总体方案》（以下简称《方案》）正式予以批复，允许其在九个方面先行先试。在《方案》的批复中，引导了成都试验区进行城乡统筹综合配套改革的纲领性文件出台了系列服务。成都出台了促进和实现生产要素在城乡之间自由流动的配套文件。如在土地方面，为了城乡统筹经济社会发展，促进“三个集中”，优化土地资源配置，加强集体建设用地使用权流转管理，维护土地所有者和土地使用者的合法权益，已经出台了《成都市集体建设用地使用权流转管理暂行办法》（2008）、《成都市集体建设用地使用权流转市场管理办法（试行）》（2008）、《关于我市集体建设用地使用权初次流转收取公共基础设施和公用事业建设配套费及耕地保护金的指导意见（试行）》（2008）、《关于开展农村集体建设用地基准地价评估工作的实施意见》（2008）等；在资本方面，已经出台了《关于重灾区农户灾毁住房联建等有关事项的通知》（2008）、《成都市集体建设用地使用权抵押融资管理办法（试行）》（2009）、《关于完善土地交易制度促进农村土地综合整治和农房建设工作的实施意见（试行）》（2010）等；在劳动力方面，发布了《关于全域成都城乡统一户籍实现居民自由迁徙的意见》（2010）。2011 年出台《关于加强耕地保护进一步改革完善农村土地和房屋产权制度的意见（试行）》和《关于实现生产要素在城乡之间自由流动的意见（试行）》。2013 年，为把城乡统筹工作放在整个全面建成小康社会总的要求下去考虑，深入实施“两化”互动、城乡统筹总体战略，成都市委、市政府出台了《2013—2017 年全市城乡统筹改革发展工作方案》，同步发展城镇化、农业现代化、工业化、信息化等，以推进经济市场化、社会公平化、管理民主化、产业高端化、农村现代化为取向，着力推动城乡规划统筹、城乡基础设施统筹、城乡产业统筹、社会管理统筹及城乡公共服务，抓好事关城乡群众福祉的重点项目、民生工程，积极稳妥推进重点领域和关键环节改革，推动城乡统筹改革发展由点到面、由浅入深，真正促进农业发展、农民增收、农村繁荣，让城乡居民共创共享改革发展成果。2016 年 1 月出台了《成都市城乡统筹 2025 规划》（成统筹领办〔2016〕1 号）。

（2）关于促进城乡公共服务和社会管理方面

随着全市深入推进城乡一体化，村级公共服务和社会管理水平不断提高，出台了《关于深化城乡统筹进一步提高村级公共服务和社会管理水平的意见（试行）》（2008）和《成都市公共服务和公共管理村级专项资金管理暂行办法》（2009），为深化城乡统筹，进一步加强村级公共服务和社会管理专项资金的管理和使用，在广泛征求意见的基础上修订了《成都市村级公共服务和社会管理专项资金管理办法（修订）》（2013）和《成都市村级公共服务和社会管理专项资金管理办法（修订）》（2015），2015年出台《关于进一步深化村级公共服务和社会管理改革的意见（试行）》和《成都市村级公共服务和社会管理融资建设项目管理办法（2015年修订）》，推进村级公共服务和社会管理融资建设项目实施。

按照尽可能降低社会成本、尽可能便利城乡居民的原则，建立较为完善的城乡统一的就业保障体系，搭建城乡统一的就业保障经办服务平台，根据全市城乡一体化建设的理念，推进信息集成结构优化，建设一个城乡全面覆盖的、便捷高效、城乡居民全部受益的公共服务体系，破解社会保障、公共服务等城乡分割问题，促进社会公共服务均等化的实现。2013年4月，《成都市统筹推进就业社保城乡一体》指出改革创新城乡就业和社会保障制度体系，促进就业、社会保障和公共服务等实现城乡一体化，其基本思想是将扩大就业作为保障和改善民生的重中之重，牢牢把握公共服务体系城乡一体，政策制度城乡统一、就业机会城乡平等；将普及社会保险作为推进城乡居民共享改革成果的重要保障，牢牢把握机构设置城乡一体、制度框架城乡统一、优惠待遇城乡统筹、操作经办城乡统一；将搭建城乡统一的社保、就业公共服务体系作为为统筹城乡人社事业改革发展的重要支撑，牢牢把握服务项目覆盖全面，服务标准城乡一体、服务规范城乡统一。创建城乡一体化的社会保障体系。按照覆盖全面、保基本、多层次、可持续的政策，先分类建立社会保险制度，弥补制度上的不足，实现城乡统筹覆盖。随后，对城乡的社会保险制度碎片进行整合并逐步消除，不断推进社会保险制度城乡一体化、解决城乡居民养老，医疗等问题，不断提高社会保障水平，推进社会全面保障的实现。

本着“双核共兴、三产联动、城乡统筹、圈层融合”的全域成都发展思路，为深化综合配套改革，加快推进公共资源在城乡之间均衡配置、生产要素在城乡之间自由流动，推动城市和农村互动发展、特色发展和有机发展，特别是农村可持续发展，农民可持续增收，促进城乡一体化，出台了《2012年深化城乡统筹综合配套改革加快推进“五大兴市战略”的工作实施方案》，结合农村户籍制度改革和社保体系建设，深入推进农村产权制度改革，完善农民财产权利保护体系，为生产要素在城乡之间自由流动创造有利条件，有序引导农民向城镇、场镇和新型社区加快集中，为未来更大规模、更高水平的城镇化创造条件。要达到五大目标：为城乡统筹基础设施和生态环境建设，市政公用设施进一步向农村延伸和覆盖，农村生产生活条件进一步改善，生态环境进一步提升；城乡统筹三次产业联动发展；统筹城镇发展和新农村建设，加快农民向城镇转移，提高城镇化率；统筹圈层融合发展，“三圈一体”发展体制机制初步建立，三大圈层功能定位明晰，形成“错位发展”的格局；城乡统筹公共服务和社会管理制度建设，进一步完善城乡教育、就业、卫生、社保、医疗、文化、社会救助等公共服务制度的建设，城乡基层民主管理常态化机制进一步健全，村级公共服务和社会管理改革的村民参与率和满意率达到90%以上，村民对议事会的满意度达95%以上。促进农民居民化，深化全域成都城乡统一户籍制度改革，落实城乡居民平等基本公共服务和社会福利待遇，强化农民财产权利的保护，让农民持股进城、带产权进城。

（3）关于健全完善投融资管理机制方面

完善公共财政资金对农村基础设施和生态环境建设投入的持续增长机制，加大投入强度，扩大覆盖范围，推动农村基础设施和生态环境的快速改善。为确保各项扶持政策真正落到实处，成都市各级财政加大了对“三农”的扶持力度。呈现出投入增量大、增幅高的态势。

完善政府投融资管理体制，健全政府投资项目代建制，实现基础设施和生态环境项目建设的投、建、管分离；规范 BT、BOT 项目建设管理；落实招投标经评审最低投标价法制度，节约建设资金。

完善吸引社会资金投入的政策体系和激励机制，进一步放开社会资金参与非经营性项目建设范围，简化项目审批流程，缩短项目审批时限，强化重大项目的金融支持和融资担保，营造公开公平公正和有序竞争的投资环境。政府先后出台了《关于加快成都市投资体制改革的决定》《关于促进民间投资的若干意见》等 10 多个配套文件，为鼓励更多的投资者参与城乡建设提供了制度保障。

创新农村金融服务，探索扩大农村有效担保物范围，发展新型农村金融服务机构。完善土地综合整治市场化运作机制。健全完善市场化运作机制，推广利用社会资金的成功案例，总结成都银行、成都农商银行开展农村产权抵押融资的经验做法，进一步探索融资办法和途径，吸引社会资金、金融资本广泛参与土地综合整治。为此，政府在 2008 年出台了《关于重灾区农户灾毁住房联建等有关事项的通知》、2009年出台了《成都市集体建设用地使用权抵押融资管理办法（试行）》、2010年出台了《关于完善土地交易制度促进农村土地综合整治和农房建设工作的实施意见（试行）》等。

探索生态环境保护补偿机制。健全完善耕地保护补偿机制，进一步强化耕保基金发放工作与监督管理，充分调动保护耕地的积极性；加大对破坏耕地的处罚力度，确保耕地保护落实到位。创新生态补偿机制，多层次、多渠道、全方位筹措生态建设资金，采取多种方式，在全域成都对承担生态环境保护的重点区域给予补偿。2011年3月，《成都市2010年度耕保基金发放工作方案》就全市耕保基金拨付、发放、使用等进行了规定。并指出核对期限后，农户可按规定购买社保或取现。

4.1.2.2 基本举措

（1）“三个集中”

成都从2003年开始推行以“三个集中”为核心的城乡一体化建设，2007年获批国家城乡统筹综合配套试验区以后，以“推进工业向集中发展区集中，走新型工业化道路；推进土地向规模经营集中，走农业产业化道路；引导农民向城镇集中，走新型城镇化道路”这“三个集中”为核心，推动多项制度改革，更详细地讲，成都推行的“城乡一体化”可以概括为“三三六”，就是紧紧围绕“三个集中”，启动“三大工程”，实施“六项决策”（见图4-1）。“三个集中”其内在逻辑关系是：城乡发展在工业化推动下，推动农村剩余劳动力向城市转移；农民向城镇集中，成都从2008起计划在10年内将150万人的农村人口转化为城镇人口，农村富余劳动力流转到二、三产业中，从而促使现代农业发展以及土地规模化经营；土地向规模经营集中，将土地集中之后经过集约化、公司化、标准化、良种化、品牌化的现代农业经营形式，从而提高农产品产量与质量、竞争力和效益，同时推进了农民持续增收及农业稳定发展，“三个集中”的情况可以从工业集中度、土地规模经营率、农民集中居住率这三个指标进行考虑。“三大重点工程”分别是指农村扶贫开发工程、农业产业化工程以及农村发展环境建设工程，为了推推动传统农业的现代化和市场化改革、建设多元化主体的参与和投入的农村扶贫开发体制、均衡化发展城乡社会事业和基础建设。“六项决策”就是指，通过县城和有条件的区域中心镇作为重点重点、将科学规划作为前提条件、在产业化发展的推动下、关键是要完善市场化配置资源的机制、确保制定和完善相关配套政策、最终实现农民市民化。在推进城乡一体化的工作中，成都以优化产业结构为目的，通过投融资平台搭建，有力地促进了“三个集中”发展。

目前，以“三个集中”为核心内容的城乡一体化发展模式取得了巨大成功。但是，这一发展模式主要依靠较好的经济基础和公共财政资源的高强度推进，具有组织动员能力强、短期见效快的明显优势，但其推进速度过于依赖公共财政资源，持续性、稳定性和推广性都面临挑战。因此，城乡统筹建设过程中，必须在进一步优化公共财政资源投入结构基础上最大限度地激活金融资本和社会资本，构建两者之间的互动互促机制，以此形成新的城乡一体化金融投资体系。

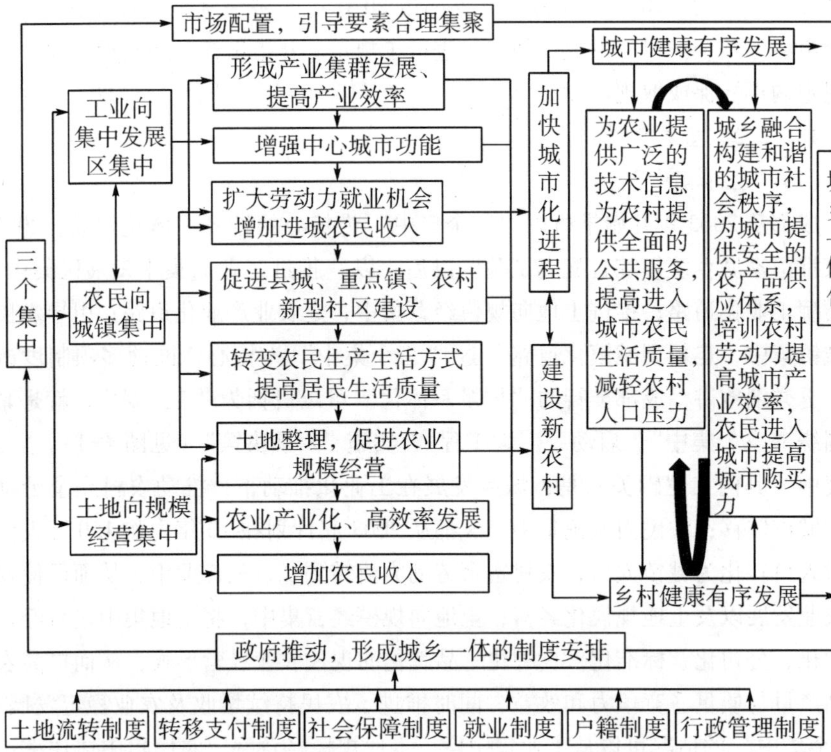

图 4-1 成都“三个集中”与城乡一体化的逻辑关系

(2) 财政支持

城乡统筹建设中，财政支持扮演着关键的角色，能否探索出适合统筹城乡发展的财政运行机制与支持政策，对城乡统筹投融资机制能否有效运行有着决定性影响。

成都市不断探索财政支持政策与运行机制，合理安排财力，合理构建财政支持方式，财政政策不断偏向支持现代农业、农村基础设施、农村管理及公共服务和其他方面，为成都统筹城乡改革发展予以强有力的保障。

①增加“三农”投入

建立城乡统筹的公共财政体系，必须加大对农业、农民和农村地区财政支持的力度，本着多投、少取和放活的原则和以工哺农，以城带乡的方式，改善财政支出结构，加大财政对基层倾斜力度，确保城乡统筹发展。成都各级财政有效地增加了“三农”的支出，完善“三农”稳定增长的投资机制。2008—2015年来，全市累计2 362.97亿元的财政资金投入到“三农”中，而2015年对于“三农”的投入增加到了417.15亿元，在当年财政总支出比重超过37.4%，在2008年的基础上，增长了2.82倍。通过财政的强力支撑与多种惠农政策下，促进了成都农业基础设施、农技水平及农业综合生产力和其他各方面迈向更高水平的台阶。

②创新公共财政资源支农方式

A. 建立耕地保护基金，推进保护耕地、农民增收与养老的有机结合

成都启动土地确权、发证等基础性工作的过程中，创新设立了耕地保护基金。按照按一定比例的土地转让收益、新建设用地使用费及耕地占用税共同构成耕地保护基金，由市县分别以50%比例筹集，其规模大概年均26亿元，不足部分由市县财政补足。而补贴标准化分两档，其中基本农田以年均400元/亩、一般耕地以年均300元/亩分别相应给予补贴。除了10%的耕地保护基金用于农业保险补贴及耕地流转担保外，剩下的全部将用于农民个人养老保险补贴，履行耕地保护责任，满足条件农户将共同平均分享。用耕保基金缴纳农民养老保险，2009年7月7日，四川温江区万春镇报恩村村民签下了成都“第一单”。截至2014年年底，成都市已完善耕地保护基金制度，涉及农民174.8人，土地承包1 000多万块。实行土地转让和耕地有偿使用的有机结合，不仅保护了耕地、呈现出“以城哺郊、以近哺远”的原则，同时也促进农业收入增加，确保土地利用和增值收益的公平分配。

B. 建立土地综合整治基金，改善农民生产生活条件

成都规定，开展土地复垦项目的建设用地面积扣除集中居住区占地使用后剩余面积，要求不得低于5%的留给当地农村集体以壮大集体经济实力，最后剩下的建设用地进行交易，将所得收益的10%向政府缴纳基础设施配套费后，剩下的90%的收益全部有村民共享。例如，在2004—2009年，成都市共投入资金50多亿元用于土地整治，同时又投入了200亿元用于土地增减挂钩，累计实施了9处地质灾害治理工程，完成602户的地质灾害搬迁安置工作，中心城区获市政府批复征地后补偿安置方案涉及面积5 617亩，安置人数6 218人。

C. 建立农村产权抵押融资风险基金，健全完善农村产权抵押融资风险补

偿机制

为了改善农村居民生产条件及生活水平，为了确保金融机构的合法权益，成都创新推行了农村产权抵押融资风险补偿机制，要求市县两级财政，共同负责农村产权抵押融资风险基金的筹集工作。根据全市上年农村住房的、农村土地承包经营权抵押融资贷款余额的6%确定风险基金的年筹集规模，其中，对于市级，其风险基金筹集规模应通过上年度贷款余额的2%来确定；对于县级来说，则应根据本级的上年度贷款余额的4%来确定其风险基金筹集规模。首年，两级的风险基金筹集规模分别为市级3 000万元，每个县不低于400万元。此后，市、县两级政府每年按照该基金使用状况、新增融资贷款余额的情况，来确定风险基金筹集规模，并根据相应的比例作及时适当的补充。

D. 组建政策性投资公司，引导金融和社会资本流入农村

成都市于2007年通过集中整合部分土地转让收益资及市级财政经营性支农资金，组建了三家政策性国有公司，分别是：小城镇投资有限公司（简称“小城投”），注入资金4亿元；现代农业发展投资有限公司（简称“成都农发投”），注入资金6亿元；城乡商贸物流发展投资（集团）有限公司（简称“商物投集团”），注入资金3亿元。而且要求了该三家政策性公司，此后每年要按10%增长率保持增长。它们通过直接投资、委托贷款、担保、付息、补贴、奖励等各种方式，带动了一大批社会资本和金融资本向“三农”投入。

E. 统筹整合相关涉农资金，提高支农资金使用的整体合力

成都推进政府资金的综合管理作用的充分发挥，合理分配内外资金支持农业和农村发展。统筹协调使用不同渠道的及不同来源的农业投入，大大提升了使用效率。例如，2001—2007年，市级对副食品价格调节基金整合的3.2亿元投入到了农业产业化发展中；2006—2008年，市级对水利资金及基本建设资金整合的2.85亿元投入农村水利建设；2007—2008年，市级对副食品价格调整、国债资金及扶贫资金整合的1.7亿元投入了生猪规模化标准养殖小区建设等。

（3）农村金融创新

为城乡统筹融资，成都市积极开展农村金融创新，对本地金融机构积极改革，组建成都农村商业银行，成都银行引进战略投资者，对成都证券改制。实行农村金融市场准入条件放宽，实行农村金融供给增加。对于银监会发布的相关政策及意见积极贯彻落实，放宽对机构种类约束条件、降低对资本限制等，促进更多农村金融机构更好的发展。着力建设村镇银行、小额贷款公司等新型机构。引进商业保险公司，逐步开展农业保险试点。

（4）实施农村产权改革以积极推动农村产权融资

从设立“试验区”开始，成都选择了以农村土地产权改革为核心的农村产权制度改革作为切入点。此番改革的核心内容，可以通过“生产力发展→生产关系调整→上层建筑变革”的发展路径，以进行探索（见图4-2）。

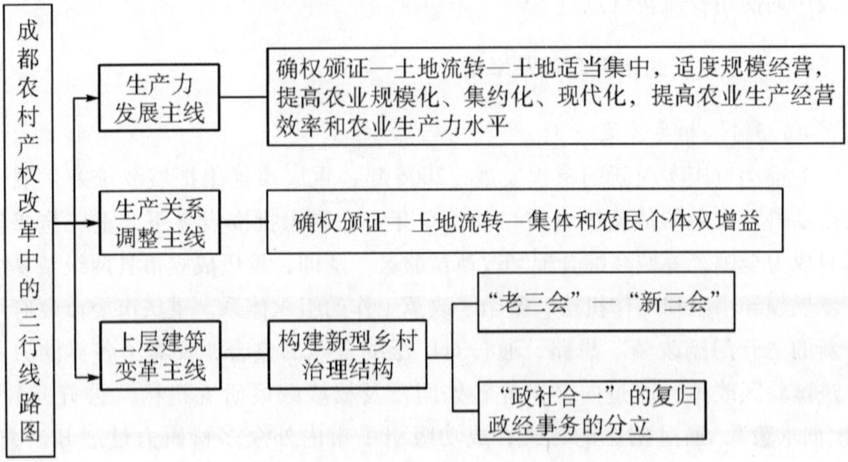

图4-2　成都农村产权改革的核心内容

2007年，成都明确要推进农村集体土地资本化，不断创新集体建设用地使用权流转的措施，完善农村宅基地所有权登记流转制度。2008年年初，随着成都农村产权制度改革的深入，成都探索了诸如林权、土地承包经营权等抵押融资试点项目。同年5月，结合农村产权制度改革，成都市通过现代农业发展投资公司出资3亿元成立了成都市农村产权流转担保公司，为农村产权融资提供担保服务。汶川大地震后，成都市采取城乡统筹的理念，直接引入产权制度改革成果，引入社会资本投入建设。这是利用土地、房屋等农民已获得的各项权利，与社会资本对接。它包括三种形式：第一种形式是，把宅基地由承包商按照人均35平方米标准住房修建，之后农民可直接入住；第二种形式是，公司对宅基地做好如水和电及路等配套实施，之后让农民自主修建；第三种形式是，单户联建，即指农户自行找到投资者自行建设，双方商定分配房产和土地使用权。在该政策下，联建方可取得集体建设用地使用证及房屋产权证。2009年11月，成都正式开展了农村产权抵押融资改革。与此同时，进一步加大了对农村土地综合整治、村级公共服务和社会管理、农村产权制度及农村新型基层治理机制的改革力度，确保了农村产权抵押融资能够有序开展实施。2010年11月，成都提出了，要确保进城落户的农民，对在农村的土地承包经营权、林地承包经营权、宅基地使用权等相关的原有利益不受损害，确保他们在农村的原有权益完全由他们自己自主决定处置，不受其他人干扰。在具体的土地制度创新方面，成都有郫县的城乡建设用地增减挂钩试点、邛崃的土地综合整理、温江的“双放弃一退出”①、龙泉驿“生态搬迁”模式、锦江区集体建设用地使用权流转试点。

4.1.3 重庆的相关政策及举措

4.1.3.1 相关政策

为推动重庆实现新的跨越发展，2006 年，重庆市提出把城乡统筹发展作为推动科学发展的战略的突破口。2007 年，在国家批准设立下，重庆与成都同时成为全国统筹城乡综合配套改革试验区。随即，重庆成立市县两级城乡统筹发展领导小组和工作机构，健全了改革工作的组织体系。重庆市委市政府用全新的“开门搞改革”思路，通过对广泛的资源的整合，聚集了各界的力量推进试验区改革，通过向全世界各处网友及权威政策研究机构“公开问计”“定向求策”，通过招标的方式，成功吸引了市内外众多科研力量展开研究，在市领导的组织领导下，成功开展 13 项重大课题研究，鼓励市内各级各部门各研究机构全力投入到此次改革研究中。在建设试验区的第一年，重庆就制订完成相应的改革措施方案，并通过了国务院的审批，同时对改革任务进行规划，制订了相应的五年计划及年度试点工作计划，而且将改革任务按照年份，不同地区依次展开分解。2009 年，国务院就关于重庆的改革发展，出台了相关的若干意见，同时对于重庆上报的改革总体方案予以同意批复。

2014 年政府出台了《重庆市城乡统筹重点改革总体方案》。该方案把激发农村发展活力、增强农业发展动力作为战略任务，把保障重要农产品供给、增加农民收入作为基本方向，把“农村劳动力转出来”“工商资本引进去”“农村要素活起来”作为主要路径，把加快形成城乡经济社会发展一体化格局作为根本要求，统筹推进新型农业经营体系、农民工户籍制度、农村金融服务、地票制度、农村流通体系等重点改革，创新体制机制，破除发展障碍，确保农村改革实现更大突破，确保“三农”发展迈出更大步伐，确保城乡统筹取得更大成效。

---

① “双放弃换社保”（“宅基地换住房、承包地换社保”）及“土地承包经营权换社保”是成都市打破以往土地制度，通过土地换保障的方式极大调动了成都广大农民参保积极性。不过，“双放弃”政策试点没多久就停了，因为只给农民社保和住房是最低的生活条件，没有给他们发展空间，包括就业和未来生计。

2015年3月的《2015年农业工作要点、2015年城乡统筹发展改革工作要点及2015年供销工作要点》指出，以“精品·生态·休闲”理念为引领，持续壮大花果、农产品加工、生态休闲“三大产业”，努力实现农业现代、农村美丽、农民富裕的“三农”发展目标。重点实施“1233345”计划：力争创建国家级休闲渔业示范基地1个，完成高山生态扶贫和村社便道硬化建设2件民生实事，打造3个“美丽乡村”示范片，完成森林资源保护率、水资源保护、农村常住居民人均收入3项市对区考核任务，完成高标准农田建设3 000亩以上，建立完善农村集体资产产权、农村土地“三权”改革、水利设施管理、农村饮水后续管理4项制度，新增区级农业产业化龙头企业5家。

2016年发布了《重庆市进一步深化城乡统筹综合配套改革工作方案》。此方案提出，为了进一步推进城乡一体化发展，在巩固上阶段改革成果基础上，要着力推进农村集体资产管理改革，推进城乡要素资源在城乡之间的自由流动，促使一、二、三产业协调发展，进一步调整人口分布格局，进一步实现城乡基本公共服务均等化，不断探索适合城乡生态补偿机制等关键领域；进一步加大城乡统筹综合配套改革力度，建立健全体制机制，促进较为完备的城乡一体的制度体系基本形成。

4.1.3.2 主要举措

(1) 财政倾斜助推一圈两翼战略

重庆大力促进区域经济的协调发展，努力将“一圈两翼”创建成为改革实验平台，确定战略目标和任务，即一小时经济圈“先行先试”、渝东北地区“加速加挡”，渝东南地区“做特做优”。“一圈”“两翼”，按照主题功能定位、优势互补、协调发展，在协调的基础上，推进城乡互动发展。以财政倾斜和结对的形式，以“一环两翼”联动发展为突破口，实现大城市引导农村和区域平台。重庆将目标定位于通过“一圈两翼”战略增强西部地区的实力，从而促进“两翼”的发展。优化财政支出结构同时调整国民收入分配格局，加大财政对“两翼”地区的转移支付，每年安排专项资金7.75亿元，分别投入到31个远郊地区基础设施建设；探索形成了“主城带库区”的城乡统筹发展模式。建立“一圈两翼”的区县结对帮扶关系，实施“两翼”农民万元增收工程，繁荣“两翼”农村经济。

(2) 税收优惠支持城乡统筹

税收优惠主要涵盖的领域包括：①促进对外经济贸易发展；②鼓励科技创新；③优化产业结构；④促进市场经济完善；⑤促进区域经济发展；⑥促进就业再就业；⑦鼓励可持续发展。自2008年1月1日起，直接支持城乡统筹试验区建设的有：一是对于企业免费提供给进城农民工的普通住房，或是按照政府规定的廉租房标准促给农民的，将对该企业实行5年内不再征收房产税；另外还对企业从中获取的收益，3年内不再征收营业税及附加税费。二是对于非盈利性医疗卫生机构，而且是在城市社区或者农村地区开办，不再对该机构征收城镇土地使用税房产税；同样，对在农村地区投资修建的灌溉、供水、排水设施的机构，也不再对其征收土地使用税及房产税。三是对于任何企业或个人从事农村改厨、改圈、改厕修建沼气池、兴修农田水利设施、修建饮水设施或整治土地和其他所获取的收益，不再对其征收营业税及附加税费。四是对与在农村地区开办的旅游农业、观光农业、生态农业的，三年内不再对其征收城镇土地使用税和房产税。五是对于中小企业信用担保、再担保机构等，并且获得重庆市政府有关部门批准设立的，若是对库区建设、农业发展等提供担保或再担保，而获取的收益，五年内不再对其征收营业税及附加税费。六是对于市级特困企业，并且是通过重庆市政府有关部门认定的，不再对其征收当年的城镇土地使用税和房产税。七是通过重庆市政府有关部门认定的现代物流试点企业，对其依照国家试点物流企业有关营业税计税营业额抵扣办法执行。八是调整了营业税按期纳税的起征点，从月营业额从2 000元提高到5 000元。九是对于农村居民和乡镇居民自住建房，自主购置建设所需材料，并且自己参与施工，不论请或不请外建筑工，均可当作自建房，不再对其征收建筑业营业税及附加税费。十是对库区开发商、牵头人、合作单位及地方政府，无论是通过统建房、还是合作建房、开发性建房或者其他形式，为移民建设安置住房的，从中获取的收益，都不再对其征收任何销售不动产营业税及附加税费；另外对库区移民出让移民安置房，也不再对其征收销售不动产营业税及附加税费。十一是对从事城乡公交的客运车辆的公共交通企业，实行在2010年年底以前减半征收车船税。

（3）土地制度创新促进融资

城乡统筹中城镇化发展，面临着土地、资金和劳动力的多重压力。通过将农村集体建设用地转化为城镇建设用地，为城镇化进程提供土地保障；通过土地储备和土地增值，为城镇化进程提供资金保障；通过土地增值收入补贴农民和建设新居工程，为进城农民和低收入群体提供住房等社会保障；允许以农村土地承包经营权出资入股设立农民专业合作社；通过地票交易，提升偏远地区的农村土地价值，同时促进提高农民的财产性收入，为城乡一体的经济社会发展提供政策保障。在具体的土地制度创新方面，重庆以农村土地流转为突破口，以交换推动农民变市民：江北区开展村级土地利用总体规划试点；涪陵区的社会资金参与土地整理模式；开县渠口镇土地合作社模式。

4.2 成渝融资经济环境

由前面章节中资本对于经济增长作用、金融发展和经济增长关系、农村金融与农村发展的相关理论可知，良好的经济基础、财政金融资源和民间资金环境，都有利于统筹城乡发展及其融资。因此，下面将从这几个方面分别探讨成渝统筹城乡融资的经济环境。

4.2.1 经济概况

4.2.1.1 成都

成都，是四川省省会，副省级城市之一，共辖10区4市5县。1993年，在国务院的批准确定下，成都成为西南地区的商贸、金融中心、科技和交通及通信枢纽，其综合实力居西部地区首位。2007年，通过了国务院的批准设立下，成都与重庆同时成为全国城乡统筹综合配套改革试验区。成都市先后荣获过“国家环境保护模范城市”“中国十大最具经济活力城市”“台商‘极力推荐’城市”“十大中国大陆最佳商务城市”“中国城市综合实力十强”“中国最佳旅游城市”“国家森林城市”“国家全面创新改革试验区”“国家中心城市”等称号。

2015年全市土地面积1.21万平方千米，户籍总人口1 228万人，年末共有常住人口1 465万人，城镇化率达到71.47%。从国民经济水平来看，2015年全市实现地区生产总值（GDP）为10 801.2亿元，若根据可比价格计算，较2014年的同比增长了7.9%，若根据常住人口计算，人均生产总值达到7.427 3万元，较2014年增长了6.6%。全市2015年一般公共预算收入为1 157.6亿元，比2014年增长了12.9%。城镇居民人均可支配收入为3.347 6万元，较2014年增长了8.0%，农村居民人均可支配收入为1.769万元，较2014年增长了9.6%，城乡居民人均可支配收入比为1.9：1。2015年年末城乡居民储蓄存款余额为9 922亿元，较2014年增长了6.1%。

获得全国城乡统筹综合配套改革试验区以来，政府提出并强调“全域成都”视角，破除了区域分割、城乡分割和行政体制障碍。根据经济发展规律和城市功能要求，推进了要素和资源通过市场在城乡之间实现自由流动和优化配置。1970—1979年，成都市一个环路为界线形成了城乡分割局势，虽然一环路内部还存在着少量农田，而1989年后，成都的城乡分割更是明显，一环路外侧全都为农村，而在1990—1999年，二环外侧全都为农村。到了21世纪初，成都的城区已经覆盖到三环路内，但三环外侧全都为农村。而如今，三环之外也迅速地被非农建筑和城市所覆盖。作为成都的居民，都能够直观看出，每隔10年甚至5年，城市的覆盖范围会大幅度地扩大，就目前来看，这呈现出了一种加速的趋势。“全域成都”是通过统一规划建设1.21万平方千米城市域作为核心内容，形成了“一区两带三圈层四基地”的格局。

4.2.1.2 重庆

重庆，中国四大中央直辖市之一；2015年全市土地面积达到8.24万平方千米，共辖19个市辖区，17个县，4个自治县，在西部地区，属于发达的特大中心城市之一；是国家历史文化名城及重要的现代制造业基地、全国城乡统筹的特大型城市、长江上游地区的经济中心、西南地区综合交通枢纽。作为中央直辖市，其中心城市不断地解放生产力。1997年，重庆成为直辖市以来，市委、市政府按照城乡劳动就业、基本公共服务等各方面一体化的要求对城乡统筹发展的体制机制进行了探索创新，有效促进了城乡一体化发展。重庆直辖后的前10年，推动了三峡库区百万移民基本完成、基本实现了国企改革和老工业基地振兴、初步完成了农村扶贫攻坚，基本形成了生态环境保护和建设等，推进了经济社会发展迈出了巨大的一步，然而，依然存在着大城市与大农村、大山区与大库区并存的特殊现象，城乡区域差距还依旧很明显、城乡二元结构的依旧突出，所以，重庆仍旧处在欠发达阶段。为推动重庆实现新的跨越发展，2006年，重庆市委、市政府提出把城乡统筹发展作为推动科学发展的战略突破口。时任重庆市委书记的汪洋同志，他指出，要全面激发出直辖市功能的潜力。所以，在财政部、国家发展和改革委员会、国家研究室的指导下，经过长期的充分调研、论证，认为重庆发展的主要矛盾的矛盾主要方面依旧是城乡统筹区域协调发展，重庆务必要重点突破。胡锦涛同志于2007年指出，希望重庆加快完成统筹城乡改革，率先在西部地区实现全面建设小康社会。2007年，通过了国务院的批准设立下，重庆与成都同时成为全国城乡统筹综合配套改革试验区，对重庆的要求是“全面改革、重点突破、形成机制、促进发展、试验示范”，为重庆综合改革发展搭建了的战略平台。

2015年全市户籍总人口3 372万人，年末共有常住人口3 017万人，城镇化率达到60.9%。从国民经济水平来看，2015年，全市实现地区生产总值（GDP）为15 719.1亿元，按可比价格计算，比上年增长了11%，按常住人口计算，人均生产总值为52 330元，比上年增长了9.4%。全市全年一般公共预算收入为2 155.1亿元，比上年增长了12.1%。对于城镇居民，其人均可支配收入达到了27 239元，较2014年增长了8.3%，而农村居民，其人均可支配收入达到了10 505元，较上年增长了10.7%，城乡居民人均可支配收入比为2.6∶1。2015年年末城乡居民储蓄存款余额为12 207亿元，比上年增长了11.1%。

4.2.2 金融资源环境

4.2.2.1 成都

（1）2012年，成都金融业社会融资规模达到约3 600亿元，其中直接融资实现跨越式发展，规模超过1 800亿元。2012年，成都建设西部金融中心步伐加快，金融业保持持续快速，成都辖区内的金融企业，其增加值达到了741亿元，18.5%服务业增加值相当于9.1%全市地区生产总值，对成都经济发展贡献度超过15%，成了成都经济的主导性产业。2015年，全市金融业增加值继续增加，其相当于20%服务业增加值、10%地区生产总值；成都市共有300家金融机构，它们资产总额达到5.5万亿元，对于上市公司，其总市值此前基础上翻一倍。金融业已经日渐成为成都重要的支撑性产业，成都日渐成为具有带动作用和国际辐射力的国际性区域金融中心。

（2）存贷款增加。单位存款增速加快，个人存款增长。2012年年末，成都辖内金融机构人民币存款余额为20 354.17亿元，比年初增加了3 257.87亿元，同比增长19.0%。从存款结构来看，年末单位存款余额为11 654.73亿元，比年初增加了1 752亿元，同比增长17.7%，增幅较上年同期上升了9个百分点；年末个人存款余额为7 157.04亿元，比年初增加了1 177.03亿元，其中储蓄存款增加了1 115.26亿元。短期贷款增加，中长期贷款同比增长较少。2012年年末成都辖区内金融机构人民币贷款余额为15 630.39亿元，比年初增加了1 866.91亿元，同比增长13.5%，增幅较上年同期回落了1.1个百分点。分期限来看，年末境内短期贷款余额为4 272.03亿元，比年初增加了1 193.08亿元；境内中长期贷款余额为11 088.88亿元，比年初增加了540.48亿元，同比增长5.1%，增幅较上年同期回落了6.1个百分点。从新增贷款投向来看，主要集中于交通运输、仓储和邮政业，租赁和商业服务业，批发和零售业，电力、热力、燃气及水生产和供应业等行业。2015年年末，成都全部金融机构人民币存款余额达到29 475亿元，较2014年年末增长9.99%，全部金融机构人民币贷款余额为21 971亿元，较2014年年末增长11.1%。2007—2015年存贷款余额及增长情况见表4-1、图4-3和图4-4。

表 4-1　2007—2015 年成都全部金融机构人民币存贷款情况

年度	年末存款余额/亿元	年末贷款余额/亿元	年末存款余额增长率/%	年末贷款余额增长率/%
2007	6 393	4 119		
2008	8 318	5 410	30.11	31.34
2009	12 416	9 869	49.27	82.42
2010	15 277	12 139	23.04	23.00
2011	17 098	13 767	11.92	13.41
2012	20 354	15 630	19.04	13.53
2013	23 652	17 612	16.20	12.68
2014	26 798	19 779	13.30	12.30
2015	29 475	21 971	9.99	11.08

数据来源：历年成都市国民经济和社会发展统计公报。

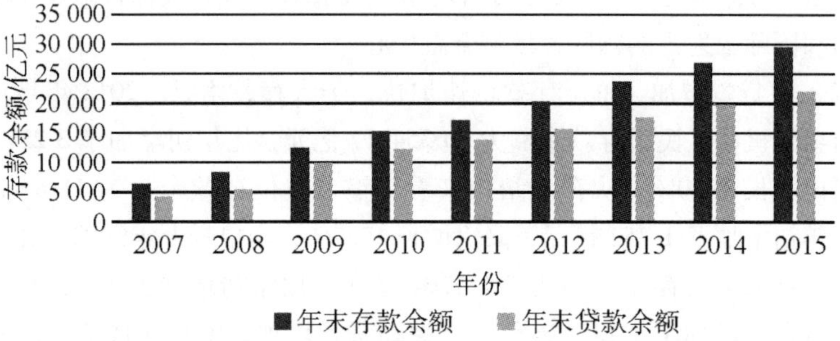

图 4-3　2007—2015 年成都全部金融机构人民币存贷款余额

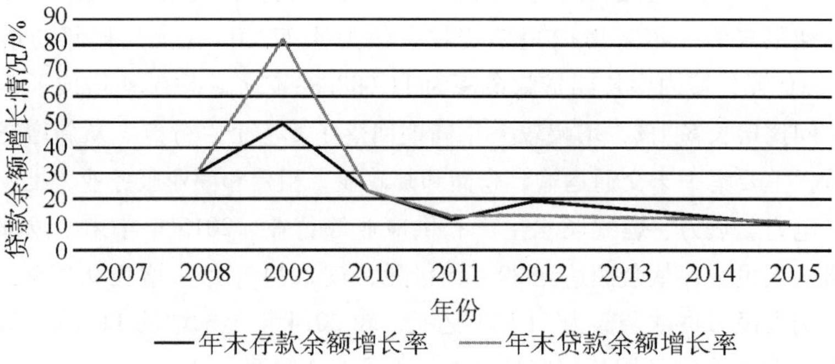

图 4-4　2007—2015 年成都全部金融机构人民币存贷款余额增长情况

（3）成都不断扩大金融市场的规模，成功吸引了国内外各类金融机构到成都投资，开展业务。目前，成都各类金融机构和金融中介机构包括国有商业银行数量不断增长，拥有众多各类金融机构，一个多层次的完整的金融服务体系初步形成。截至2015年年末，成都拥有银行63家，保险机构82家，证券公司87家，期货公司40家，累计引进20家金融后台服务机构。在保险公司中，在财险公司37家、寿险公司45家（含养老险公司3家和健康险公司2家），若按资本国别分，有中资公司76家、外资公司6家，全年保费收入为574.6亿元，较上一年同比增长了21.1%。

地方金融机构发展不断壮大。成都早在2009年就已经成立成都投资控股集团（现已更名为：成都金融控股集团），其经营范围涉及证券、金融、保险、银行、租赁、投资基金等众多领域，管理资产近4 000亿元。市属国有金融企业发展迅猛，成都农商银行、成都银行总资产双双超过了2 000亿元。其中成都引进境外战略投资者，建立现代银行制度，商业银行的总资产在西部城市首次突破2 000亿元，业务规模和综合实力都处于西部地区城市商业银行第一名。地方保险业取得突破性发展，法人保险机构数量已跃升至全国前五名。作为成都农村地方金融的主力军，农村商业银行进一步提高了业务水平，有力地完成了支农工作：一是确保信贷支农比重，确保农村信用社服务原则；二是提升了农村金融服务水平和创新了金融产品，更好地服务农业；三是优化服务，合理安排的网络布局，积极扩展服务对象；四是资金合理使用，实现城市带动农村；五是与农村合作互动。经过不断创新和服务，农村商业银行逐渐成为成都农村金融支持体系的主体。

新兴金融业如雨后春笋般蓬勃发展。到2015年年底，全市共有118家小额贷款公司，302亿元的贷款余额，该行业位居全国15个副省级城市前列。全市有134家融资担保公司，1 098亿元的在保余额，其中成都中小企业已进入全国前十名。成都率先在西部推出了金融服务外包产业园建设，金融服务产业园区规划已经落实，金融后台中心14个，30多家独立第三方金融服务外包企业，初成集群化发展趋势已经初步显现。

成都积极带动商业银行为农业、农村提供商业金融服务。一是成都发布相关的政策，吸引商业银行到小城镇及城乡交接点建立营业网点，促进产业园区上下游产业有效衔接，并为其以及农业产业化等提供融资等服务。二是创新银行及这功夫之间的合作方式，以政策性融资平台为切入点，投入到地方经济建设。商业银行应抓住农村土地储备、整合、转移、开发以及项目开发和管理的金融产品创新，力争抢占业务发展的最高点，引导其他企业的共同发展。三是不断推进与农村商业银行等的业务往来，一方面，可以以农村商业银行为中介，间接地向农户提供贷款；另一方面，通过合作促进农村金融服务改善务。例如，调动电子银行等新型业务独有的优势，建设农村支付结算体系，弥补落后的农村金融支付结算体系的短板。

（4）成都多层次资本市场迅速发展。全市全年资本市场实现融资 582. 1 亿元，较上一年同比增长了 3. 3 倍，其中，首发融资 50. 1 亿元、上市公司股票再融资 257. 5 亿元，较上一年增长了 5. 0 倍，沪深交易所债券融资 264. 9 亿元，较上一年增长了 2 倍。全市有证券公司 4 家、期货公司 3 家、证券投资咨询公司 3 家、证券公司分公司 23 家、基金公司分公司 12 家、证券营业部 163 家、期货营业部 39 家，证券从业人员 7 059 人，较上一年增长了 34. 8%，累计证券交易额 12. 7 万亿元，较上一年增长了 175. 9%。

（5）成都金融总部商务区的聚集作用初步显现。目前，位于成都高新区的商务区已竣工项目有 11 个，投入使用面积约 150 万平方米；在建项目有 20 个，已开工建设面积超过 400 万平方米。此外，成都着力推动招商引资工作。截至 2012 年年底，已入驻银行、保险、创投、交易所等各类金融机构区域性总部达 110 余家，较上年数量大幅度增多，增长了 37%，注册资本总额达 170 亿元。

在成都，虽然已有超过 30 家独立的第三方金融服务外包企业，以及 13 家金融后台服务机构，并且澳新银行运营中心（中西部城市第一家外资银行独立第三方运营中心）也在成都设立，但是在成都所有的金融机构中，新型金融机构所占比重极小，而且发展速度也极为缓慢。2017 年成都市人民政府印发的《成都市金融业发展“十三五”规划》（以下简称《规划》）发布。按照《规划》的精神要求，成都在“十三五”时期，紧紧围绕全面体现新发展理念的国家中心城市的奋斗目标，立足西部金融中心建设重点功能性需求，做大做强金融机构集聚中心、金融市场和交易中心、金融后台和服务中心、金融人才聚集中心，着力打造资本市场、财富管理、创投融资、金融结算和新型金融先行区。根据《规划》，到 2020 年年底，须实现成都全市金融业增加值达 2 200亿元以上，金融业增加值占 GDP 比重达 12% 以上，经济证券化率达 110% 以上，推动金融产业聚集化、信息化、国际化格局向纵深发展，构筑与建设全面体现新发展理念的国家中心城市相适应的现代金融产业支撑体系。

（6）增强了西方金融中心。西方金融机构汇集中心、西方金融创新和市场交易中心、西方金融外包和后台服务中心，丰富了成都西部金融中心的内涵。作为西部金融中心的载体，金融总部商务区，目前以引进了 50 多家金融行业相关机构，同时，配套引进了包括泰达时代金融广场在内的超过 10 家以金融为主要业态的城市综合体项目，完成 80 亿元的投资。2013 年成都金融服务平台建成"金融创新试验田"，成都进一步深化完善金融体制改革，设立柔性金融研究中心，推进金融服务创新，把成都金融服务平台建设成为"金融创新试验田"。

4.2.2.2 重庆

（1）2016 年，重庆融资总额达 3 410.5 亿元，其中非银行融资渠道实现融资近 2 308.9 亿元，占比 67.7%。企业债、公司债和银行间债务融资工具融资额较上一年分别同比增长了 2.4 倍、1.8 倍和 42.8%。全年金融业实现增加值 1 642.59 亿元，比上一年增长了 10.3%，占全市地区生产总值的比重由 2015 年的 9.0%提升到 9.4%。其中，新型金融业企业实现增加值 318.11 亿元，较上一年增长了 29.9%。金融机构资产规模达到 4.7 万亿元，较上一年增长了 9.4%，巩固了金融业作为支柱行业的地位。

（2）2012 年年末全市金融机构人民币存款余额 18 934.83 亿元，比上年末增长 19.59%。贷款余额为 15 131.22 亿元，较上一年增长了 16.38%。其中，个人消费贷款及透支 4 025.00 亿元，较上一年增长了 22.0%。2016 年年末全市金融机构人民币存款余额 31 216.45 亿元，比上一年增长了 8.47%。人民币贷款余额为 24 785.19 亿元，较上一年增长了 10.68%。自成立城乡统筹试验区以来，存贷款余额及增长情况见表 4-2、图 4-5、图 4-6 和图 4-7。

表 4-2 2007—2016 年重庆全部金融机构人民币存贷款情况

年度	年末存款余额/亿元	年末贷款余额/亿元	年末存款余额增长率/%	年末贷款余额增长率/%
2007	6 576.68	5 131.22	—	—
2008	8 021.95	6 320.81	21.98	23.18
2009	10 933.00	8 766.06	36.29	38.69
2010	13 454.98	10 888.15	23.07	24.21
2011	15 832.81	13 001.39	17.67	19.41
2012	18 934.83	15 131.22	19.59	16.38
2013	22 202.54	17 381.55	17.26	14.87
2014	24 501.54	20 011.50	10.35	15.13
2015	28 778.8	22 393.93	17.46	11.91
2016	31 216.45	24 785.19	8.47	10.68

数据来源：历年重庆市国民经济和社会发展统计公报。

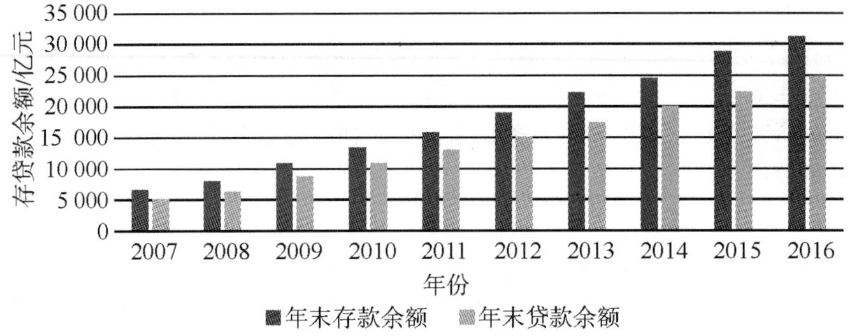

图 4-5　2007—2016 年重庆全部金融机构人民币存贷款余额情况

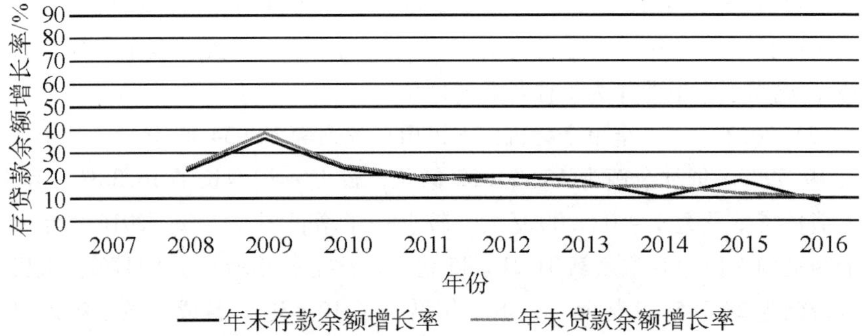

图 4-6　2007—2016 年重庆全部金融机构人民币存贷款余额增长情况

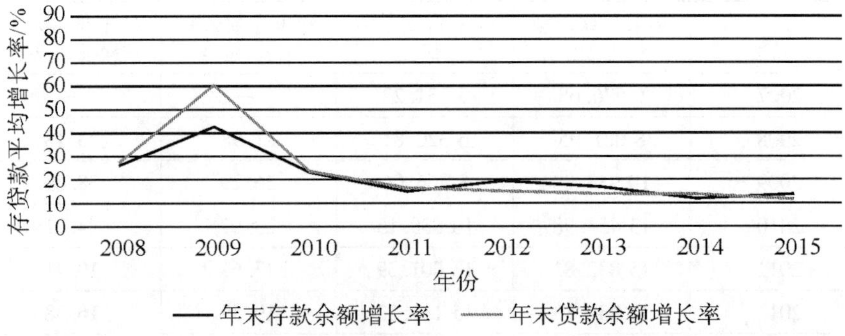

图 4-7　2008—2015 成渝全部金融机构人民币存贷款余额平均增长情况

从图 4-7 中，我们看到 2008—2015 年，成渝全部金融机构年末人民币存贷款余额平均增长率在 2008 年分别为 25.86%、27.09%，在 2009 年同时达到最大值，分别为 43.05%和 60.58%，在 2009 年以后成渝全部金融机构年末人民币存贷款余额平均增长率都高于 10%，且存贷款余额平均增长率基本一致。

（3）金融机构丰富而多元化

全市有证券法人机构1家，证券公司营业部186家，境内上市公司44家，总股本达549.92亿股，股票总市值达6 691.25亿元。全年通过境内市场累计筹资2 482.88亿元，比上年增加了1 785.88亿元。全市营业性保险分公司51家，保险法人机构4家，保险从业人员12.6万人，比上年增加了32.6%。保费总收入601.61亿元。重庆累计批准设立外资融资租赁企业52家，内资融资租赁5家，金融租赁2家，担保公司161家，小额贷款公司265家，村镇银行32家，外资银行分行16家。

4.2.3 财政资源和民间资金环境

在城乡统筹发展、推进城乡一体化的大背景下，工业化、城镇化互动发展，是实现经济社会发展的助推力。进入21世纪这个数字化、信息化时代，新型工业化、新型城镇化之间的互动发展更加紧密，内涵更加丰富，外延更加广阔。城乡统筹，工业化是核心：统筹好城乡产业发展，构建新型工业化格局，以新型工业化带动农业现代化，实现工业、农业协调发展。

以成都为例，根据“一区一主业”定位和工业集群发展规律，实行工业布局优化，将分散全市的116区整合为21个工业集中开发区，创建了电子信息、航空航天等11个现代产业集群，创新发展新能源、文化创意新兴产业。在整合前期，实行了三种模式来破解建设资金不足的制约：一是在政府的指导下，设立园区管委会、搭建投融资平台和建立政府性投资公司，引导外来资本，人才技术等集中到园区。二是引进民间资本，建设工业集中开发区。通过民间资本，实施工业园区基础设施建设和自主招商引资，从而，减轻了政府的工作负担。三是，通过政府与企业之间合作，协同推动园区建设。成都以产业兴城，拉动城乡一体化发展成绩斐然。随着“工业园区化”发展，园区内集聚大量资金流、人流、物流，转移了大量城乡劳动力，成为产业积聚和城镇化的重要载体。随着电子信息产业和汽车产业形成年产值千亿元的产业链，富士康、戴尔、吉利、沃尔沃等一批重大项目争相落地，有效辐射和加速了周边城镇化建设。仅富士康的进入，就为郫县带来近30万新移民，这部分人的居住与安置需求，有效带动了周边商业、房产和生产性服务业的快速发展。

另外，成都以城乡统筹发展和灾后重建作为核心主题，充分利用政府信用，通过政府投融资平台公司，发行地方债券；充分利用农发投公司，搭建助推“三农”的金融平台，通过紧密结合市区财政资金实力与农发投的融资优势与试验区“先行先试”的政策优势，不断培育和壮大市场经济主体，鼓励行业龙头企业做大做强，推进整个农业产业链的延伸，为政府完善农村金融保障体系的建设出劳出力，共同保障中小企业和农村合作经济组织机自发形成互助型担保机构，扩大信贷，提高保障能力；成都充分利用政府公共财政能力与国家开发银行的贷款相结合，支持农村和城市基础设施建设，实现城乡统筹协调发展。

4.3 成渝融资社会环境

李田（2011）认为能否改善一个地方金融生态环境，直接影响着外部资金流入的吸引力大小，关乎着是否受到国内外金融机构的青睐的问题，同时也极大地影响着地方金融能否健康快速发展，关系着是否能够满足地方经济发展对各类资金的需要①。王悦（2006）研究我国城市金融生态体系建设时，认为一个健康而有活力的金融生态，不论是对金融业的发展，还是对经济社会发展都是极为重要的②。另外，马德功等（2012）在对比成渝构建区域金融中心研究时，发现具有良好金融生态环境的成都更具优势去进行金融活动，更适于金融业的快速发展③。

融资除了需要宽松的经济环境，充裕的金融资源外，信用文化、信息系统、中介组织等社会环境和金融生态环境也与之紧密相关。在此主要探讨信用环境，它也影响着城乡统筹融资是否得以顺利完成。

目前成都市有金融、企业和个人三大信用信息数据库以及政府投资项目监督网、市房地产行业信用信息平台、市建设领域市场主体及从业人员信用管理系统、市食品行业信用档案管理系统等行业信用信息平台，基本覆盖工商、房地产、建设、金融、教育、劳动保障、旅游、电子商务、食品药品等领域。

2015 年 4 月，成都市政府发布了关于成都市社会信用体系 2015—2020 年建设规划的相关性政策及意见。提出要推进农村信用体系建设，特别以崇州农村信用体系试点为重点。进一步对政府部门、金融机构以及征信机构的信用信息进行整合，完善农村信用信息数据库，完善乡（镇）、农村金融服务体系的

---

① 李田. 完善金融生态环境建设 共促川渝金融健康发展 [J]. 科学咨询（科技·管理），2011（10）：6-7.

② 王悦. 建设我国城市金融生态体系研究 [D]. 北京：对外经济贸易大学，2006：11.

③ 马德功，杨陈晨，刘林昕. 成渝构建区域金融中心比较研究 [J]. 社会科学研究，2012（4）：14-18.

建设，创新建立新农村经营主体信息共享机制。继续开展信用户，信用村、乡（镇）信评定工作，优化县域金融生态环境，大力支持涉农机构为信用村提供便利惠农信贷，持续探索适于农村农村经济特色的信贷服务与产品。促进农业政策性保险与金融信贷的合作机制建立截至 2014 年，成都市共培育考核“守重”企业超过 1 000 家，其中，国家级企业 27 家，AAA（省级）企业 186 家，AA（市级）企业和 A（县级）企业超过 800 家。

2003 年，重庆市就开始开展社会信用体系建设，历时 10 余年的发展，以市工商局企业联合征信信息系统与人民银行金融信用信息数据库为主、相关部门行业信用信息系统为辅的信用信息征集系统已经初步形成，其中，金融信用信息数据库以累计收录的金融信用信息，涉及 22.83 万家企业、1 661 万个自然人；企业联合征信系统收录 3 112 万条相关信息，包括资质等级企业注册登记、在内的众多信用信息。同时，包括重庆市城乡建委在内的 10 余个市级部门，也纷纷在各自领域的建立起了信用信息数据库。

4.4 本章小结

为推进成渝两地城乡统筹发展试验区改革的发展，国务院和成渝两地政府纷纷出台了一系列政策举措，且成渝两地都推出了城乡统筹投融资、农村金融改革、公共财政支持长效机制、创新土地融资等方面的具体政策，为其城乡统筹融资创造了十分有利的政策环境。

从资本之于经济增长、金融发展之于经济增长、农村金融之于农村发展的相关理论可知，城乡统筹发展的顺利推动，离不开良好的经济基础、财政金融资源和民间资金环境。而成渝两地经济总量、增速、人均可支配收入等都表现良好，社会融资规模、存贷款、金融机构类别和数量、首发融资和再融资等金融市场广度和深度都稳健增长，财政直接支持或大力引导民间资金参与城乡统筹，这些都为两地城乡统筹发展及其融资打造了宽松的经济环境。

成渝两地社会信用体系的建设，覆盖工商、房地产、建设、金融、教育、劳动保障、旅游、电子商务、食品药品等领域的政府监督网和信息平台系统，良好的金融生态环境为其城乡统筹发展及其融资营造了有利的社会环境。

5 成渝地区双城经济圈城乡统筹融资模式分析

成渝地区双城经济圈背景下统筹城乡发展需要大量资金，为筹集资金，利用好财政资金、引导信贷及民间资金的参与，两地创新了多种融资模式。本章主要从农业经营主体融资、新农村建设和现代农业项目融资、农村社会发展事项融资的角度，分别介绍和分析统筹城乡融资模式创新。

5.1 农村经营主体的融资：农村金融创新

本研究所界定的农村经营主体包括农户、家庭农场、专业大户、个体私营户、农业产业化龙头企业、农民合作社、农村小微企业等。其中，农业产业化龙头企业融资不成问题，它们往往还是金融机构争相抢夺的客户。普通农户使用农村信用小额贷款也基本能够满足融资需求。融资难的主要群体就是经营规模处于中间状况，恰恰是最需要资金支持其发展和扩大的专业大户、家庭农场、农村小微企业和个体私营户等。为推进成都市城乡统筹发展，各类金融机构积极介入，纷纷展开金融创新，提升农村金融服务质量。而对前述融资群体意义重大的融资创新，则是成都市金融办和人民银行成都分行主导的农村金融创新。

农村金融对于城乡统筹和新农村建设十分重要。城乡统筹过程中，农民收入的提高，需要金融支持，富余劳动力的转移，农民变市民后的公共服务，也离不开金融支持。因此，党的十七大把农村金融列为新农村建设和城乡统筹的重要内容，要求大力推动农村金融改革与创新。而作为城乡统筹改革试验区的成都，则在农村金融领域做了大量创新。由于该创新实践带来的试验基础和典型意义，2015 年 7 月，中国人民银行、国家发展改革委等五部委会同四川省人民政府批复并印发《成都市农村金融服务综合改革试点方案》。这成为自党的十八大以来全国首个获国家多部门联合批准的农村金融服务综合改革试点副省级城市。

5.1.1 成都农村金融的创新

5.1.1.1 创新动因

自 2003 年以来，成都率先进行了“三个集中”为核心的城乡一体化发展，且在城乡统筹发展的运行机制和组织模式等方面进行积极探索。因此成都在推动农村金融创新、制度改革以及引入新型金融机构等方面进行了积极探索。特别是在 2007 年，成都市获批准成立城乡统筹试验区以来，其积极寻求突破农户和小微企业的融资瓶颈。因此，将农村金融服务综合改革作为城乡统筹发展的重要内容，积极构建新型农村金融服务体系，健全农村金融运行体制机制，强化金融对“三农”发展的推动作用，并取得了一定成效。在前期系列农村金融改革的突出成绩基础上，为进一步扩大农村抵（质）押物范围，探索金融和农业融合发展有效途径，成都市申请开展农村金融服务综合改革试点、农村土地承包经营权抵押担保试点和粮食生产规模经营主体营销贷款试点等多个试点，于 2015 年 7 月，由中国人民银行、发展改革委、银监会、证监会、保监会、四川省人民政府会同中央农办、财政部、国土资源部、住建部、农业部结合当地实际制定的《成都市农村金融服务综合改革试点方案》正式印发。这意味着成都获批全国第一个农村金融服务和综合改革试点，距其成为全国首批“城乡统筹综合配套改革试验区”刚刚 8 年，为正处于城乡统筹改革深化期的成都市增添新的推动力。

5.1.1.2 创新的具体内容和做法

（1）率先在全国开展农村产权制度改革，为农村产权融资创造条件

①全面开展确权颁证

以“还权赋能”为核心，成都自 2008 年开始在全域推进农村各项产权的确权、登记和颁证工作，落实农民对土地和房屋的财产权。这是全国率先对农村房屋所有权、农村土地承包经营权、农村集体土地所有权、农村集体建设用地使用权和林权进行确权登记颁证，完成农村自留地、公益设施占地、集体企业占地等未到户土地使用权，以及村级其他集体资产权属的股份量化确权。截

至2017年2月底，成都农村产权“应确尽确”，基本完成确权颁证，累计颁发各类权证895万本。

②农村产权交易平台的建立

2009年、2010年成都先后制定了《集体建设用地使用权流转管理暂行办法》和《农村土地承包经营权流转管理办法》等文件，建成全国第一家挂牌的农村产权交易所——成都农交所，区县建了分所，乡镇建了流转服务站，形成三级农村产权流转服务体系，并建立了相应的流转程序与规则。其推动成都农交所建设成为四川省级交易平台，与省内其他地市州联网运行，截至2017年2月底，成都农交所及其分所共成交各类农村产权13 925宗，累计成交金额576亿元，在全国处于领先地位。2016年成都市政府办公厅印发了《成都市鼓励和引导农村产权入场流转交易办法》，明确要求流转交易目录中的农村产权原则上都纳入成都农交所公开流转交易。建立农村产权抵押融资资产处置办法，组建了全国首家农村产权收储公司。

A. 成都市农村产权交易所

成都农村产权交易所有限责任公司于2010年7月7日正式注册成立（对外挂牌成都农村产权交易所），为按现代企业管理模式运营的全国首个综合性产权交易所。通过这个平台，可以实现农村各类产权和农业权利的交易流转，如林权、农村房屋所有权、农村土地承包经营权、集体建设用地使用权、农业类知识产权与农村集体经济组织股权等。可以进行资产处置、耕地占补平衡指标交易和农村集体建设用地挂钩指标交易，并提供市场信息咨询服务。三级农村产权交易机构在交易规则、交易鉴证、服务标准、交易监管、信息平台和诚信建设等方面实行统一的管理模式，形成了信息共享和税费一致的统一产权交易体系。以土地承包经营权为例，看操作的具体流程，产权交易所发布确权颁证的权证信息，经行政主管部门确认，并符合交易条件后，通过网络平台对外发布土地信息，可以通过出租、转让和入股的形式进行流转，也可以进行抵押融资。投资者则采取拍卖、电子竞价和招投标等方式在交易所投资土地经营。

B. 成都市农村产权收储有限公司

成都市农村产权收储有限公司于2016年9月28日正式注册成立，是我国第一家冠名“农村产权收储”的市场主体，是成都市农村产权交易所、成都市农发投公司和鼎立资产管理公司共同出资成立。公司注册资本为1亿元，成都市农发投公司占80%的股份，农交所和鼎立资产管理公司各占10%的股份。

公司主要致力于建立成都农村产权收储机制，聚焦全面深化农村产权制度改革工作中的短板和难点。通过农村产权、涉农不良债权收储等具体业务模式，探索破解农村产权难处置的障碍，以期建立风险补偿和资金退出的市场化机制；推动农村金融服务与产品供给侧改革，连接农村产权流转与金融支持服务链的“最后一环”。

③建立农村产权保护机制

在市和区（市）县建立农村产权维护援助中心，除国务院《法律援助条例》规定的法律援助事项外，把产权维护、促进城乡生产要素自由流转等涉及农村产权保护范畴的列为法律援助范围。为解决农村产权流转和融资中产生的纠纷，还设立了成都市金融仲裁院和农村产权仲裁院。

（2）以创新农村金融产品和服务为重点，建立健全现代农村金融制度

①开展农村产权担保融资

组建了成都市农村产权流转融资担保公司和现代农业融资担保公司，区（市）县先后组建了涉农融资性担保公司，构建了覆盖全市的涉农担保服务体系，截至目前，全市涉农担保在保余额102亿元。

A. 成都市现代农业融资担保有限公司

2007年7月18日，成都市现代农业融资担保有限公司成立，注册资本金为10亿元。该公司主要针对中小微企业“短、频、急”的资金需求特点，建立相适应的担保业务反应机制，倾力解决“融资难、融资贵”问题。积极发挥专业化涉农融资担保公司产业背景强、信用半径短、交易成本低的优势，搭建一条低成本快速融资通道。截至2016年9月，该公司已累计为“全域成都”范围内的各类涉农企业提供贷款担保超过100亿元，涉及客户企业近200户，担保笔数逾1 000笔，客户企业的涉农化比例一直以来保持在100%。该公司还不断深化产业创新和产品创新，进一步提高担保资金的服务力度，延伸担保产品的服务深度。着眼涉农企业实际情况，结合成都市集体土地改革的相关政策，创新推出“惠农贷”“地票通”“苗木桩头抵押”“土地及建筑物三方监管预抵押”“股权、品种权质押作担保”等高度契合涉农企业现状的金融产品，一定程度上解决了农业产业化企业因质抵押物不符合金融机构要求，直接向金融机构融资难的问题。

B. 成都市农村产权流转融资担保股份有限公司

2008年5月，成都为深化农村产权改革，探索农村资源资本化，成立了

成都市农村产权流转融资担保股份有限公司，注册资本3亿元。该公司为全域成都范围内采取租赁、入股、转让等方式进行的土地承包经营权、林权等流转行为进行非融资性担保服务；而针对农村房屋、宅基地和农民新居工程的抵押融资进行融资担保服务；对各类农村权证质押融资进行担保服务；对新农村建设贷款（含农村土地整理项目）进行融资担保服务；对乡镇企业等贷款、农村劳动者进城自主创业小额贷款融资担保服务；对其他担保机构的再担保等。该公司致力于探索农村资源资本化、涉农产权融资便利化，公司目前正积极开展农村金融产品和服务方式创新，大力推动农村“两权”抵押担保、新“四权”融资担保、“持证准用”融资担保、“联动担”等业务，将有效满足农户等农村新型经营主体对金融服务的有效需求。

②开展农村产权抵押融资

成都于2009年出台的《农村产权抵押融资总体方案》及相关管理办法，是我国第一个开展用农村房屋、农村土地承包经营权和林权进行抵押融资的地点。成都还制定了有关农村房屋价值评估、农村产权流转管理及产权抵押登记的细则，出台了风险基金筹集和使用的规定办法，分区域建立了土地承包经营权以及集体建设用地使用权基准价制度，明确了农村产权价值评估和抵押登记部门和登记流程。截至2016年2月，全市累计实现农村产权抵押融资4 963笔，金额近132亿元。其中，农村房屋抵押2 472笔，金额约7.3亿元；农村土地承包经营权抵押92笔，金额3 017万元；农村集体建设用地使用权2 158笔，金额84.7亿元；林权241笔，金额39.5亿元。截至2016年2月，全市农村产权抵押融资余额83.8亿元（585笔）。其中，农村房屋抵押余额14.4亿元（462笔）；农村土地承包经营权抵押余额1 196万元（38笔）；农村集体建设用地使用权余额67.3亿元（38笔）；林权余额14.9亿元（47笔）。农村产权抵押融资情况及示意图如表5-1和图5-1所示。

表 5-1　成都市农村产权抵押融资情况

（截至 2016 年 2 月）

序号	类别	单位	农村房屋抵押贷款				土地承包经营权抵（质）押贷款				集体建设用地使用权抵押贷款				林权抵押贷款			
			发生额		余额		发生额		余额		发生额		余额		发生额		余额	
			笔数	金额/万元	笔数/笔	金额/万元	笔数/笔	金额/万元	笔数/笔	金额/万元	笔数/笔	金额/万元	笔数/笔	金额/万元	笔数/笔	金额/万元	笔数/笔	金额/万元
1	银行机构	国开行	—	—	—	—	—	—	—	—	5	150 000	1	141 000	—	—	—	—
2	银行机构	成都农商银行	2 182	68 502	386	13 270	49	1 640	7	310	90	526 776	17	368 019	79	7 859	5	1 785
3	银行机构	成都银行	—	—	—	—	7	223	0	0	2	4 630	0	0	23	42 888	8	13 204
4	银行机构	农发行四川省分行营业部	—	—	—	—	—	—	—	—	7	125 767	7	124 000	13	21 665	1	835
5	银行机构	农行四川省分行营业部	—	—	—	—	27	467	26	407	3	40 000	3	39 700	—	—	—	
6	银行机构	浦发银行成都分行	—	—	—	—	—	—	—	—	—	—	—	—	107	320 226	30	133 342
7	村镇银行	邛崃国民村镇银行	228	2 594	68	814	1	20	1	20	—	—	—	—	10	156	2	50
8	村镇银行	双流诚民村镇银行	41	1 594	7	300	—	—	—	—	—	—	—	—	5	1 590	1	200
9	村镇银行	彭州民生村镇银行	1	5	0	0	5	600	4	460	0	0	0	0	3	450	0	0

表5-1（续）

序号	类别	单位	农村房屋抵押贷款				土地承包经营权抵（质）押贷款				集体建设用地使用权抵押贷款				林权抵押贷款			
			发生额		余额		发生额		余额		发生额		余额		发生额		余额	
			笔数	金额/万元	笔数/笔	金额/万元	笔数/笔	金额/万元	笔数/笔	金额/万元	笔数/笔	金额/万元	笔数/笔	金额/万元	笔数/笔	金额/万元	笔数/笔	金额/万元
10		富登	—	—	—	—	—	—	—	—	2 051	198	10	58	—	—	—	
11	小额贷款公司	成都龙泉驿区龙腾小额贷款股份有限公司	2	40	1	20	0	0	0	0	0	0	0	0	1	260	0	0
12		成都同兴小额贷款股份有限公司	18	212	0	0	3	68	0	0	—	—	—	—	—	—	—	—
合计			2 472	72 947	462	14 404	92	3 018	38	1 197	2 158	847 371	38	672 777	241	395 094	47	149 416

注：农村产权抵押融资是指借款者以农村房屋、土地承包经营权、集体建设用地使用权、林权作为物品保证向银行或小额贷款公司取得的贷款。

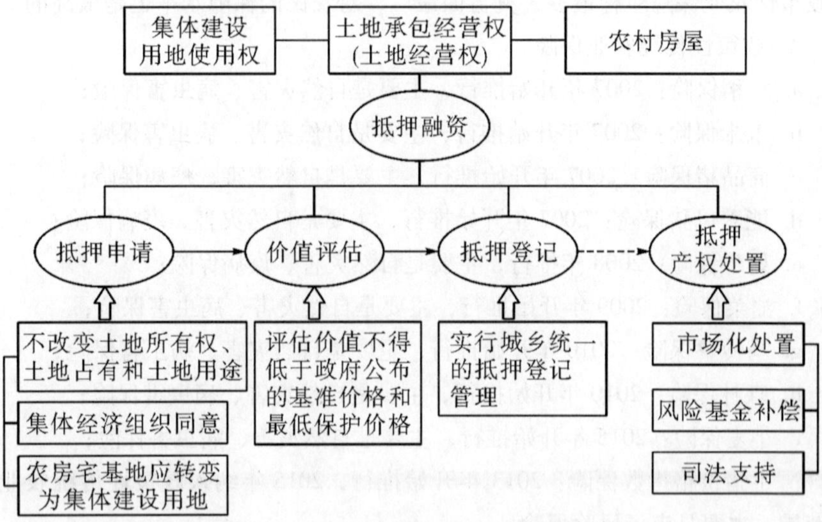

图 5-1　成都农村产权抵押融资示意图

③开展“金融仓储”试点

成都先后设立 4 家金融仓储公司和 1 家专注于农产仓单质押的仓储公司，对抵（质）押的农村动产实行第三方监管，探索水域、农用设备、滩涂使用权等抵押融资，开展股权、仓单、应收账款、存单等质押融资，进一步拓宽农村抵押物范围。其中，彭州成立的农产仓单质押仓储公司，探索开展农产品仓单质押融资，实现授信 2.7 亿元，发放贷款 190 万元；成立成都金控征信公司，负责开发涉农信用信息库。

④开展政策性农业保险

2007 年以来，成都采取政府补贴、市场化运作方式，积极开展的政策性农业保险试点，建立政策性农业保险补助专项资金，用于政策性农业保险补贴。全市已开展的政策性农业保险险种达到 21 个，其中，有 10 个险种为传统的政策性农业保险（中央、省财政给予保费补贴），有 11 个险种为自主创新开展的政策性特色农业保险（保费补贴资金全额由市、县两级承担）。截至 2016 年年底，全市农业保险累计完成签单保费 30.23 亿元，为全市农业生产提供了1 431.61亿元的风险保障资金。为避免“菜贵伤民、菜贱伤农”，2013 年 2 月在全国副省级城市和省会城市中率先开展蔬菜价格指数保险，以蔬菜离地价格作为蔬菜价格指数保险理赔参数，根据保淡期和保收期蔬菜生产环境和市场风险，开创性地设计了承保、理赔方案并开展试点。另外，成都开展的农村土地流转履约保证保险、生猪价格指数保险都为全国首创，在中西部地区成都的政策性农业保险险种最多、覆盖面最广，对农民的保障水平也是最高的。

A. 政策性传统农业保险

a. 水稻保险：2007 年开始推行，主要是自然灾害、病虫害保险；

b. 玉米保险：2007 年开始推行，主要是自然灾害、病虫害保险；

c. 商品猪保险：2007 年开始推行，主要是自然灾害、疫病保险；

d. 能繁母猪保险：2007 年开始推行，主要是自然灾害、疫病保险；

e. 奶牛保险：2008 年推行，主要是自然灾害、疫病保险；

f. 油菜保险：2009 年开始推行，主要是自然灾害、病虫害保险；

g. 马铃薯保险：2010 年开始推行，主要是自然灾害、病虫害保险；

h. 森林保险：2010 年开始推行，主要是自然灾害、病虫害保险；

i. 小麦保险：2015 年开始推行，主要是自然灾害、病虫害保险；

j. 生猪价格指数保险：2013 年开始推行，2015 年纳入政策性传统农业保险范围，主要是市场风险保险。

B. 政策性特色农业保险

a. 食用菌保险：2010 年开始推行，主要是自然灾害、病虫害保险；

b. 猕猴桃保险：2010 年开始推行，主要是自然灾害、病虫害保险；

c. 水产养殖保险：2010 年开始推行，主要是自然灾害、病虫害保险；

d. 有机农业保险：2011 年开始推行，主要是自然灾害、病虫害保险；

e. 蔬菜保险：2011 年开始推行，主要是自然灾害、病虫害保险；

f. 水果保险：2012 年开始推行，主要是自然灾害、病虫害保险；

g. 农村住房保险：2013 年开始推行，主要是自然灾害保险；

h. 杂交水稻制种保险：2013 开始推行，主要是自然灾害、病虫害保险；

i. 小家畜禽保险：2013 开始推行，主要是自然灾害、疫病保险；

j. 蔬菜价格指数保险：2013 开始推行，主要是市场风险保险；

k. 土地规模流转履约保证保险：2015 年开始试行，主要对履行合同条款进行保险，防范土地流转风险。

C. 育肥猪的价格指数保险

2013 年，中航安盟财险公司与成都彭州的华红养殖场和志飞养殖场，在彭州畜牧局签订了育肥猪的价格指数保险合同，当时一共承保育肥猪 2 400 头。该险种把育肥猪价格作为保险标准，在保险有效期内，如育肥猪平均价格指数比保险责任约定价格指数低，则视为保险事故发生，被保险人按合同约定得到赔偿。但因目前我国没有育肥猪交易平台信息系统，难以统计参保养殖户的育肥猪出售价格，保险责任就不能用育肥猪出售价格。于是，就采用成都农业信息网上公布的每旬育肥猪价格和玉米价格计算出“猪粮比”，再根据猪粮比变化情况，结合大量走访调查和测算，开发出育肥猪的价格指数保险。该款产品属于政策性农业保险，因此得到了政府财政补贴。该保费分担为彭州畜牧局承担70%的保费，投保户承担30%的保费。在该育肥猪价格指数保险设计中，政府通过补贴政策，保险公司通过费率浮动政策，可以达到主动调控养殖市场的目的。针对超计划生产育肥猪的行为，通过取消补贴和费率浮动加以限制，以此支持生猪稳定生产。同时，该保险也可以解决“猪贵伤民、猪贱伤农”问题，是防范市场风险的积极探索。

⑤开展涉农商业性保险

通过政策引导，保险机构自主探索的方式，在全市试点“农家乐”保险产品、乡村旅游保险产品、农村小额人身保险等多个商业性涉农保险品种。

(3) 加大对农村金融的政策支持力度，采取多种方式鼓励金融机构开展涉农业务

①设立农村产权抵押融资风险基金

市和各（区）县政府按比例出资，成立农村产权抵押融资的风险基金，该专项基金用来收购到期无法偿还的农村产权抵押融资债务，金融机构的贷款损失由风险基金承担80%，银行只承担20%。2015年，6 000万元农村产权抵押融资风险基金市级筹集部分已全部到位。2016年又对风险基金的使用细则做了进一步完善，简化了基金的申请及实施流程，把花卉苗木和农业设施作为新增抵押物。

②建立农村产权流转担保及风险分担机制

每年从耕地保护基金提取5%的资金，约1.3亿元，作为市农产担公司的风险准备金，目前共出资4.56亿元。为符合现代农业产业发展政策的涉农企业、农民专业合作组织和农户提供担保服务，促进银企合作，降低金融机构开展农村产权抵押融资的信用风险。

③健全对金融机构涉农业务的奖补机制

设立市级金融业发展专项资金，每年市财政提供1.5亿元，对银行、保险公司和小额贷款公司开展农村产权抵押融资和农户小额信用贷款、在农村地区建设经营网点、开展“银保财互动”试点以及创新涉农金融业务给予奖补。

(4) 加快农村金融服务环境建设，为金融机构开展涉农金融创新创造条件

①完善农村金融机构服务体系

推动市农村信用社完成股份制改革，组建成都农商银行，在全市设立了

600 余个经营网点，其中在二、三圈层区（市）县经营网点 500 余个，成为支农主力军。完成简阳农商银行管理权限划转工作，市法人农商银行数量增加至 2 家。引导和争取商业银行在成都市设立村镇银行 14 家，除温江之外，实现郊区市县村镇银行全覆盖。全市 5 165 个“银行卡助农取款服务点”，实现了联网查询、代理缴费、汇款、取款等。创建 23 个助农取款优质服务示范点、3 个示范站。ATM 覆盖乡镇 207 个，覆盖率为 96.7%。开通网上银行、手机银行业务的客户数量分别达 570 万户、566 万户。目前全市每个行政村配备了 1 名农村金融联络员（不含简阳）。在二、三圈层区（市）县设立融资性担保公司 32 家，在保余额 75 亿元。筹建小额贷款公司 41 家，贷款余额 56 亿元。与国家开发银行合作，在龙泉设立国开四川（龙泉驿）城乡统筹发展投资公司，注册资金 6 亿元。郫县、温江和崇州等成立了在农民专业合作社基础上的资金互助，筹集资金达 5 000 多万元。温江区红花紫薇花木专业合作社、彭州市汇昌果蔬产销农民专业合作联社等于 2014 年 8 月获批开展农村资金互助组织试点。其中，彭州市聚慧蔬菜专业合作社发起并申报成立了彭州市旭力农村资金互助合作社，于 2014 年 12 月在取得省金融办和成都市金融办颁发的监管注册证书后，完成工商注册登记，于 2015 年 1 月起正式营业。

②加强农村金融生态环境建设

出台《成都市人民政府办公厅转发市政府金融办关于进一步加强我市金融生态环境建设若干意见的通知》（成办发〔2010〕72 号）等多份文件，深入开展县域金融生态环境测评和信用户、信用村、信用镇评定工作，不断完善测评办法，发挥典型示范作用；以崇州市为载体，探索开展农村信用体系示范区试点，全面推动信贷信息与林权、农房、农地等农村产权信息的有效对接，逐步建立农村信用信息数据库，目前已采集 15.6 万户农户土地承包经营权信息，82 户龙头企业、149 户专业合作社以及近 1 万户农户、2 371 户“信用户”的基础信息。加大对金融案件的处理力度，会同市公安局、金融监管部门，加大打击逃废债和非法集资等行为，优化农村金融生态环境。

③加快推进农村金融综合服务平台建设

以“农贷通”平台建设为核心，加快推动农村金融服务创新，构建“1+3+4”农村金融综合服务体系，一是要努力打造一个服务平台。系统推动“农贷通”的建设，以便能够打造“政银保企”相结合的综合性金融服务系统，按照统一标准建成镇村两级农村金融综合服务中心（站），实现线上线下一体化融资对接服务。二是要完善三大支持体系。积极整合涉农财政资金，筹划“农贷通”风险补偿资金，制定涉农贷款贴息政策，完善风险补偿体系。委托第三方机构，加快开发涉农金融大数据库，完善信用支持体系。推进农村产权抵押融资、农业产业链金融、融资类信用保证保险、扶贫金融和互联网涉农信贷等各类产品扩面增量，构建金融产品多元化体系。三是要完善农村产权流转四大机制。通过制度和模式创新，加快探索完善农村产权价值评估、交易、登记、收储机制的路径。

5.1.1.3 主要涉农金融机构支持城乡统筹发展的具体情况

（1）成都农商银行

成都农商银行在总行设立“三农”个金部和现代农业事业部，建立了由董事长担任主任委员，行长担任常务副主任委员的“三农”金融服务委员会，成立了由行长担任主任委员，分管副行长担任副主任委员的“三农”业务发展委员会，重点承担业务创新、业务机制、效率管理、风险控制等具体事项的协调推进。截至 2016 年年底，全行涉农贷款余额 1 314. 71 亿元，较年初增长 111. 37 亿元，涉农贷款在各项贷款中占比 72. 66%，涉农贷款增速 9. 25%，高于各项贷款增速 0. 12 个百分点。在郊县营业网点布放 ATM、CRS 等自助设备，累计布放 805 余台，已覆盖 90%以上的郊县网点。聘请了 2 026 名农村金融服务联络员，覆盖了成都市各个行政村，搭建“安 e 帮”社区综合金融 O2O 服务平台，为新型农业经营主体及农户提供线上销售农产品，采购生产、生活资料的服务。

在城乡统筹改革试验的基础上，农商银行利用农村产权改革成果，创新农村房屋所有权、农村土地经营权和农村集体建设用地使用权的抵（质）押贷款，让农村沉睡的“资源”变为“资本”，促进农村经济发展。特别是在“5 · 12”汶川地震灾后重建中，农商银行通过农村产权抵押贷款，使农户获得了重建家园的资金，对加快灾后重建和新农村建设起到了重要作用。各级政府为农商银行的贷款创新也提供了很多条件，如农产品保险产品和农村产权风险基金，这为信贷机构转移了市场风险。截至 2016 年 2 月，农商银行累计发放农村产权抵押贷款 2 400 笔，金额为 60. 5 亿元。

农户小额信用贷款是农村商业银行的传统支农产品，对缺乏有效担保物的农户“融资难”有积极的促进作用。该产品出台初期，农户只能获得几千元到几万元不等的贷款金额，但随农村经济的发展，生产规模的扩大，农户的信贷需求额度也在增大，而农商银行顺应时代需求，把信用额度提升至平均 5 万元，在经济发展较快的区域如双流等地，提升至最高 10 万元。截至 2014 年 6 月，小额信用贷款累计支持农户超过 30 万户。

农商银行围绕成都三大主导产业以及七大特色产业，推出“惠农时贷”

产品系列，共 10 类 20 个产品，包括家禽养殖、蔬菜种植、生猪养殖、水产养殖、中药材种植、猕猴桃种植、茶叶种植、水果种植、花木种植、食用菌种植十大农业产业，授信最高额度为 100 万元，期限最长为 5 年，申贷简捷，且在一定额度也无须担保。截至 2014 年 6 月，该“惠农时贷”系列贷款余额 1.03 亿元，共 1 455 笔。

2014 年以来，农商银行还出台了有针对性的系列措施，针对性地为专业合作社和农村职业经理人开发特色贷款产品，比如“金链条”“农腾卡”和“专合贷”等，助推培育农业经营主体和发展现代农业。截至 2014 年 6 月，共支持专合社、专业大户和家庭农场 46 个，共计贷款余额 2.05 亿元，共支持农业龙头企业 71 家，共计贷款余额 12 亿元。

（2）农业发展银行

农发行四川省分行营业部在充分发挥政策性金融在服务“三农”方面的优势的基础上，综合运用中长期贷款、重点建设基金等优势金融产品，加大投入力度，积极服务成都城乡发展一体化。2016 年全年累计投放各项支农贷款 71.12 亿元，投放农发重点基金 16.81 亿元，较上一年度增加 16.65 亿元。

①持续做好粮油收储传统业务

2016 年累计投放收购贷款 0.66 亿元，收购粮食 5 000 余万斤（2 500 余千克）；投放托市收购贷款 1.13 亿元，收购中晚稻 7 990 万斤（3 995 万千克）；同时，积极配合国家执行政策性粮食跨省移库贷款计划，投放国家临储玉米贷款 2.9 亿元（用于国家政策性粮食跨省移库贷款划转）。

②积极服务农业现代化发展

依托成都市“十三五”期间基本农田保护治理规划，支持成都市 100 万亩菜粮基地高标准农田建设提升行动计划项目，该项目的 46 亿元贷款申请已经通过省分行审议并报总行审批中。其中，贷款 8.8 亿元支持崇州市 10 万亩现代农业示范区项目建设，成为全国农发行系统助推农业现代化的样板。

③加大农村基础设施贷款投入

积极介入新型城镇化、高标准农田建设、农村路网、水利建设和棚户区改造等多个领域，全年共支持项目 21 个，洽谈金额超过 400 亿元，全年投放各类基础设施贷款 46 亿元，农业农村基础设施建设中长期贷款余额达到 195 亿元。

2009 年 1 月 13 日，农发行四川省分行与龙泉驿政府签订了银政合作协议，从 2009 年开始的五年内，农发行向龙泉驿政府提供额度为 50 亿元的信贷支持，用于该区的农业综合开发利用、农村基础设施建设和农村流通体系建设，以及建设农业产业化和农业科技方面的优质项目。

农发行首期贷款是向龙泉驿现代农业发展投资公司提供的意向性贷款10亿元，用途是建设同安、万兴片区的城乡统筹园区及涉农重点项目，拆迁安置群众大约1 500户，所受益人数达5 000人，为同安和万兴的城乡统筹提供了资金保障。

（3）农业银行

农行四川省分行营业部通过对三农金融事业部的改革，成立了“三农”金融分部管理委员会，建立了议事规则，营业部本部设置了以“一部四中心”（三农金融部和信贷、核算、风控、人力资源4个中后台管理中心）为基本单元的组织架构，制定了各中心双线报告管理办法，明确了工作汇报路径和各中心的职能职责，增强了中后台部门对服务“三农”的支撑作用。截至2016年年末，“三农”金融事业部的县域贷款、涉农贷款余额分别为399.88亿元、314.81亿元，较年初净增92.13亿元、82.95亿元，增速为29.94%、29.96%，高于全行贷款增速2.09、2.11个百分点。创新推出“安置贷”“仓单贷”“花木贷”等“三农”特色产品。其中，“安置贷”获省分行重大营销项目奖，目前已累投388户，共计1.06亿元，规模效应明显。布放智付通、银讯通、POS机等电子设备，积极推进“金穗惠农通”工程，实现农村金融综合服务渠道覆盖的乡镇和行政村已分别增加到280个、2 470个，覆盖率分别达100%、76.9%。通过农行“E农管家”电商平台，助力624家县域小微批零企业触网，带动农村终端末梢渠道商户2 498户。

（4）村镇银行

郫都区国开村镇银行根据县域经济特点，创新推出针对县域涉农豆瓣企业的“存货动态抵押”，截至2016年12月，向52家豆瓣企业提供48 111万元贷款支持，贷款余额10 906万元；推出“周转贷”，解决涉农小微企业周转资金，截至2016年12月，向20户企业发放贷款5 309万元，贷款余额1 200万元；推出“县域小微创富贷”和“小额农户贷款”等特色农村金融服务产品。

（5）合作金融机构

彭州市旭力农村资金互助合作社结合彭州实际，重点在农副产品流通环节开展资金互助，以具备条件的农产品仓单质押发放贷款，在一定程度上补充了现有金融机构的服务空白，切实推动了彭州蔬菜和农产品的流通，促进了彭州市农民就业和增收。截至2017年2月底，该合作社向本社社员发放贷款39笔共计1 768万元。单笔贷款最大金额为100万元，最小金额为10万元。

（6）其他涉农贷款的银行机构

随着城乡统筹发展的推进，城乡经济融合程度加深，农村资源释放的活力逐步展现，股份制银行也逐步介入涉农领域。下面以 2016 年成都 X 县所有涉农贷款的银行机构为例，看看它们涉农贷款的具体情况（见表 5-2）。

表 5-2　2016 年成都 X 县所有涉农贷款的银行机构及其涉农贷款情况

行别	2016 年贷款增幅/%	2016 年涉农贷款增幅/%	2016 年年末涉农贷款/万元	2015 年年末涉农贷款/万元
中国银行	24.58	29.70	99 681.43	76 856.21
农业银行	27.73	14.37	473 511.29	414 023.43
工商银行	-1.29	-10.26	168 459.59	187 724.73
建设银行	1.51	-54.62	33 186.50	73 126.69
交通银行	15.57	14.10	180 591.85	158 278.36
农商银行	174.87	28.76	877 728.00	681 665.00
兴业银行	9.70	8.21	242 141.98	223 772.84
华夏银行	55.49	64.30	118 645.00	72 212.00
成都银行	32.58	81.99	120 691.00	66 319.00
民生银行	36.83	-67.56	1 488.38	4 588.40
浙商银行	47.29	348.87	33 037.00	7 360.00
南充银行	14.40	-48.58	3 786.00	7 363.00
邮储银行	28.32	85.37	34 048.91	18 367.66
民泰银行	15.53	-19.47	5 190.76	6 445.97
村镇银行	-3.51	-2.88	22 720.65	23 395.39

资料来源：根据中国人民银行×县支行资料整理。

在表 5-2 的 15 家银行中，有 9 家银行在 2016 年对该县的涉农贷款有所增加，其中 4 家银行的增幅超过了 60%，华夏银行为 64.30%，成都银行为 81.99%，邮储银行为 85.37%，而浙商银行的涉农贷款增幅最大，为 348.87%，涉农贷款几乎是 2015 年 4.5 倍。

5.1.1.4　典型案例

此部分主要列举了早期通过成都农业担保公司反担保创新的融资、利用农村产权融资创新的几起案例，通过这些破冰之旅，类似融资逐渐得以被认可和接受。

案例1：探索新的抵押模式做试验区建设的先行者——成都丰丰食品产业园项目案例分析（2010）

2007年成都市成为全国城乡统筹综合配套改革试验区。积极推进农业产业化进程，做大做强一批龙头企业，这对于增加农民收入和缩小城乡差距，以及城乡一体化建设都起到了重要作用。而如何有效地以金融手段支持农业龙头企业的发展，破解龙头企业的资金、信贷瓶颈也成为成都市现代农业担保公司成立后面临的重要任务。

（1）项目情况

成都丰丰食品有限公司（以下简称“丰丰公司”）是位于崇州市一家以发展农村肉鸭养殖、加工成品白条鸭为主，集鸭苗孵化、饲养技术服务、肉鸭宰杀加工、冷藏、销售、物流、基地建设为一体的大型现代化龙头企业。公司成立于2002年6月，经过五年多的快速发展，2007年已拥有固定资产5 000余万元，员工1 020人，已在全国20多个省（区、市）设立了直销部及固定经销商，是省市县三级农业产业化经营重点龙头企业，被列为“成都市十八家做大做强型龙头企业”。2006年，丰丰公司加工肉鸭2 100万只，实现利税1 650万元，带动了崇州及周边邛崃、温江等区县的近1.2亿户鸭农增收，为农村富余劳动力提供就业岗位1 000余个。为了促进循环农业的发展，丰丰公司按照中央一号文件中发展现代农业的要求和崇州市农业发展规划，2007年启动了名为“成都丰丰食品产业园区”的循环农业项目。项目规划占地1.8万亩，总投资1.59亿元。项目以“整体、协调、循环、再生”为总的指导思想，引进国外发展循环农业的先进经验，通过实施标准化肉鸭规模化养殖、粪污综合利用工程和标准化基地建设，把种植业、畜牧业、加工业、能源开发、有机肥料生产有机结合起来，实现“种植—养殖—加工—沼气—有机肥”产业的循环协调发展。

（2）主要做法

大部分涉农企业长期存在贷款难问题，除了因为自身实力弱的原因外，基本是因为无法提供有效抵押物，无法达到银行放贷条件。丰丰公司在项目建设中也出现了资金不足，而公司自身已无有效资产可提供给银行抵押以申请贷款的情况。了解到这一情况后，成都市农业担保公司对丰丰公司及“成都丰丰食品产业园区”项目进行了详尽调查以及论证，最终给公司的贷款给予了担保，以便解决公司建设项目的资金困境。为防范自身风险，市农担公司研究了大量的相关法律法规、行业资料，并与行业专家、律师等交流，提出对反担保资产进行三方监管的模式，也就是说，丰丰公司名下有一块没办理产权证书但已经支付款项并签订土地出让协议的国有土地。鉴于这种情况，公司与市农担公司签订了反担保抵押合同，表明把该土地抵押给市农担公司。同时还要求崇州市政府和国土局出具书面承诺，如果市农担公司出现代偿情况，则市农担公司有权合法处置该土地，以所得价款优先受偿担保债权。如果该土地在担保期间能够办理产权证，国土局就及时告知市农担公司办理抵押登记手续。

（3）实施成效

通过这种探索，创新性地设定对抵押反担保资产的三方监管，从而丰丰公司能够顺利获得贷款，丰丰食品产业园能够按计划实施。截至 2008 年 2 月，丰丰公司的销售收入达 3 745 万元，实现利税 209.3 万元。该项目全部建成后，年产值达 10 亿元，利润达 0.5 亿元，实现农村人口转移 10 380 人，解决农村富余劳动力 2 700 人，农民人均增收 3 855 元，积极的社会效益显著，对建设农产品规模化生产基地、壮大重点龙头企业产业化经营有重大意义。

（4）启示

推进成都城乡统筹综合配套改革试验区的建设中，要实现突破，重要环节大胆创新是关键。

①深化企业改革的经验

在深化企业改革方面，农业企业基础薄弱，长期以来融资困难，发展缓慢。成都市农业担保公司创新设立的对抵押反担保资产实施三方监管的模式，有效地盘活涉农企业的资产，突破了一直以来涉农企业因抵押物不足而面临的贷款难的困境，有利于引导资金向农业产业化龙头企业集中，有利于农业企业的发展壮大。

②农村改革的经验

在农村改革方面，成都市农业担保公司为丰丰公司提供的贷款担保，通过现代加工厂带动养殖基地，有利于以畜牧业现代化为突破口推动农业现代化，深入推进农村综合配套改革。

③投融资体制的经验

在投融资体制方面，西部省份政府财力有限，由成都市农业担保公司作为融资平台，在农业企业和金融机构之间搭建桥梁，充分发挥政府资金的乘数效应，金融机构的信贷资金得以更好地利用。创新的反担保抵押模式使得担保体系得以完善，有利于后续项目的推进，为更有效地以金融手段支持现代农业的发展开拓出了一条新的道路。

案例 2：新都区明学川芎合作社通过抵押融资扩大生产（2012）

新都区明学川芎合作社成立于 2007 年，是一个主要从事川芎药材、优质紫皮大蒜和富硒有机水稻等农产品种植、加工和销售的农民合作组织。2011年以来，合作社抓住农村产权制度改革机遇，充分利用农村产权，解决发展资金瓶颈问题，有力地促进了合作社加快发展。主要做法如下：

一是利用承包地入股成立合作社。2011 年 10 月，在农村产权制度改革确权颁证的基础上，合作社在新繁镇石云村和高院村吸收合作社成员 556 户，入股承包地 1 287.45 亩，并在区农业发展局为入股土地办理了《农村土地经营权证》。二是利用入股土地经营权抵押融资。2012 年 4 月，合作社以石云村入股土地和库存川芎等农产品捆绑抵押，在成都农商银行高新支行获得贷款资金 200 万元。

合作社利用贷款资金，加上联保等其他途径获得的资金，有效解决了合作社基础设施建设、技术改造和农产品收购等资金不足的问题。2012 年，合作社达到经营川芎 3 500 余吨、大蒜 2 000 余吨、富硒大米 150 余吨的规模，收入总额达 5 267.1 万元。

由此可见，成都市农村金融状况通过系列改革和探索而大为改观，支农资金不断增加，服务水平逐渐提高。但城乡金融差距依旧存在。只有利用试验区“先行先试”的优势，进一步改革创新，才能形成城乡统筹的城乡金融新格局，使城乡金融要素能够自由流动，为城乡统筹提供坚实的金融支持。

5.1.2 重庆农村金融的创新

5.1.2.1 创新的具体内容和做法

（1）土地制度创新为农村融资创条件

重庆农村的土地制度创新分为两个阶段。第一阶段出现在 2007 年到 2008 年年底，可以称之为筹备、调研和启动阶段。这个时段是在征集多方意见、综合调研以及论证的基础上，确定了城乡统筹的土地利用制度改革基本思路，确定了城乡土地“同权、同价、同市”的改革方向，并成立了我国首家农村土地交易所，第一次提出“地票”交易。第二阶段是全面实施阶段。《国务院关于推进重庆市城乡统筹改革和发展的若干意见》的出台给重庆起到了引导作用，这为创新重庆土地交易所和“地票”交易制度等提供了政策依据。

①建农村土地交易所

为优化农村土地资源配置，在总量控制的基础上，盘活存量、用好增量，重庆于 2008 年年底成立了农村土地交易所，它是农村土地指标资产权利和农民土地“实物”资产权利流转交易的平台。为规范农村土地流转、保证土地交易所顺利运行，重庆还出台了《农村土地流转暂行条例》《农村土地流转程序》和《农村土地交易所章程》三份文件，作为农村土地交易的制度保障。

在交易所里的土地流转模式，有“四个实盘”和“一个虚盘”。其中，“四个实盘”指四种实物使用权流转，包括：农业用地承包经营权、林地承包经营权、农村集体建设用地使用权以及未利用土地的使用权。“一个虚盘”指地票，即用地指标，往往是宅基地、“四荒地”以及公用设施用地等属于农村集体性质的建设用地，经复垦整治并验收合格后产生的地票指标，通过交易所流转交易。

通过该土地流转制度，既能够保障农用地尤其是耕地质量不降低、面积不减少的最严格耕地保护，又可以通过耕地占补平衡与城乡建设用地增减挂钩，为城乡统筹建设储备后备土地资源。重庆目前的农村人均生活用地为250平方米，而城市人均用地为80多平方米，假如把农村人口转化为城市居民，则可人均节约170平方米的用地。2016年重庆农村人口为2 300万人，若1 000万进入城镇，则能节约建设用地大约17亿平方米，相当于增加耕地250多万亩。同时，通过土地流转交易，可以促进农村要素市场建设，推动农村土地资产化而实现增值，提高农民财产性收入。

②创地票交易模式

A. 背景

城镇化发展形成对农村建设用地的需求，而我国耕地保护制度又是最严厉的，这就出现了新增建设用地和耕地保护红线的矛盾。同时，农村宅基地浪费闲置与隐形流转现象并存。因农村外出务工人员越来越多，“空心户”和“空心村”现象在农村较为普遍，比如重庆江津区总共有约40万农户，其中近23%的农户已完全放弃农地耕作，有约3万亩处于半闲置或闲置状态的农村建设用地，而且在农村又存在宅基地侵占耕地和人均宅基地面积超标的现象，土地浪费问题突出。但城市化建设对周边农村地区用地需求极大，城市人口激增对住房需求增大，就形成了宅基地隐形流转市场。因此，根据国土部2005年发布的《关于规范城镇建设用地增加与农村建设用地减少相挂钩试点工作的意见》，重庆打破建设用地县域挂钩流转的限制，利用政策大胆创新，在所辖范围更大距离内实现城市和农村建设用地的指标置换，有效解决了城镇化发展对土地需求和耕地保护的矛盾。在土地利用总体规划约束下，既增加了耕地，又增加了城镇建设用地，城乡建设用地流转市场也逐渐形成。

B. 运作机制

地票交易是基于土地利用总体规划下农村与城镇建设用地置换的思想。农村宅基地以及其他建设用地经过复垦并验收合格后，产生出的建设用地指标，就可以在农村土地交易所公开交易。购买者就可以得到购买等量城镇建设用地的权利，通过招拍挂程序后，支付的地票费用用来补偿土地使用费以及耕地开垦费。地票交易有四道程序：一是把闲置的农村建设用地，如宅基地、过去乡镇企业用地及农村公共设施的用地等，经过专业复垦整理和土地管理部门的严格验收后，再依据增加的耕地面积，由土地行政主管部门向土地使用权人发放对等面积的地票，也就是说“先补后占”。而地票是建设用地的指标，不是某个具体地块。二是地票交易没有限制交易主体，只要按照规定在土地交易所进行交易，购买到的地票就可以纳入新增城镇建设用地计划。三是地票在城镇落地使用时，需在符合土地利用总体规划下，办理征收转用手续后，才能对农民进行补偿安置。四是重庆市政府依据年度用地计划以及经营性用地需求状况等确定地票交易总量。

③结合户籍制度改革的农村土地退出

重庆城乡统筹中户籍制度改革的核心内容是农民土地使用权退出，即“农转城”工程，还专门设计了一套相应的进城实施机制，即三年过渡、三项保留以及五项纳入。“三年过渡”指转户农民适应城镇生活有最长三年的过渡期，在这三年中，可以继续保留宅基地、承包地使用权及收益权。“三项保留”指转户居民可继续保留三项惠农政策，即原有的林地使用权、原户籍地生育政策、原享受的农机具补贴和农村种粮直补。“五项纳入”指转户居民的就业、社保、住房、教育、医疗五项政策一步到位，与城镇居民享有同等待遇。重庆市政府推出该政策以来，取得了初步效果，转户农民累计超过 170 万户。这对提升重庆城镇化率、打破人口城乡分布的静态二元分布格局和推进新农村建设都起到了很大的推动作用。农民也得到了实惠，比如为推进农民市民化的转变，若农民选择退地，至少可得到 4 笔补偿资金：一是农村住房及附着物的补偿资金；二是退出土地承包权的补偿资金；三是退出宅基地使用权的补偿资金；四是进城购房的补偿资金。此外，还可以在教育、养老、医疗、低保和就业等方面享受到相同的城镇社会保障待遇。

（2）农村产权抵押融资探索

一直以来，没有被认可的抵押物是农民贷款和金融机构发放涉农贷款的“瓶颈”。重庆农房面积大约 9 亿平方米，有超过 6 000 万亩的林地，农村土地流转的面积已经达到承包总面积的 35%，农村“三权”抵押价值估计在 1 万亿元以上。因法律限制和处置困难的原因，这些资产一直处于沉睡中。如果能有效激活它们，则可以破解农村“贷款难”问题。为此，重庆开展了农村“三权”融资探索。

①改革探索的内在动因

农村产权抵押融资探索是破解农民融资难的需要。我国有系列惠农措施激励对农村投资，但因有效担保财产有限，农民贷款难、农村投资匮乏始终难以有效解决。而重庆农民手中农房、农村土地承包经营权和林权“三权”估值在1万亿元以上，若能激活其中的两成，可供抵押的资产价值也至少有2 000亿元，可以为农村“缺血”难题的解决发挥极大作用。农村产权抵押融资探索是城乡统筹金融服务的需要。农村信贷成本较高，其投入产出不匹配。比如重庆农村商业银行70%的网点在农村，而只创造了40%的利润，30%的网点在城市，却创造了60%的利润。具有逐利性的资金决定了资金往往趋向城市，城市的项目多、效益好的投资机会也多，因此需要挖掘农村融资吸引力。同时，农村产权抵押融资探索也是能够实现资源的优化配置的。因为在现行土地制度下，农村居民的房屋、土地承包经营权和林权都只能是沉睡的死资产，无法流转，也无法充当抵押物，因而会影响以土地集中为特征的规模经营，也无法变资产为资本。而通过这些农村产权向金融机构抵押融资，则可以达到优化资源配置和提高资源配置效率的目的。

②农村产权抵押融资的内容和做法

A. 土地承包经营权抵押贷款

在不改变土地用途、不改变农村土地所有权性质和不损害农民利益的前提下，农业经营主体用其拥有的农村土地承包经营权为抵押而向金融机构申请贷款。申请贷款时，需要提交《农村土地承包经营权证》《农村土地承包经营权流转合同》以及发包方同意抵押的书面证明，然后银行根据借款人生产经营活动和评级情况确定贷款金额，最高额度为土地承包经营权评估价值的60%。

B. 农房抵押贷款

农户以自己修建在集体土地上的房屋作抵押，向金融机构申请贷款。该类贷款需要集体土地所属的集体经济组织同意其土地使用权，然后再和房屋一并抵押。银行根据借款人生产经营活动确定其贷款额度，最高的可达房屋评估价值的60%。比如重庆双坝组的村民马培贵，用自家估价28万元的楼房作抵押，从重庆农商行获得13.8万元的贷款，用此贷款就将10个大棚的草莓种植规模扩大到了26个，年纯收入由10万元增加到了25万元左右。

C. 林权抵押贷款

农村经营主体用合法林权作抵押，向金融机构申请的贷款。申请该贷款时，需提交林权证等证明文件。重庆的林权抵押贷款在农村“三权”抵押融资中是数量最大、最为成熟的一种。目前重庆发放的该类贷款占农村“三权”

抵押贷款的 74.6%。

D. 农村产权抵押融资的风险分担机制

为防控农村产权抵押融资风险，重庆设立了由市和区县两级财政出资的专项风险资金，用于补偿金融机构因发放“三权”抵押贷款而产生的损失，补偿35%的比例。还投入30亿元成立了兴农融资担保公司及其涉农区县的子公司，专门作为农村产权抵押融资的担保机构。依托重庆农业担保公司成立了农村资产经营管理公司，负责处置因农村产权抵押贷款产生的不良贷款。重庆高院甚至专门出台了关于农村金融服务改革创新的司法保障意见，明确规定合法设定的农村产权抵押权，法院应认定有效，如发生纠纷时要积极受理。

（3）金融机构内部的创新

为适应城乡统筹改革，重庆的主要农村金融机构在激励机制和组织架构方面积极创新。

①设立适应“三农”的组织架构

重庆农村商业银行为进一步开拓农村市场，成立专门机构，赋予相应的职能。2011 年总行成立了“三农”金融服务委员会，负责研究“三农”的金融发展战略。还设立了“三农”事业部及其下属的“三农”业务管理中心、农业产业化金融服务中心和农户金融服务中心，负责“三农”业务指导、营销服务、条线管理和激励考核等。除主城区外的支行都被定为“三农”业务支行，还建立了农户贷款中心，成立了“三农”客户经理队伍。而农业银行重庆分行也建立了“三农”金融的分部管理委员会，同时还设立了农户金融部、农村产业金融部以及“三农”信贷管理部三个业务部门，中后台建立了风险管理、产品研发与“三农”考评核算等支持中心。这奠定了增强金融支农的组织基础。

②设立为“三农”服务的激励机制

为激励开展“三农”业务，重庆农商行规定给农户贷款的利息收入以及涉及农业产业化贷款项目的利息收入的 20%，直接调增该支行利润，并对“三农”业务支行的利润考核和薪酬提取比例都高出城市业务支行 1~2 个百分点。为激励对农户的贷款管理，把农户贷款利息收入的 20%直接奖励给客户经理，且上不封顶、下不保底。重庆农商行还适当放宽了“三农”业务风险容忍度，“三农”业务支行新增农户贷款的不良率和迁徙率分别预设 3%和 5%。

通过内部架构与激励机制创新，涉农金融机构开展“三农”业务的成效明显。截至 2016 年年末，重庆的涉农信贷余额为 4 676.89 亿元，已经连续 7 年实现了银监会考核目标；重庆的农村基础金融服务覆盖率已经达到 97.05%，比上年提升 6.06 个百分点；重庆的 18 个贫困区县的扶贫信贷余额为 3 488.29 亿元，比全市信贷平均增幅高 5.76 个百分点。重庆农商行截至 2015 年年末的涉农贷款余额为 1 206.36 亿元，比上年增加 90.99 亿元，增幅为 8.16%。

（4）农村金融服务和产品创新

为适应目前多元化的农村经营主体的金融需求，主要涉农金融机构还创新了多种金融产品和服务。

①农村金融产品的创新

重庆农商行推出的涉农信贷产品有四五十种，基本覆盖了农村各类市场主体的需求。比如创新的“三农”信贷产品，推出的“光伏扶贫贷款”，有金额 3 万~5 万元的农户小额贷款，也有金额 50 万元的农村专业大户贷款，既包括信用贷款，也包括保证贷款和各类抵质押信贷产品。农业银行还研发创新了农民工创业贷款、农产品存货抵押贷款、农村种养大户贷款和农民专业合作社贷款等约 20 种“三农”特色的金融产品。

②农村金融服务的创新

重庆农商行积极构建了“四位一体”的全方位服务体系，要求乡镇设立营业网点、村级设有自助服务点、边远山村也要配备 ATM 和 POS 机、手机银行服务覆盖城乡。截至 2015 年年末，该行在 44 家支行、1 773 个分支机构的基础上，一方面在农村偏远地区设立农村“便民金融自助服务点”692 个，设立 24 小时自助银行服务中心 138 个，自助设备增至 4 456 台，设备与网点配比率达2.51∶1。另一方面，加快网点转型，科学划分功能分区，设立客户等待区、VIP 客服中心、电子银行体验区、自助服务区和休息区等，不断提升客户满意度。截至 2015 年年末，该行已转型网点 403 个，其网点单产产能及服务营销能力大幅提升。截至 2015 年 12 月末，该行电子渠道客户总数达 573.95 万户，比年初增长 59.27%；该年累计财务交易笔数达 11 840.79 万笔，是上一年同期的 1.42 倍；该年累计交易金额达 22 441.70 亿元，是上一年同期的 1.31 倍。电子银行财务交易替代率快速增长，替代率达 84.22%，较年初增长 2.66 个百分点。农业银行重庆分行则投入 2 000 多万元购置 7 000 余台“惠农通”信息机，它们在乡镇便利店配置了惠农通的服务点，因此农户既可存取小额现金，也可持农行卡进行消费。

（5）新型的农村金融组织有所发展

为推进新型的农村金融组织发展，重庆确定以发展村镇银行为重点，并实施“结构多元化且向贫困地区倾斜”，向渝东南以及库区等两翼地区倾斜。2016 年年末，由上海浦东发展银行发起设立的重庆铜梁浦发村镇银行股份有限公司获准筹建，标志村镇银行在重庆市所有区县实现了全覆盖。截至2016年年末，全市已设立村镇银行38家、村镇银行支行及分理处65家，在中西部地区率先完成村镇银行设立规划，成为全国实现村镇银行县域全覆盖的10个省（市）之一。目前，全市小额贷款公司已经达到了274家，其中主城区以外的小额贷款公司125家，实现了区县全覆盖。

（6）涉农担保机构发展迅速

目前其融资性担保机构目前已达132家，且注册资本已经达到348.96亿元，截至2016年年末，行业在保余额为2 697亿元，同比增长31.8%。其中，11家系统重要性融资担保机构在保余额为2 269.3亿元，占全行业的84.2%；国有担保在保余额为1 995.6亿元，占比为74%；小微和“三农”在保余额分别为880.9亿元和167.6亿元；担保放大倍数11.6倍，其中，融资担保放大倍数7.5倍；净资产收益率为6.2%，全年代偿率为1.91%，拨备覆盖率为267%。重庆农业担保公司是重庆农委控股的国有专业涉农服务机构。以其所担保的贷款为例，大约40%企业担保物得到银行认可，而生物资产以及专利技术均得不到认可，但有了农业担保公司的介入，就大大缓解了农户和涉农企业因抵押质押物原因而融资难的问题。

5.1.2.2 主要涉农金融机构支持城乡统筹发展的具体情况

（1）银行支持城乡统筹发展的具体情况

①重庆农商行

自2016年以来，重庆农商行大力扶持农村新型生产经营主体，截至2016年9月底，实现农村各类新型生产经营主体贷款余额143亿元，同比增长20%，增强了农村经济发展活力，有效促进了农业现代化发展。一是支持家庭类经营主体，帮助5 600户种粮、养殖等专业大户扩大生产规模，提升专业化水平，贷款余额达58亿元。二是支持合作经营类主体，助推专业合作社打造特色农业品牌，贷款余额达3亿元。三是支持企业经营类主体，扶持387家农业产业化企业成长壮大，贷款余额达82亿元。

②农发行重庆市分行

2016年以来，农发行重庆市分行坚决贯彻脱贫攻坚重点任务，截至2016年12月末，实现贫困区县各项贷款余额为425.09亿元，比年初增加了186.28亿元，高于全行贷款平均增幅48个百分点，并在重庆市的金融系统第一个成立扶贫业务处，把扶贫金融服务机构第一个延伸到贫困区县，第一个发放了易地扶贫搬迁贷款以及专项建设基金，第一个制定政策金融扶贫五年规划，第一个成立省级金融扶贫示范区，并要求实现贫困区县贷款高于历史、高于全行、高于同业的“三个高于”目标。

③中行重庆市分行

自2016年以来，中国银行重庆市分行积极探索金融扶贫新模式。一是依托金融产品创新，为特色产业做大做强上保险。如联合忠县柑橘行业协会探索“公司+基地+农户”的柑橘产业发展模式，设计针对性金融创新产品，支持村民以土地参股果园企业。二是依托银企业务合作，为贫困人口扩大就业上保险，为30多家贫困区县企业提供授信扶持超亿元。三是依托网点渠道优势，为农产品打开销路上保险。如通过秀山政府向500家农户采购了近60万枚土鸡蛋，开展“进社区”等金融活动。

④村镇银行

截至2016年年末，38家村镇银行的民间资本占比达77.5%，共拥有存款余额196.43亿元、贷款余额181.13亿元，已累计为6.61万农村中小客户提供了基础服务。其中，涉农和小微贷款占比超过90%。

（2）保险公司支持城乡统筹发展的具体情况

①人保财险重庆市公司

2016年12月，人保财险重庆市分公司与新湖期货有限公司联合试点玉米期货价格保险，已成功签订首笔保单，共计承保玉米300吨。试点旨在推广“农产品价格保险+农产品期货对接”的经营模式，利用期货市场分散保险机构农产品价格保险经营风险，有效分散农业经营主体市场风险，提升其风险抵抗能力和生产能力，有助于农业产业规模化、集约化发展。

2017年2月7日，人保财险重庆市公司首笔麻竹降雨指数保险在荣昌区落地，人保财险重庆市公司为农业发展有限公司共计提供600亩麻竹风险保障。麻竹降雨指数保险是人保财险重庆市分公司2017年创新农险产品推出的首个新产品。产品以麻竹为保险标的，根据当地气象局发布的干旱天气指数，当达到一定等级的干旱程度时，保险公司将按保险金额的一定比例予以赔付，有效解决了荣昌区麻竹产业无保险产品的问题。

②安诚保险

2016年8月以来，安诚保险启动了“土地承包经营权流转租金履约保险”试点，对江津现代农业园区内农户向企业流转土地经营权的所得租金实行履约保证保险。截至2016年11月底，试点已实现投保企业13家，提供风险保障约525万元；除此之外，还在逐步完善资料的21家企业，估计被纳入风险保障的土地总规模达5万亩，涉及的保险金额约4 000万元，涉及的农户超过1.5万户。“土地承包经营权流转租金履约保险”试点是我国第一个农村普惠型保险试点，且安诚保险公司也将此定为非盈利性质，以及支持“三农”发展的项目。

5.2 现代农业项目和新农村建设的融资：融资主体创新

为推进城乡市场体制一体化，促进土地、劳动力、资本、技术等要素在城乡之间自由流动和优化配置。成都改革创新投融资体制，通过整合政府可支配资源和资产，成立了有关工业发展、现代农业、城市建设以及小城镇建设方面的投融资平台公司，以便充当对接市场的有效投融资主体，并用政府资金去带动社会投资，广泛吸纳民间资金参与到城乡建设之中，形成多元化的市场投入机制。比如通过“资源置换资金，项目锁定资源”，采取 BT 和 BOT 等模式为城乡基础设施和农民集中安置社区等项目融入建设资金；采取规划和实施特许经营权等市场化配置方式，盘活公共设施、城市土地和历史文化等资源，为城乡统筹挖掘资金来源。大力开展农村土地综合整治，以农村新型社区以及农民集中居住区为载体，达到城镇化建设和集约节约用地“双赢”的效果。

城乡统筹发展，更需要推进新农村建设、现代农业项目和小城镇建设等，而这些项目具有非排他性的公共特点。因此，政府往往需要承担起建设的主要责任。而政府的财政资金有限，所以，提高有限资金的使用效果，改变使用方式有其必要性。于是，成都采取了整合使用原有财政支农资金、其他涉农政策资金，通过贷款贴息、入股注资、直接贷款、担保贷款和委托贷款等方式，引导金融资源和民间资本参与进来的方法。为此，按照“政府引导、市场化运作”模式，成都在市县两级成立了一些政策性涉农投融资公司，如现代农业发展投资公司、小城镇建设投资公司等。

5.2.1 成都市现代农业发展投资有限公司

5.2.1.1 公司概况及运行机制

（1）公司概况

①成立背景和主要职责

为建立市场化的农村及农业资源配置机制，改进投入方式，创新投入机制，在财政增加对农业投入的同时，引导金融资金和社会资本向农村发展和现代农业集聚，为农业发展搭建投融资平台，成都市政府将原成都中际实业有限公司改为成都现代农业发展投资有限公司。成都市现代农业发展投资有限公司于2007年3月筹建，6月12日完成工商登记注册，公司注册资本3亿元，是成都市国有独资的政策性投资公司。成都市整合打捆各类财政支农资金以及土地出让收益，2007年公司成立之时，注入项目资本金6亿元，按规定以后每年新增注入资金应不低于10%的增幅。

公司主要负责：投资现代农业发展的项目和促进土地规模经营的项目，参与农村土地整理，为政策性农业信贷担保和农业保险提供服务，促进各类金融机构为农村和农业发展开展金融服务，把金融资金和社会资金引导和集聚投入到农业产业化项目。其具体的经营范围有：土地整理和土地开发投资；现代农业项目投资；投资管理和物业管理；投融资项目担保等。

②公司投资和参股情况

公司有3家下辖的全资子公司——成都中际投资有限公司、成都市现代农业融资担保有限公司、成都市天府源品牌营销策划有限公司；两家控股的子公司——成都市农村产权收储有限公司和成都市农村产权流转融资担保股份有限公司；9家参股公司——成都农村产权交易所有限责任公司、锦泰财产保险股份有限公司、成都农商银行股份有限公司、成都市金控小额贷款股份有限公司、大邑县农村产权流转担保有限公司、中垦融资租赁股份有限公司、成都濛阳农副产品综合批发交易市场有限责任公司、成都市蒲江惠农融资担保有限责任公司、邛崃市惠民农村产权流转担保有限公司。其中，成都市现代农业担保有限公司注册资本3亿元（现注册资本金已达10亿元），经营范围为融资担保及担保服务，技能培训，经济信息咨询。成都农村产权流转担保股份公司的注册资本为3亿元，在全域成都范围内，对入股、租赁和转让等方式所进行的林权和土地承包经营权等流转行为，提供的非融资性担保服务；对利用农村房屋、宅基地和农民新居工程等进行的抵押融资提供融资担保服务；对用农村各类权证质押提供融资担保服务；对新农村建设的贷款提供融资担保服务；对其他担保机构提供再担保、对农民进城自主创业的小额贷款和乡镇企业贷款等提供融资担保服务。

（2）运行机制

公司将市场性项目与政策性项目分开操作。政策性项目仅限于对农业企业的贴息和奖励，这部分资金来源也是财政支农资金中原计划用于贴息和奖励的部分；其他项目公司均是采取市场化手段。基本上不投不产生效益的项目，即使是基建项目，政府也会通过配置土地资源、3~5年后BT方式兜底等途径予以平衡。公司通过借款融入资金，而后通过委托贷款形式融出，造成借款主体和用款主体不一致，但各银行还是愿意给公司提供授信。因不考核利润指标，基本上银行给公司多少利率，公司就给企业相同水平的利率。公司利润来源主要是股权投资收益（当地大型的农业项目、农业物流项目、参股农村金融服务机构等）、担保费用收入和土地综合整治收益。在资金使用方面，成都农发投与银行一样要求严格，除了出台专门的投资项目资金管理办法外，也采取受托支付的方式控制资金流。同时，为规避投资风险，公司仿照银行“提拨备”的方式设置了相应的风险准备金，对公司的投资损失予以核销。

（3）融资方式

为改变政府传统的投资农业方式，成都农发投公司实行了“改拨为投”方式，企图以市场机制取代行政分配，并借以启动社会资本和金融资金对现代农业的投入，使那些能流转土地、经济前景好和带动农民多的项目，可以融入所需资金。鉴于此，农发投公司积极扩大和金融机构的合作，推进银团拓展和支持对现代农业的信贷投入，并引导社会资本投入农业产业化。如在2007年6月29日公司成立之时，公司就与农行四川省分行营业部、建行四川省分行等六家银行签订了融资合作协议，金额高达119亿元，这些资金全部用来支持全域成都的现代农业项目。与此同时，社会资金也纷纷跟进。比如首批投入的31个项目的30亿元中，有15.7亿元的社会资金。

可见，农发投公司通过市场机制取得了财政资金的放大效果，区县的农发投公司得到市级农发投公司投资后，能够实现二次放大，最后能形成几何级的增长效应。市级农发投公司实现第一次放大，银行能发放的贷款金额是担保资金的5~8倍。区县农发投公司实现第二次放大，市级农发投公司给每个区县农发投公司的资金支持是2亿元，区县农发投公司可发放给项目和企业，也可作为担保资金从而取得更多的资金投入农业。

（4）投资方式

农发投公司为充分发挥投融资平台作用，依据《成都市现代农业发展规划》，在2009年制定并发布了《成都市现代农业发展投资指南》（成农办〔2009〕155号）。其中指出，投资方式以项目为载体，支持主体为农民专合组织、农业产业化龙头企业、家庭农庄以及专业大户等。投资方式有以下几种：

①通过委托贷款、担保贷款和直接投资给予资金支持

依据业主在《现代农业投资指南》范围内的重点产业和区域，发展标准化、规模化和品牌化的现代农业综合示范片或基地，开展动植物新品种和良种选育等，结合市农发投公司的资金安排和业主状况，给予市场化的资金支持方式，比如委托贷款、担保贷款或者直接投资。若发展前景好且项目投资大，而业主实力又较弱，市农发投公司则为其融资提供担保服务；再经银行配合，公

司对有质押物的企业和投资者提供担保贷款；依据业主的意愿，对一些项目也可进行不超过投资总额49%的参股，即“参股不控股”。

②贴息和补贴

为鼓励创品牌和提升农产品品质，依据获得的不同级别品牌认证给予不同数额的奖励，比如新获得像“中国驰名商标”“中国名牌产品”国家级的品牌，一次性予以20万元补贴；新获得像“地理标志产品保护”和省级著名商标的，一次性予以10万元补贴；对新获得像绿色食品认证、欧盟良好农业规范认证和中国良好农业规范认证的，一次性给予3万元、4万元和4万元的补贴。对业主先期投入大和产品市场发展潜力大，又需要给予重点支持的农业产业化龙头企业和农业产业项目，可以给予贷款贴息，支持比例为30%~50%，时间为1~3年。

③季节性的收购资金

每当农产品集中上市时节，按照《成都市现代农业投资有限公司短期流动资金管理办法》规定，急需收购资金且符合条件的业主，能够申报资金支持。

（5）风险管理

作为国有独资的政策性公司——农发投公司，以其身份参与到市场运作，为项目提供贷款和担保，承担着较大市场风险。为此，公司针对项目资金的发放和管理，制定出了系列的监管制度。公司在2007年6月11日召开了第一次投资项目评审会，通过了包括《投资备选项目暂行办法》《投资项目评审委员会审批操作规程》和《投资项目委托贷款管理暂行办法》等规定办法。依据这些办法，公司采用了项目经理负责制，设立若干项目小组，调查和评估各区县上报的项目。操作程序是：公司部门受理初审项目—公司各部门会审—评审委员会最终审批。评审要求每个委员都需签写《项目申报评审表》，并写明同意、续议或否决意见，在此基础上最终形成项目的评审结论。评审委员会主任还有“一票否决权”。针对评审委员会评审同意的项目，公司则就组织实施和负责有关贷后管理工作。在2007年6月11日的投资项目评审会上，市农发投公司对216个项目进行筛选、考察以及评估，挑选出36个储备项目，最终确定31个上报审查项目。各区县的农发投公司也很谨慎地使用资金，比如金堂县的农发投公司设立了严格的程序认定项目，程序包括去公司考察、专家组的评审、董事会的讨论以及县农发产业化领导小组的审核等，经这些程序后方可执行。

(6) 项目运作：市和区县两级共建合作机制

市农发投公司和各区县的农发投公司主要表现为合作关系，如首批31个项目中的气调库项目，就是市农发投公司、相应区县农发投公司以及业主三方合作进行的，44%左右的股份是市农发投公司的、4%～5%的股份是区县农发投公司的，业主则占有51%的股份。再比如31个项目中唯一以县级农发投公司作为业主，实施建设的大邑县标准化蘑菇房项目，就是公司自己开发标准化蘑菇房，由市农发投公司对其提供信用担保，向金融机构申请贷款16 800万元，该公司自筹资金为10 990万元，总投资额度为27 790万元。该项目还享受到了市农发投公司以及大邑县财政的共同贴息，依据建设期每年利息各补贴50%，要求在两年半内偿还借款。

5.2.1.2 公司投融资实践

公司资金来源主要有财政整合打捆的各类支农资金、土地出让收益和从银行融入的资金。下面对公司成立以来的投融资实践做一分析（见表5-3）。

表5-3 2007—2016年成都市现代农业发展投资公司投融资实践

年度	财政注资/亿元	投资总额/亿元	信贷融资/亿元	担保放大/亿元	社会资金/亿元	发放奖补贴息/亿元	推进项目/个
2007[a]	6.00	30.00	—	—	—	—	31
2008[b]	16.52	122.8	58.18	—	64.63	—	359
2009	7.01	92.00	—	—	—	—	—
2010	7.98	—	—	—	22.5	—	173
2011	8.78	—	—	—	54.13	—	—
2012（1—10月）	—	93.66	8.42	12.17	73.07	—	166
2013	6	—	—	—	18.90	—	202
2014（1—10月）	—	23.75	2.43	20.64	—	0.673 7	257
2015	61.00[c]	96.17	10.03	16.51	69.63	0.66	256
2016（1—10月）	—	180.00	41.27	—	—	—	—

资料来源：根据成都市现代农业发展投资公司官方网站及公司年度工作总结整理。

在表5-3中，a指2007年6月，公司成立之初的31个项目，以及其总投资30亿元；b指截至2008年6月，市农发投共实施项目359个，自2007年市财政承诺向市农发投注入6亿元资本金（每年按10%增长）以来，目前到位16.52亿元，各类授信总额为153.3亿元，当时已经发放了58.18亿元的贷款

（已经回收7.77亿元），对社会资本的引导是64.63亿元，实际总投资达122.8亿元；c指截至当时的财政总注入资金。

（1）财政注入资金

2007年市级财政注入资本金6亿元，支持现代农业投资公司的组建；2008年注入财政性资金和落实农业综合开发、农业产业发展资金6.738 7亿元；2009年注入项目资本金7.01亿元；2010年注入项目资本金7.98亿元；2011年注入项目资本金8.78亿元；2013年注入项目资本金6亿元。截至2015年，财政总注入资金61亿元。

（2）投融资实践及其效果

为有效利用资金，成都制定并出台了全国第一本《现代农业发展投资指南》（以下简称《指南》）。2007年6月，公司在开业之时，与多家银行签订合作协议并一次性得到授信额度119亿元，根据《指南》第一批31个产业化项目得到了实质性的支持。采用委托贷款、贴息以及参股方式，这31个项目总投资大约30亿元，公司投资14.7亿元，黏合和带动金融、社会投资15.3亿元，发挥了财政资金的撬动作用。此次的31个现代农业项目，共涉及三个圈层的13个区县，如按照投资方式划分，包括了1个贷款贴息项目，1个信誉担保项目，8个委托贷款项目，20个贷款担保项目，35万亩的土地流转项目。

公司自2007年市财政承诺向市农发投注入6亿元资本金（每年按10%增长）以来，截至2008年6月，16.52亿元注入到位，各类授信总额为153.3亿元，已经发放了58.18亿元（已经回收7.77亿元），对社会资本的引导是64.63亿元，实际总投资达122.8亿元，共实施项目359个。

2009年，公司集聚金融和社会资本，向经评审通过的81个项目注入资金92亿元，启动实施624个农业重大项目，加大对新增的生猪、茶叶、猕猴桃、食用菌等29个标准化、规模化生产示范基地和14个区（市）县粮食丰产示范工程的投入，保障41座病险水库除险加固、1 133处农村安全饮水工程等设施建设，在14个区（市）县推广水稻、玉米、油菜、生猪、能繁母猪、奶牛等政策性农业保险，继续支持农民专业合作组织建设和标准化基层农业综合服务站建设等。

2010年，公司集聚社会资本向173个项目注入资金22.5亿元。

2011年，财政注入8.78亿元，带动社会资金54.13亿元。

2012年1—10月，公司项目总投资93.66亿元，实际推进项目166个。且截至当时，公司已累计利用到位财政资金37亿元，推进实施项目1 077个，项目实际总投入392.46亿元，其中：公司利用融资投入115.92亿元，担保放大

59.65 亿元，撬动社会资金投入 216.89 亿元，在一定程度上解决了发展都市现代农业的资金瓶颈，为促进成都市农业现代化做出了应有的贡献。

2013 年，财政注入项目资本金 6 亿元，带动社会资本 18.9 亿元，推进项目 202 个。

2014 年 1—10 月，公司已实施项目 257 个，总投资 23.75 亿元，其中：利用融资投入 2.43 亿元，担保投入 20.64 亿元，发放奖补贴息 6 737 万元。

2015 年，公司以委托贷款、贷款担保、政策性农业保险、奖补贴息等方式，放大财政支农资金，提高财政资金使用效率。全年共实施项目 256 个，总投资 96.17 亿元。其中，利用委托、直投方式投入 10.03 亿元，担保投入 16.51 亿元，引导社会资金投入 69.63 亿元；截至 2015 年年底，累计推进项目 1 104 个，总投资 489.49 亿元。其中，公司利用委贷、直投方式投入 143 亿元，担保投入 132.05 亿元，引导社会资金投入 214.44 亿元，财政项目资本金杠杆比达 1∶8。

2016 年 1—10 月，完成总投资 180 亿元，融资 41.27 亿元，在保余额 18.5 亿元，评审项目 304 个，评审金额 52 亿元。此外，还发放了 2015 年龙泉山脉生态植被恢复项目补助资金 2 162.34 万元。

5.2.1.3 公司部分投资项目展示

公司自成立以来，通过委托贷款、担保、直接投资等方式，带动信贷资金、社会资本的参与，在成都市现代农业发展和农村建设等方面，发挥了重要作用。具体情况见表 5-4。

表 5-4 2007—2016 年成都市现代农业发展投资公司部分投资项目

时间	投资项目	投资金额/万元	受益村镇	备注
2007-9-21	崇州道明镇红旗村 61 亩种猪养殖场	600	崇州道明镇红旗村	市农发投公司及下属子公司中际投资公司与扶贫企业
2012-3-27	中食成都公司 1 200 吨中央储备轮出猪肉收购	1 500	—	市农发投公司向中食成都公司提供流动资金专项贷款
2012-4-25	蒲江县农用地综合整理	9 600	蒲江县	下属市产权担保公司、市农业担保公司联合担保的蒲江县农用地综合整理项目获农商行贷款支持

表5-4(续)

时间	投资项目	投资金额/万元	受益村镇	备注
2012-5-16	新都首宗农村土地承包经营权抵押贷款	200	新都首宗	下属市农担公司担保，利用《农村土地经营权证》、库存川芎和农房进行组合抵押，在成都农商银行融资
2012-8-3	新津县粮油企业专项贷款	8 000	新津县	市农发投公司 2012 年 8 月 2 日公司内审会审议通过了新津县兴福粮油、中兴粮油、花中花粮油公司 8 000 万元专项委托资金贷款项目
2008 至 2012-8-8	市农发投公司创新反担保模式扶持四川三甲农业科技股份有限公司天交所上市	1 974	—	2008 年至今，市农发投公司通过"土地厂房预抵押+股东信用反担保+第三方林权担保"等创新反担保模式，为四川三甲农业科技股份有限公司累计提供贷款担保 1 974 万元
2012-8-9	成都市现代农业发展	70 500	—	公司利用融资直接投资 6.6 亿元，引导集聚社会参与资金 0.45 亿元
2012-8-24	三甲农业科技公司 600 万元猕猴桃收购流动资金贷款	600	—	直投
2012-11-19	市产权担保公司扶持的有机农场建设	5 850	—	下属市产权担保公司对成都翔生大地农业科技有限公司实施的有机农场建设项目给予了 5 850 万元的贷款担保扶持
2012-11-21	市产权担公司为中新公司与农户的土地流转行为进行担保	1 854	—	市产权担公司已连续三年为中新公司和蒲江县复兴乡、西来镇的 2 715 户农户的土地流转行为进行了行为担保，并成功完成了两次流转费的垫付，累计金额为 1 845 万元

表5-4(续)

时间	投资项目	投资金额/万元	受益村镇	备注
2012-12-17	市农担公司客户企业四川种都种业有限责任公司、成都三友生物工程有限公司等两家企业荣获2012年第二批四川省战略性新兴产业发展专项资金	3 900	—	市农担公自2011年起为种都种业累计提供贷款担保2 100万元；自2008年起为三友生物的关联企业三友制药累计提供贷款担保1 800万元
2012-12-24	中国川菜产业园区配套安置房建设	9 000	—	市农发投公司下属市产权担保公司联合市农担公司等共同为成都蜀都川菜产业投资发展有限公司实施的中国川菜产业园区配套安置房建设项目提供9 000万元贷款担保支持
2013-2-25	市农发投公司下属市产权担保公司为成都和盛福洪投资有限公司实施的青白江福洪乡新农村综合体建设项目	5 000	—	市农发投公司下属市产权担保公司为成都和盛福洪投资有限公司实施的青白江福洪乡新农村综合体建设项目提供5 000万元贷款担保支持
2013-3-25	"喜玛高科"良种培育	200	—	公司审议通过并为"喜玛高科公司马铃薯脱毒原种基地项目"提供流动资金贷款200万元
2013-4-17	市农发投公司客户企业拟建2 000亩生猪养殖基地	8 000	—	自2011年起，市农担公司累计为四川川娇农牧科技股份有限公司提供流动资金贷款担保达8 000万元
2013-5-9	市农发投公司通过东平、金利公司1 800万元冻储猪肉收购风险流贷	1 800	—	5月9日市农发投公司内审会审议通过向东平食品公司、金利实业公司分别提供1 200万元和600万元流动资金专项贷款，用于收购成都周边生猪作为中央储备冻储猪肉

表5-4(续)

时间	投资项目	投资金额/万元	受益村镇	备注
2013-5-22	市农担公司创新反担保措施支持农企发展和农民增收	1 000	—	市农担公司创新反担保措施，通过银杏采叶苗为抵押物为成都长森林业开发有限公司提供全额责任担保，从成都农商行大邑支行获得贷款 1 000 万元
2013-6-2	市产权担保公司积极扶持我市全国种粮售粮大户	150	—	下属市产权担保公司给予全国种粮售粮大户易华强和黄启华合计 150 万元的贷款担保支持
2013-8-30	3 个猕猴桃收购流动资金贷款项目及 1 个调味品原材料收购流动资金贷款项目	10 883	—	项目总投资 10 883 万元，其中公司利用融资直接发放委托贷款 1 950 万元，引导集聚社会参与资金 8 933万元
2013-11-4	市农发投下属市农担公司创新抵质押措施为企业提供流动资金贷款担保	1 500	—	市农发投下属市农担公司大胆创新抵质押措施，以“丹丹”商标作为反担保物，为丹丹公司提供 1 500 万元流动资金贷款担保
2013-12-10	市农发投下属市农担公司客户企业实现外资入股	4 200	—	自 2008 年起，市农发投公司下属市农担公司累计为其提供贷款担保扶持达 4 200 万元
2013-12-16	发明专利作押品	1 500	—	市农发投下属市农担公司以畜科公司拥有的一项“饲料生产工艺”，配合其他抵质押措施作为反担保物，并由国家知识产权局专利局成都代办处办理质押登记。为畜科公司提供 1 500 万元流动资金贷款担保

表5-4(续)

时间	投资项目	投资金额/万元	受益村镇	备注
2014-4-18	市农担公司扶持泡菜企业向农业产业化转变	2 800	—	市农担公司召开担保项目评审会，决定为四川民福记食品有限公司（以下简称“民福记公司”）提供2 800万元流动资金贷款担保
2014-10-8	农村土地综合整治	5 000	—	下属市农村产权流转融资担保股份有限公司通过创新集体建设用地指标抵押，为该项目提供了5 000万元贷款担保
2014-10-9	市产担公司与龙泉驿稠州村镇银行合作为农户创业提供融资支持	522	龙泉驿	市产权担保公司通过创新担保方式，采取农户四户联保、农村房屋抵押、安置房协议抵押等措施，为龙泉驿区13户农户的自主创业提供了总额为522万元的担保贷款
2014-12-9	家庭农场发展循环生态农业	40	—	下属控股子公司——成都市农村产权流转融资担保股份有限公司为金堂县佳荣家庭农场提供40万元贷款担保
2015-1-20	幸福美丽新村建设	7 000	金堂县赵家镇平水桥	成都农发投下属市农产担公司为金堂县赵家镇平水桥村幸福美丽新村7 000万元贷款担保项目
2015-8-20	新型农业经营主体发展	4 436	—	截至7月底，市农发投公司已累计支持各类新型农业经营主体120余个，扶持金额达4 436万余元，引导社会资本投入达9 707万余元，单个新型农业经营主体平均投资强度达37.28万元

表5-4(续)

时间	投资项目	投资金额/万元	受益村镇	备注
2016-3-24	市农发投公司下属市产权担保公司向金堂县三溪顺意生猪专业合作社提供产权担保贷款	30	—	市农发投公司下属市产权担保公司利用农业生产设施所有权（生猪养殖设施）抵押，向金堂县三溪顺意生猪专业合作社提供30万元担保贷款支持
2016-7-15	市农产担创新支持美丽新村建设完成全市首例“持证准用”建设用地指标融资担保	1 260	—	市农产担公司为成都市翔达土地整理有限公司提供担保贷款1 260万元，完成我市首例以“持证准用”建设用地指标交易权进行融资，为我市开展幸福美丽新村建设提供融资担保支持
2016-7-18	“100万亩菜粮基地高标准农田建设项目”	—	—	该项目总投资估算52亿元，由中际公司向农发行四川省分行进行融资，计划用3年实施100万亩菜粮基地高标准农田建设
2016-8-4	市农发投公司直接投资3亿元助力成都市优先发展重点城镇建设	30 000	—	直接投资
2016-8-25	金堂县五凤镇“贺麟故居纪念馆”的升级改造	900	—	市农担公司为成都麟凤耕读文化有限公司发放贷款担保900万元
2016-9-12	扶持简阳市新型农业经营主体	45	—	简阳市付超家庭农场45万元贷款担保项目获批通过，在市农发投公司统一领导部署下，下属市产担公司多措并举在简阳市开展金融服务工作

资料来源：根据成都市农业发展投资公司官网资料整理。

5.2.2 成都市小城镇投资有限公司

5.2.2.1 成立背景和主要职责

成都市小城镇投资有限公司，注册资本金为1亿元，为成都市属国有独资公司。2009 年 4 月正式整体并入成都市兴城投资有限公司。公司深入贯彻落实市委城乡统筹发展战略，积极投入全市新农村和新型城镇化建设，努力成为全市城乡统筹改革的先锋和主力，负责带动和集聚信贷资源以及社会资本投入到小城镇建设中，参与到小城镇的综合开发。公司主要负责有关小城镇建设经营和综合开发、小城镇建设投资和融资、小城镇土地开发整理等等。

成都市城乡统筹典型创新之一，即村级公共服务和社会管理涉及的农村基建项目融资，就是通过小城镇投资公司。

5.2.2.2 村级公共服务和社会管理融资项目

（1）村级公共服务和社会管理项目

①出台背景及政策目标

成都城乡统筹改革的重要任务之一是促进城乡基本公共服务均等化，以村（社区）为载体，构建城乡统一的公共服务制度。为此，2008 年 11 月成都出台了《关于深化城乡统筹进一步提高村级公共服务和社会管理水平的意见》，要求从农民生产生活方式转变、公共财政投入的保障、民主公共服务管理机制和管理队伍等几个方面着手，提高村级公共服务和社会管理水平。要求到 2020 年，实现城乡基本公共服务的均等化，建成城乡统一的公共服务制度。2015 年出台的《关于进一步深化村级公共服务和社会管理改革的意见》，以规范该专项资金的使用范围和项目选择。成都在 2009 年率先在全国启动了这项改革，并且把村级公共服务以及社会管理经费都纳入财政预算中，还建立了持续增长的机制。

②村级公共服务和社会管理的内容

成都结合农村公共服务与社会管理的现状，设置了以下七个方面的内容（见表 5-5）。

表 5-5 村级公共服务和社会管理的内容

类别	具体内容
文化类	广播电视村村通、电影放映服务、报刊图书阅览服务、文化活动、农民体育健身、文艺演出和展览服务等
教育类	农村义务教育、农村高中阶段教育、农村学前教育、农村特殊教育、农村职业教育、农村成人教育等
医疗卫生类	农村居民基本医疗保险、农村医疗救助、农村基本医疗卫生服务、卫生防疫、农村药品配送和监管、农村妇幼保健、农村计划生育等

表5-5(续)

类别	具体内容
就业和社会保障类	农村就业服务和就业援助、农村社会养老保险、农村最低生活保障、农村五保供养、农村受灾群众救助、农村优抚、农村社会福利和慈善、农村老龄服务、农村残疾服务等
农村基础设施和环境建设类	农村道路、水利、供水、供电、供气、通信、互联网等基础设施建设和维护，农村沼气池建设、农村垃圾和污水集中处理、农村客运、农村邮政、园林绿化等
农业生产服务类	农业科技推广、动植物疾病防控、农产品流通、农用身缠资料供应、农业信息化、种养业良种服务、农业资源与生态保护、农村扶贫开发、农村防灾减灾、农村金融服务等
社会管理类	纠纷调解、农村警务、农村治保、法律咨询、法律援助、代办村民事务、政策宣传、农村食品安全防控、农村土地和规划管理、农村建构筑物建设管理、农村安全生产监督管理、环境卫生管理等

③经费保障机制

为了保障村级公共服务和社会管理的经费，要求成都市及各区（县、县级市）政府都要把社会管理和村级基本公共服务的经费纳入本级财政预算之中，并据经济和社会发展水平情况，制定出投入村级公共服务以及社会管理的最低标准。还要求市县两级财政要以 2008 年投入经费额度为基数，每个村（涉农社区）每年所得专项资金不少于 20 万元。2011 年改为每个村（涉农社区）每年村级专项资金安排不少于 25 万元，并把过去受益对象“村（涉农社区）户籍人口”改为了“村（涉农社区）常住人口”。2013 年，成都市将该专项资金提高到每个村（涉农社区）每年至少 40 万元。2017 年规模较大的村（涉农社区）该项专项资金的额度超过了 60 万元。中心城区的经费全由区财政安排，二圈层则按 5：5 的比例分别由市、区（市、县）财政安排，三圈层按 7：3 的比例由市、区（市、县）财政分别安排。且该项投入的增幅比同期财政经常性收入的增幅要高。成都把村级公共服务以及社会管理的经费纳入财政预算之中，并建立了一定的增长机制，这在全国是首例。

（2）村级公共服务和社会管理融资项目的相关要求

小城镇建设投资公司的组建目的就是要改变政府拨款方式，依靠市场化投资机制，使社会资本可持续地投入小城镇建设之中。成都有约 800 万的农村人口，大致为成都总人口的 2/3，因此村级公共品的需求极大。小城投公司作为市级的小城镇建设投融资平台，其主要负责的是解决城乡统筹中新农村和城镇化的投融资，把社会资金与金融机构的资金以贷款方式提供给那些需要公共品建设融资的村庄。而村级公共服务和社会管理融资项目是最典型的道路、水利等农村基础设施建设项目。

为了解决村级公共品供给中资金不足的问题。成都市统筹委在 2009 年 7 月，发布了《成都市公共服务和公共管理村级专项资金管理暂行办法》（成统筹〔2009〕59 号）和《成都市公共服务和公共管理村级融资建设项目管理办法》（成统筹〔2009〕60 号）。其内容为：每年市和区（县）两级财政共拨付给每个村（社区）村公共服务的专项资金不少于 20 万元（2011 年改为不少于 25 万元）；成统筹〔2009〕59 号文件中规定，该专项资金用在建设公共服务设施时，可向市小城投公司申请融资，而融资的偿还来源是各年度的村级专项资金。成统筹〔2009〕60 号文件中规定，若村级组织向小城投公司申请融资，则由市和区（县）财政每年安排的村级专项资金偿还本息。从投资的第一年起开始偿还本金，还款最长不超过 8 年。利息由村（社区）按照年利率 2%给付，其余利息则由市和区（县）两级财政按照 5∶5（近郊）和 7∶3（远郊）的比例补贴。在其第二十三条又提出，要建立项目信息的公开制度，并由市统筹委会与市小城投公司共建项目公开信息网，对资金使用、项目内容和进度、竣工决算等情况进行公示。2015 年 3 月出台的《成都市村级公共服务和社会管理专项资金管理办法》（2015 年修订），规定年度偿债额不得高于当年专项资金筹集额的 60%。同时出台的《成都市村级公共服务和社会管理融资建设项目管理办法》（2015 年修订），指出各村（社区）应在“成都市村级公共服务和社会管理优先项目”得到有效保障的前提下，以村为单位打捆申报融资，额度不超过该村（社区）当年村级专项资金 60%的 7 倍。投资本金从投资第一年度起偿还，每年投资本息偿还时间不得超过当年 10 月 30 日，还款期限根据融资放大倍数确定为 5~8 年（具体年限由市小城投公司根据项目资金贷款年限确定后报市统筹委备案）。村（社区）承担资金年利率 2%，其余部分利息由市、县两级财政补贴，其中，在途资金利息由市财政补贴，贷款利率与村（社区）承担利率的差额部分由市和区（县）两级财政补贴。

（3）融资项目的实践

该项目 2008 年下半年开始实施，截至 2009 年 4 月，公司已与金堂县、青白江区等 8 个区（市）县的 37 个镇（乡）的 78 个村签订了公共服务和社会管理村级融资建设项目投资合同 78 份，合同金额共计 11 398.41 万元（其中：融资总额 11 111.82 万元，融资额最多的村是 200 万元，最少的村是 52 万元，平均每个村 142.46 万元）。78 个村签订的融资项目建设均为基础设施投入。其中：公共服务和管理基础设施 75.7 万元，占比 0.66%；交通基础设施

8 158.5万元，占比 71.58%；水利基础设施 3 164.17 万元，占比 27.76%。78 个村与市小城投公司签订的 78 份合同中，金堂县的 50 个村签订的合同金额占合同总金额的 67.3%，其次为青白江区和蒲江县，分别占 11.95%和 10.58%。当时的融资项目主要还是集中在成都市的三圈层，这与三圈层原有的农村基础设施落后紧密相关。

截至 2012 年 6 月 30 日，全市 11 个区（市）县的 253 个村已启动融资建设项目 253 个，这些项目从小城投公司取得的融资总额为 5 181.83 万元，项目总投资额达 6 814.7 万元，而每年用于还款的市县两级财政村级公共服务资金为 1 225 万元，资金放大了 5.56 倍。从成都市审计部门抽查的 43 个村级融资项目看，完成的农村基础设施主要有：村组道路 181.47 千米、桥梁 1 座；提灌站改造 8 座、蓄水池 25 座、农用沟渠 4.3 千米、供水电力设施 1 处、综合文化广场 2 000 平方米。

2012 年和 2013 年新增融资项目 84 个，涉及 84 个村，融资总金额 12 657.49 万元，每年使用村级专项资金偿还 2 361.57 万元（以 2014 年为例），资金放大了 5.36 倍。

从成都市审计部门抽查的 345 个村（涉农社区）中有 38 个村涉及融资项目（其中 35 个村的 35 个项目已竣工）的情况看，截至 2013 年年末，实际完成投资额 4 820.86 万元，以村级专项资金累计还款 1 830.60 万元，极大地推动了农村基础设施和环境建设。项目的具体完成情况见表 5-5。

表 5-6 公共服务和社会管理村级融资建设项目及完成情况（截至 2013 年年末）

项目	交通基础设施		水利基础设施			
	道路/千米	桥梁/座	改造提灌站/座	沟渠/口	蓄水池/处	供水电力/处
数量	167.73	3	20	4.604 2	136	1
实际完成投资额/万元	3 811.7	17.2	94.6	642.76	220.6	34

资料来源：根据成都市审计部门资料整理。

5.2.2.3 公司推动城乡统筹发展的成效

公司成立以来，紧紧围绕成都市城乡统筹发展中的新农村和新型城镇化建设工作重点，积极投资实施农村新型社区、农村灾后重建、一般场镇改造、村级公共服务与社会管理的融资建设项目等，共累计完成了 75.5 亿元的投资额，投资覆盖全市 12 个区（市）县、50 多个乡镇。积极建设农村新型社区，实施农村新型社区项目 42 个，建成农民集中居住用房 334 万平方米，实现约 9 万农民入住新居，有力提升新农村建设水平，为农村灾后重建做出了积极贡献；着力实施一般场镇改造，完成重点镇、特色镇场镇建设改造项目 12 个，有力改善场镇面貌和人居环境，提升了市新型城镇化建设水平；积极推动村级公共服务和社会管理融资建设，实施村公项目 437 个，有力促进了城乡公共服务均衡化。目前，公司已成为成都市新农村和新型城镇化建设的排头兵和主力军，为促进我市农村面貌改善、农村经济繁荣发展和新型城镇化进程做出了积极贡献。

5.2.3 融资平台公司利用土地资源换城乡统筹所需资金

为推进城乡市场体制一体化，成都市改革创新投融资体制，整合政府可支配的资源要素和资产，先后组建了多家国有投资公司，搭建起有效对接市场的投融资平台。该类公司通常采取“项目锁定资源，资源置换资金”的办法，通过市场化运作融入资金。其中，开展农村土地综合整治，以土地换资金，是城乡统筹中较为普遍的融资模式。此处，介绍两例成都市早期通过土地换资金的实例，以说明利用土地资源为城乡统筹融资的机制。

5.2.3.1 案例 1：锦江区集体建设用地抵押融资项目（2011）

2011 年，农村集体建设用地使用权抵押直接贷款的企业 2 户，余额 8.08 亿元，一户是对成都市锦江城乡发展投资有限公司发放抵押贷款 8 亿元（具体做法：由锦江区 11 个村集体成立 11 家公司，由这 11 家公司发起成立成都市农锦集体资产经营管理有限责任公司，负责对锦江区的农村集体建设用地、农村土地承包经营权等进行整理开发。农锦公司委托成都市锦江城乡发展投资有限公司代为整理及经营锦江区农用地及集体建设用地。由农锦公司提供集体建设用地使用权作抵押物，成都市锦江城乡发展投资有限公司向成都农商银行贷款）。另一户是对成都东成安邦汽车销售服务有限公司发放抵押贷款 700 万元（具体做法：成都东成安邦汽车销售服务有限公司从成都市农锦集体资产经营管理有限责任公司购得集体建设用地使用权 16 亩，修建汽车销售 4S 店后，用该地块向成都农商银行抵押贷款）。具体情况如下：

（1）借款人基本情况

成都市锦江城乡发展投资有限公司（以下简称“锦江城乡公司”）2009 年 11 月与成都农商银行三圣支行建立信贷关系，该公司是根据锦江区委、区政府的部署，为了有效整合利用土地资源，引入民营资本，顺利实现区内剩余基础配套设施建设以及土地的深入开发，于 2009 年 8 月 19 日在成都市工商行政管理局注册成立的其他有限责任公司，注册资本为1亿元，实收资本为1亿元，注册地址成都市锦江区宏济新路5号SOHO商务港7楼2号；营业期限至永久。经营范围：农业项目投资、市政基础设施项目投资、旅游项目投资、文化产业项目投资、高新技术产业投资、房地产开发、土地整理、房屋及土木工程建筑、园林绿化工程施工（以上项目国家法律法规限制和禁止项目除外）。

（2）借款基本情况

①锦江城乡公司贷款3笔8亿元，其中3亿元期限为2009年11月10日—2014年11月8日，1亿元期限为2010年1月6日—2015年1月5日，以成都市农锦集体资产经营管理有限责任公司位于成都市锦江区“198”区域成龙街道办事处原棬子树村的333 335平方米（500亩）集体建设用地使用权［锦江集建用（2009）第2号，土地权证载明使用面积为2 831 880.02平方米，评估总价为6.5亿元，均价为130万元/亩］抵押4亿元；另4亿元期限为2010年4月20日—2015年4月19日，以成都市农锦集体资产经营管理有限责任公司位于成都市锦江区“198”区域潘家沟村3组、5组和江家堰6组的面积共473 335.70平方米（710亩）集体建设用地的使用权［锦江集建用（2009）第2号，评估总价为9.23亿元］作抵押。

上述8亿元具体用于锦江区“198”区域祝国寺片区城乡统筹项目的土地整理、农民新居工程建设、公建配套建设等，项目在锦江区“198”项目的总体立项下，根据相关要求，按计划、分步骤、视情况等具体分阶段实施。项目业主为成都市农锦集体资产经营管理有限责任公司，据该公司2009年9月22日第39次董事会会议经要记载：经集体研究决定，同意委托成都市锦江城乡发展投资有限公司代为统一整理及经营“198”区域农用地及集体建设用地。

②还款来源。上述申贷项目是锦江区198项目的子项目，其还款来源依赖于整个锦江区198项目的土地收益和锦江区政府为其配置的“117”范围的土地收益。

A. 锦江区“198”范围集体建设用地出让收入

锦江区“198”区域一共可置换出4 918.11亩集体建设用地，除去新型社区建设占地约500亩及综合开发项目占地约600亩，可出让面积约3 818.11亩。目前，已出让115亩，抵押1 450.28亩集体建设用地（其中：光大银行抵押670.28亩、市产权担抵押780亩），可供出让用地2 252.83亩。根据市场形势，结合实际可出让土地分批次出让，出让价格2008年80万元/亩计算，2009年130万元/亩（当时挂牌起始价为130万元/亩）计，预计至少可实现出让收入29亿元。

B. 配置“117”范围的土地出让收益

锦江区“117”范围配置国有建设用地有1 970亩（实测2 183亩），按照出地率70%计算，实际可出让土地约1 528亩，出让单价以400万元/亩测算，出让成本以120万元/亩预算，除去25%土地出让金，每亩净收益180万元，此项实现净收入27.5亿元。

5.2.3.2 案例2：郫县（现改名为郫都区）古城镇花牌村成立资产管理公司贷款实施土地综合整治项目（2011）

郫县花牌村在实施农村土地综合整治中，通过组建资产管理公司，以农村产权抵押担保融资，有效地解决了农民集体自主实施土地综合整治的资金难题。花牌村项目实施的具体情况：

花牌村位于郫县古城镇东南，总面积4 725.1亩，辖区内有14个农业合作社，总人口2 865人，总户数925户，农村集体建设用地739.8亩。该村土地综合整治项目于2010年1月立项，涉及所辖的14个农业合作社，808户、2 598人，预计节约431.2亩建设用地指标。一期项目共407户农户参加。

（1）组建资产管理公司

为解决土地综合整治的融资载体问题，经花牌村村民议事会讨论、发起，成立了“郫县花牌资产管理有限公司”（以下简称“花牌公司”）。14个社共出资139万元作为注册资本金。每个社推选产生一名股东代表，由14名股东代表组成股东会议，制定并通过公司章程，推选5人组成公司董事会、3人组成监事会。

（2）申请金融机构贷款

该土地综合整治项目总投资3.38亿元（含花牌村土地综合整治费用和挂钩地块费用），其中，由惠农公司（现改名为成都蜀都川菜产业投资发展有限公司）自筹1.03亿元；作为建设及融资主体花牌公司，获得成都银行百花潭支行2.35亿元的项目贷款（1.03亿元用于土地综合整治，1.32亿元用于挂钩地块整治）。一是流转参与农户的集体建设用地使用权。花牌公司和申请自愿参与土地综合整治的407户农户签订了协议，得到488亩流转出的集体建设用地的使用权，公司按协议给予农户相应补偿。然后国土部门变更此488亩用地的使用权，向花牌公司发放该地使用权证书，为申请贷款创造条件。二是寻求担保获得银行贷款。花牌公司申请并获得成都市农村产权流转担保公司、成都市现代农业担保公司等7家公司为其提供连带责任保证担保，以488亩集体建设用地使用权，项目产生的298.3亩建设用地挂钩周转指标，以及指标落地后获得的位于红光镇的237亩国有建设用地使用权，作为抵押反担保资产，取得成都银行百花潭支行发放的期限5年、总额2.35亿元的贷款。三是加强贷款资金监管。花牌公司、惠农公司和古城镇政府签订三方协议，由花牌公司独自使用贷款中的1.03亿元，用于花牌村土地综合整治项目，由惠农公司承担全额连带责任保证，古城镇政府对花牌公司资金使用进行监督；由惠农公司（或惠农公司指定的第三方）独自使用贷款中的1.32亿元，用于挂钩地块整治，其偿付责任由惠农公司承担。为强化贷款资金管理，花牌公司与惠农公司签订了《委托经营管理协议》，2.35亿元贷款一次性转到惠农公司在成都银行百花潭支行开设的资金专户。花牌公司使用的1.03亿元，按照项目工程进度、票据等提出资金使用申请。惠农公司按照项目进度进行支付，保证专款专用。四是偿还贷款资金来源。花牌公司独自用于花牌村土地综合整治项目的1.03亿元贷款，由花牌村土地综合整治项目验收后，节约的集体建设用地指标出让收入偿还。节约的建设用地指标由惠农公司（或惠农公司协调第三方）按38万元/亩加上贷款利息和担保费用作为收购价格收购。受花牌公司委托，惠农公司与郫县土地储备中心签订协议，项目节约的集体建设用地指标挂钩地块出让收入，首先用于归还项目挂钩地块土地综合整治的1.32亿元贷款。

（3）实施综合整治项目

一是花牌村内土地整治项目的实施。充分尊重农民意愿，坚持“四性”原则、“九化”导则科学规划花牌农民集中居住区。参加统规自建的农户获得人均2.6万元的收益补偿用于建房，通过抓阄确定具体点位，自主确定施工单位。参加统规统建的农户获得人均35平方米的住房和人均5 000元的搬迁补贴。自愿参加项目的农户集体建设用地面积人均小于140平方米的，不足部分补缴一定费用；大于140平方米的，超出部分给予一次性补偿。二是挂钩建新区项目的实施。根据花牌公司与惠农公司签订的“委托实施协议”，受花牌公司委托，惠农公司全权实施位于郫县红光镇三观村的城镇建新区项目。

5.3 社会事业发展及农业发展的融资：财政倾斜

社会发展及农业发展的资金来源中，财政倾斜是十分重要的。因此，下文主要分析财政支农资金、社保就业方面的财政资金倾斜情况。

5.3.1 成都

成都市2007—2015年一般公共财政城乡建设五大领域支出具体情况

见表 5-6。

表 5-7　2007—2015 年成都市一般公共财政城乡建设五大领域支出

单位：万元

年份	一般公共财政总支出	教育	社会保障和就业	医疗卫生	城乡社区事务	农林水事务
2007	3 560 453	494 837	321 478	162 278	523 878	217 180
2008	5 064 309	599 802	572 221	254 312	566 494	239 550
2009	6 009 694	796 866	439 366	297 397	765 095	300 258
2010	7 773 767	976 687	386 977	427 439	700 278	372 615
2011	8 578 696	1 178 379	498 027	498 709	1 322 312	567 110
2012	9 838 477	1 622 941	582 950	554 822	1 669 971	536 991
2013	11 617 542	1 790 200	737 114	704 985	1 954 248	759 105
2014	13 400 433	1 830 511	839 512	819 455	3 041 645	901 140
2015	14 684 000	2 283 000	1 052 000	972 000	3 013 000	—

资料来源：根据各年《成都年鉴》和成都市财政局官网整理。

5.3.1.1　财政支农资金的运用

从财政支农支出，以农林水事务支出占总支出的比例、增长情况看（见表 5-8），从 2008 年的 4.73%到 2014 年的 6.72%，总体趋势是在增长，尽管期间有波动，但增长的年份居多。可见，政府对涉农事务的支出是逐年增加的。2008—2014 年，一般公共财政总支出增长率均为正，一般公共财政总支出每年以 20.85%的平均增长率逐年增长。农林水事务支出增长率除 2012 年为负外，其余各年均为正，2008—2014 年的平均增长率为 14.7%。2008—2014 年 7 年间，农林水事务支出增长率有 3 年低于一般公共财政总支出增长率，有 4 年高于一般公共财政总支出增长率，农林水事务支出每年的平均增长率 14.7%，低于一般公共财政总支出每年的平均增长率 20.85%。这表明从整体来看，农林水事务支出即财政支农资金虽逐年增加，但增长率还低于一般公共财政支出增长的平均水平。这与很多涉农事项的支出没有计入农林水事物支出范围有关。以成都市 2015 年支农惠农财政支出为例（见表 5-9），在农林水事物支出范围以外的支出项目还很多。

表 5-8 2008—2014 年成都市农林水事务支出比例情况 单位:%

年份	农林水事物支出占比总支出	一般公共财政总支出增长率	农林水事务增长率	差额
2008	4.73	42.24	10.30	-31.94
2009	5.00	18.67	25.34	6.67
2010	4.79	29.35	24.10	-5.26
2011	6.61	10.35	52.20	41.84
2012	5.46	14.68	-5.31	-20.00
2013	6.53	18.08	41.36	23.28
2014	6.72	15.35	18.71	3.36
平均	5.69	20.85	14.70	-6.15

注：差额=农林水事务支出增长率-一般公共财政总支出增长率。

资料来源：根据各年《成都年鉴》和成都市财政局官网整理。

表 5-9 2015 年成都市财政支农资金的投入与来源信息表

单位：万元

投入领域	投入金额	资金来源
农业	786 172	各级财政投入 4 171 536
农村	216 022	
农民	1 224 342	
耕地补贴	48 483	市级财政
常年基本菜地奖励	7 363.46	市级财政
农业保险赔付	24 000	市级财政
扶贫开发	5 000	市级财政
农机购置补贴	15 588	中央和省级 14 462（含 2014 年结转 9 962），市级财政 1 126
农机作业补贴+油料补贴	200	市级财政
循环经济模式示范工程建设补助	2 000	市级财政
培训农技人员和农民补助	1 740	市级财政
农产品加工项目集体建设用地补助	10 000	市级财政

表5-9(续)

投入领域	投入金额	资金来源
种植水稻、玉米、小麦 50 亩以上奖励（每亩）	0.016~0.02	市级财政
畜群养殖场肥猪设施补贴（每头）	0.01	市级财政
种公猪站设施补贴（每头）	0.4	市级财政
种公猪站自动采精设施补贴	6	市级财政
生猪调出大县奖励	3 595	市级财政

资料来源：根据 2015 年《成都年鉴》整理。

成都市全面贯彻执行农业支持保护补贴、畜牧业补贴、农机具购置补贴、农村沼气建设补贴和农民实用技术培训补贴等各项中央和省级支农惠农政策，深入落实推进粮食适度规模化经营、推进菜篮子工程建设、扶持特色产业发展、扶持家庭农场、农业政策性保险、幸福美丽新村建设等地方性支农惠农政策，促进农业增效、农民增收和农村繁荣。各级财政对全市“三农”的投入达 4 171 536 万元，其中农业投入 786 172 万元、农村投入 216 022 万元、农民投入 124 342 万元。全市实现耕地地力保护补贴每亩 944 元，落实补贴面积达到 513.6 万亩，共计 48 483 万元；分三个档次对规模种植水稻、玉米、小麦 50 亩以上的生产者给予每亩 160~200 元不等的奖励；按照每亩 80 元对 9.2 万亩常年基本菜地给予一次性奖励，共发出奖励金额 7 363.46 万元；补贴农业政策性保险覆盖面不断拓宽，全年农业保险已决赔付 2.4 亿元，赔付率 52.5%；实施第三轮农村扶贫开发，市级拨付扶贫开发资金 5 000 万元，帮扶村农民人均可支配收入达到 12 453 元，同比增长 21.4%，较全市农民人均可支配收入高 11.8 个百分点。成都市对 19 个畜禽养殖场按育肥猪存栏能力给予 100 元/头设施补贴，种公猪站按种公猪存栏能力给予 4 000 元/头设施补贴，建有自动采精台的 8 种公猪站另一次性给予 6 万元设施补贴；生猪调出大县奖励资金共计 3 595 万元，其中都江堰市 143 万元、彭州市 323 万元、邛崃市 998 万元、崇州市 574 万元、金堂县 411 万元、大邑县 539 万元、蒲江县 437 万元、新津县 170 万元。成都市农机购置补贴资金总额达到 15 588 万元，其中中央和省级资金 14 462 万元（含 2014 年结转 9 962 万元）、市级财政累加补贴资金 1 126万元，共新增各类农业机械 1 万台（套），受益农户近 1 万户；开展农机作业补贴，对实施机插秧和秸秆粉碎还田作业的给以 30%的油料补贴，补贴资金达 200 万元。成都市落实全市农业种养循环经济模式示范工程建设资金

2 000 万元；新建农村户用沼气池 800 口，建成大中型养殖场沼气工程 155 座、2.1 万立方米；培训农技人员和农民 144 万人（次），补助资金 1 740 万元；奖励补助做大做强农业产业化龙头企业 3 000 万元，农产品加工项目使用集体建设用地价格补助 1 亿元；对新获得中国驰名商标企业的奖励标由 30 万元提高到 40 万元，全市对龙头企业申报中国驰名商标、地理标志、省名牌、市著名商标等品牌创建兑现奖励共 330 万元，对“三品”认证兑现奖励共 126 万元。可见，财政支农的范围远远超过了农林水事务。

5.3.1.2 社会保障和就业

从社会保障和就业支出占一般公共财政总支出的比例看（见表 5-10），从 2008 年的 11.3%到 2015 年的 7.16%，总体趋势是在下降。但期间有所波动，2008—2010 年下降幅度较大，其他年份间的波动则较小。这主要是由于 2008 年主要大力解决了农村社保，而后面年份这部分支出减少引起的。从社会保障和就业支出增长率看，2008—2015 年 8 年间，除 2009 年、2010 年和 2014 年这三年的增长率为负外，其余 5 年的增长率均为正，且 8 年间社会保障和就业支出每年的平均增长率为 21.06%，高于一般公共财政总支出每年的平均增长率 19.38%。这表明从整体来看，2008—2015 年，社会保障和就业支出所占一般公共财政总支出的比重虽有所下降，但其年均增长仍然高于一般公共财政支出的年均增长。

表 5-10　2008—2014 年成都市社会保障和就业支出比例情况　单位:%

年份	社会保障和就业支出占总支出比例	一般公共财政总支出增长率	社会保障和就业支出增长率	差额
2008	11.30	42.24	78.00	35.76
2009	7.31	18.67	-23.22	-41.89
2010	4.98	29.35	-11.92	-41.28
2011	5.81	10.35	28.70	18.34
2012	5.93	14.68	17.05	2.37
2013	6.34	18.08	26.45	8.36
2014	6.26	15.35	-13.89	29.24
2015	7.16	9.58	25.31	15.73
平均	6.89	19.38	21.06	1.69

注：差额=社会保障和就业支出增长率-一般公共财政总支出增长率。

资料来源：根据各年《成都年鉴》和成都市财政局官网整理。

5.3.2 重庆

重庆市2007—2015年一般公共财政城乡建设五大领域支出具体情况见表5-10。

表5-11 2007—2015年重庆市一般公共财政城乡建设五大领域支出

单位：万元

年份	一般公共总支出	教育	社会保障和就业	医疗卫生	城乡社区事务	农林水事务
2007	7 683 886	1 215 466	1 389 682	339 705	910 845	559 657
2008	10 160 112	1 534 951	1 722 665	516 362	1 246 138	767 242
2009	13 180 913	1 902 818	2 043 301	767 295	1 743 901	1 283 280
2010	17 691 065	2 404 608	2 369 806	948 682	2 512 632	1 610 349
2011	25 702 404	3 187 008	3 387 635	1 436 962	3 944 586	1 989 065
2012	27 177 878	3 993 270	3 831 246	1 674 342	4 213 114	2 514 254
2013	30 622 848	4 372 783	4 318 917	1 980 491	5 360 772	2 819 412
2014	33 043 884	4 699 807	5 029 361	2 463 353	5 777 898	2 916 154
2015	37 919 973	5 362 416	5 696 345	3 139 772	6 278 224	3 313 253

资料来源：根据各年《重庆年鉴》和重庆市财政局官网整理。

5.3.2.1 财政支农资金的运用

从财政支农支出，以农林水事务支出占总支出的比例、增长情况看（见表5-12），从2008年的7.55%到2015年的8.74%，总体趋势是在增长趋势，表明重庆对涉农事务的支出是逐年增加的。2008—2015年，一般公共财政总支出增长率均为正，一般公共财政总支出每年以22.08%的平均增长率逐年增长。农林水事务支出各年增长率也均为正，2008—2015年的平均增长率为24.89%。2008—2015年8年间，农林水事务支出增长率有4年低于一般公共财政总支出增长率，有4年高于一般公共财政总支出增长率，这8年间，农林水事务支出每年的平均增长率24.89%高于一般公共财政总支出每年的平均增长率22.08%。这表明整体来看，2008—2015年重庆农林水事务支出逐年增加，且平均增长率高于一般公共财政支出增长的平均水平。

表 5-12　2008—2015 年农林水事务支出比例情况　　单位:%

年份	农林水事物支出占比总支出	一般公共财政总支出增长率	农林水事务支出增长率	差额
2008	7.55	32.23	37.09	4.87
2009	9.74	29.73	67.26	37.53
2010	9.10	34.22	25.49	-8.73
2011	7.74	45.28	23.52	-21.77
2012	9.25	5.74	26.40	20.66
2013	9.21	12.68	12.14	-0.54
2014	8.83	7.91	3.43	-4.47
2015	8.74	14.76	13.62	-1.14
平均	8.60	22.08	24.89	3.30

注：差额=农林水事务支出增长率-一般公共财政总支出增长率。

资料来源：根据各年《重庆年鉴》和重庆市财政局官网整理。

5.3.2.2　社会保障和就业

从社会保障和就业支出占一般公共财政总支出的比例看（见表5-13），从2008年的16.96%到2015年的15.02%，总体趋势是在下降，但总体波动较小。从社会保障和就业支出增长率看，2008—2015年8年间，各年的增长率均为正，且8年间社会保障和就业支出每年的平均增长率为19.28%，低于一般公共财政总支出每年的平均增长率22.08%。这表明整体来看，2008—2015年，重庆社会保障和就业支出所占一般公共财政总支出的比重有所下降，且社会保障和就业支出每年的平均增长率低于一般公共财政支出增长的平均水平。

表 5-13　2008—2015 年重庆市社会保障和就业支出比例情况　单位:%

年份	社会保障和就业支出占比总支出	一般公共财政总支出增长率	社会保障和就业支出增长率	差额
2008	16.96	32.23	23.96	-8.27
2009	15.50	29.73	18.61	-11.12
2010	13.40	34.22	15.98	-18.24
2011	13.18	45.28	42.95	-2.33
2012	14.10	5.74	13.10	7.35
2013	14.10	12.68	12.73	0.05

表5-13(续)

年份	社会保障和就业支出占比总支出	一般公共财政总支出增长率	社会保障和就业支出增长率	差额
2014	15.22	7.91	16.45	8.54
2015	15.02	14.76	13.26	-1.49
平均	15.06	22.08	19.28	-3.19

注：差额=社会保障和就业支出增长率-一般公共财政总支出增长率。

资料来源：根据各年《成都年鉴》和成都市财政局官网整理。

5.4 城乡统筹的多元融资机制

成渝两地积极发挥政府撬动社会资本的功效，通过引导资金实力雄厚的大公司和大量的商业资本，投资于农村新居工程建设、基础设施建设和土地规模经营。尽力让民间资金参与到城乡开发、建设与经营中，建立社会参与的市场化运作多元投融资机制。

5.4.1 成都

要破除过去政府投资为主导的投资体制，建立起市场投入为主体的多元化投资主体的体制。成都陆续发布了《成都市人民政府关于加快成都市投资体制改革的决定》《关于逐步规范成都市投资市场的指导意见》和《关于促进民间投资的若干意见》等文件，目的是降低市场门槛、减少限制、鼓励民间资本参与城乡统筹。比如规范和减少投资领域中的行政法规及收费，收费的总水平平均下降10%~20%，行政事业性收费由62项减少到了37项，减少幅度达40%；减少行政审批事项758项，占原行政审批事项的75%，把非限制类的非政府的投资项目管理环节和程序减少到了14项，政府投资项目的管理环节减少到了18项，直接涉及固定资产投资的证照由28个减少到16个，减少了43%。其典型做法有政府主导的跨区域整合模式，下面以成都龙泉驿区为例加以说明。

成都龙泉驿在成都市东部，它是坝区与山区并存的自然条件特征，因此其坝区与山区不平衡发展的矛盾突出。鉴于此，跨区域整合模式的试点就在龙泉驿开展的。该模式是把山区的农民分批转移到坝区，农民进了城，生态产业上了山，产业链条得到了延伸与发展。

龙泉试点的跨区域整合，是把山区的大兰村与城市近郊的龙华村，依照拆院并院和生态移民的原则进行整合，把大兰村村民搬迁到龙华村居住。这是政府主导的项目，中信集团投入资金，与龙华村民办股份合作社，然后再接收大兰村村民组建股份公司。跨区域整合的实施中，大兰村村民自愿把宅基地使用权、土地承包经营权、林地使用权和自留地使用权，折成股本入股到龙华股份合作社，并交给龙华股份合作社统一经营管理。通过“拆院并院”的土地整理方式，把大兰村 485 户 1 654 人原有的 148 宗宅基地进行整理，除去 52 亩的集中安置区用地与 30 亩的铺面用地，与城镇建设用地挂钩后，实现了 31 616 亩的建设用地周转指标。而龙华因为区位条件好，建设用地拍卖的价位高，所获资金为大兰的移民提供人均 35 平方米的新居住房，同时为大兰移民解决了社保。龙华农民股份合作社给合作社通过集体资产运作，社员人均拥有了 10 万元的集体资产，人均每年也分到 3 000 元以上的集体收益。

除此之外，成都还积极利用 BOT、BT 和 TOT 等项目融资方式，把民间资金引导到城乡统筹的公用设施和基础设施建设之中。如郫县（现名郫都区）采用了 BT 模式开发建设新区，引进十九冶工程公司，先期垫资并修建商务中心，而事先依据工程预算锁定相应的土地资源，土地出让后用其收益支付项目建设费用；邛崃市采用了 BOT 模式新建邛崃的第二自来水厂，引进四川瑞云集团，融资 9 000 万元用于改造城乡供水管网；利用 TOT 模式，通过竞标，瑞云集团获得了邛崃天然气公司的经营管理权，负责邛崃市的天然气经营，满足城区需求的同时，向乡镇用户积极拓展。

5.4.2 重庆

5.4.2.1 村委会+公司经营模式

重庆双溪村位于江北区鱼嘴镇南部，总人口约 1 618 人，2006 年人均纯收入约 4 800 元，是重庆新农村建设首批启动的百个示范村之一。其面积为 3 131 平方千米，下辖 16 个社、572 户农户。2007 年它被确定为第一个市区共建新农村的试点。

双溪村为发展现代都市农业、做强集体经济实力，用个体村民的土地经营权入股，以村为单位，成立了重庆市双溪新农村建设有限公司。公司作为合法的市场主体，拥有 4 300 多亩土地的经营权。它已经和五家社会业主签订下近 2 000 亩的土地承租合同，按照规划的“田园牧歌”主题对双溪村整体打造。

5.4.2.2 城市资本与农村产业对接模式

工商资本在城乡统筹建设的推进下，也逐渐瞄向农村投入农村，成了农村经济发展的重要力量之一。

（1）成立专业合作社模式

爱农公司作为城市工商资本，在2009年联合马安村和千秋村的100多户农户，成立了千玉马葡萄种植专业合作社，其中爱农公司持股30%，农户持股合计70%。合作社按照公司法和合作社法规范运作，合作社负责农业生产的组织和管理，农民股东组建的各个作业组承担基本生产单元的农业生产，爱农公司负责规划、投资、品牌建设、技术服务和市场资源引进，各方分工合理，协作推进。

除此之外，涪陵蔺市镇的美心城乡统筹示范项目、农垦集团生猪产业化项目、金科现代农业生态园和渝北隆生循环农业项目等城市资源下乡十大示范项目，也处于良性发展中。这十大示范项目涉及流转土地26 483亩，吸纳农村劳动力9 816人。

（2）乡村纳入产业链模式

这种模式把乡村生产纳入企业产业链中，企业得到发展壮大，农业生产、村民就业和培训也得到了保障，可以实现新农村建设中企业和乡村同步发展、和村民共同赢利的目标。

陶然居作为以餐饮为主导，覆盖生态养殖、连锁经营和食品加工等内容的大型企业集团，也积极投身于城乡统筹中的新农村建设，投入资金2亿多元，兴建了“中国重庆陶然居建设社会主义新农村示范基地”。基地位于重庆九龙坡区的白市驿镇高田坎村，占地537亩，集生态餐饮、农业观光休闲、园林文化示范、厨师技能培训和农业物流配送为一体，其发展目标为“西南最大的观光农业与餐饮饮食基地”。该模式贯彻了“村企互动”理念，企业得到了发展壮大，农民也得到了就业和增收机会。比如高田坎村，它为陶然居提供了土地和劳动力等生产要素，陶然居引导当地村民种植农副产品和配套养殖，大量村民也被训练成了产业技术工人、现代种植能手、餐厅领班和服务人员等等，农民增收了，就业机会也更多了。加之道路等基础设施的改善，农民素养的提升，村民生活的物质条件和精神面貌都大为改观。

（3）依托优势引入龙头企业模式

作为重庆市四个城乡统筹示范镇之一的万州区分水镇，其所属的竹山村，土地贫瘠，种植单一，海拔高，农民收入低。但高山地区很适宜种植茶叶。因此，邓万河作为投资者带头领办，万州区龙头企业稼穗米业有限公司参股，413户农户1 304人竹山村民用土地承包经营权折价入股，共同出资1.5亿元，成立了重庆万竹茶业发展有限公司。公司建设了万亩生态茶园，从事茶叶种植、加工和销售，打造成了重庆市茶叶出口加工基地。土地入股的村民，每年在公司得到保底分红，又能够进入企业务工，获得工资收入。此外，新建了村民集中居住点，修建了乡村硬化公路、通讯和水电设施，村民生活环境以及企业的发展环境都大为改善。不愿到茶厂上班的村民，政府鼓励他们外出务工、发展乡村旅游和开办农家乐等，并提供就业培训和创业扶持。

5.5 案例：成都 X 县主要承担城乡统筹建设平台公司的融资情况（2012—2017 年）

5.5.1 公司一：2012 年融资情况

（1）运用信贷展期、信托计划等融资手段，合理安排融资方式和包装项目，完成融资任务 7.934 6 亿元；2012 年应偿还债务本息 7.351 1 亿元，其中金融机构 2.426 5 亿元，市级平台公司 4.888 6 亿元，目前已还金融机构本息 2.184 1 亿元，市级平台公司本息 1.204 9 亿元，已经将 2012 年应偿还市农投公司本金 1.26 亿元展期至以后年度。

（2）采取农村产权直接抵押融资和担保融资等方式服务推动土地综合整理。目前已落实注册资本金和项目自筹资金 1 965 万元，指导成立 8 家集体资产管理公司，利用担保或农村产权直接抵押融资 3.853 亿元，其中唐元镇青杨村土地整理项目融资已通过农行授信 1.11 亿元，为花园镇永泉村土地综合整理和新型社区建设二期项目融资 6 930 万元，为安德镇安龙村土地整理项目融资 1 亿元。

（3）积极为安德镇安龙村、花园镇筒春村、三道堰青杠树村土地综合整理和农民新居建设项目融集建设资金，目前已先期安排 1 268 万元资金用于 3 个村开展前期工作，银行融资工作正加快推进，其中安龙村项目已获农商行授信资金 1 亿元，到位资金 5 000 万元；筒春村项目和青杠树村项目已通过农商行 X 县支行审批，现正报总行审批。

（4）按照“强二兴三优一”的要求和市场化的原则，深入发挥惠农担保公司优势，各类企业筹集发展资金 1.212 亿元，其中为森禾等商业类项目担保融资 8 140 万元，为绿道建设等政府类项目担保融资 3 980 万元。

（5）包装的“郫县郫筒镇与唐元镇永安村、钓鱼村灾后重建城乡建设用地增减挂钩试点项目”，以兴农公司为融资主体向交行融资 5 亿元。

5.5.2 公司一：2013 年融资情况

（1）加强与农商银行 X 县支行、交行 X 县支行等各类金融机构的沟通协调，创新融资方式方法，积极争取政策、资金支持，运用信贷、信托等融资手段，努力保信誉、促发展，全年实现融资 14.679 3 亿元。

（2）为安德镇安龙村、花园镇筒春村、三道堰镇青杠树村 3 个新农村示范样板融集建设资金。累计到位资金 2.1 亿元。目前 3 个村已完成 27 个组团 30 万平方米的农民新居建设，农民陆续分房入住，3 个村已陆续启动拆旧复垦。

（3）积极协调农商银行 X 县支行、农行 X 县支行等金融机构，以推动农村土地综合整治为抓手，为美丽乡村建设筹集资金，采取农村产权抵押担保融资取得新突破，2013 年实现到位资金 1.852 8 亿元，有力保障了幸福美丽新村建设的资金需求。

（4）2013 年为 29 家企业或个人提供担保贷款 1.291 亿元。目前，惠农担保公司在保余额共计 2.962 亿元，累计提取风险责任（担保赔偿和未到期责任）准备金 85 万元。

5.5.3 公司二：2012 年融资情况

（1）为推进城乡一体化进程，加速川菜产业化功能区建设，在金融政策不断收紧的情况下公司大胆创新，多渠道展开融资，突破融资瓶颈，节约土地资源，控制融资成本，取得突破性成效。2012 年实现项目总融资达 6.586 亿元，到位资金 2.089 亿元，完成全年目标任务的 115%，基本满足了功能区项目建设资金需求。

（2）为缓解财政压力，公司加大与国开村镇银行、兴业银行、中国银行、民生银行、农商行等各大金融机构合作力度，创新各种模式进行融资，顺利并超额完成 2012 年公司 8 460 万元到期贷款本息全覆盖。

（3）帮助财政解决约 1.7 亿元资金，用以解决民生工程拆迁资金、项目自筹资金以及国土局农用地整理资金。

（4）与兴业银行合作，以公司信用作为担保，实现无抵押资源融资 5 000 万元，解决公司到期还款资金，实现节约土地资源、降低综合融资成本，减轻了财政压力与负担。

（5）实现生态田园城市示范片及民生项目固定资产投资 2.881 2 亿元。

（6）有序推进土地综合整治，生态田园示范项目形成示范效应。总投资 3

亿元，实施约 12 万平方米唐昌镇横山、留驾、星罗村土地综合整治项目，现已投入资金 0.85 亿元，完成了横山村统一规划代建房主体工程。

（7）以产业发展为依托，实现农民居住与规模经营“两集中”。总投资 1.84 亿元，实施 22 万平方米唐元镇韭黄基地土地综合整理项目，已投入资金 1.71 亿元，基本完成统规统建房、统规自建房主体，促进了唐元韭黄产业和新村互动相融、农村生产生活方式同步变革。

5.5.4 2014 年两公司合并：融资情况

（1）2014 年公司拓展思路、创新模式、畅通渠道，共完成融资 11 笔（其中：信托贷款 2 笔；银行贷款 8 笔；融资租赁 1 笔），实现到位资金 16.79 亿元，综合融资成本约年利率 9.45%，截至目前已完成到期贷款还本付息 8.91 亿元，其中本金 7 亿元、利息 1.91 亿元。

（2）公司负责实施的政府投资在建项目 4 个，拟建项目 2 个，计划总投资 4.17 亿元，已累计实现投资 0.51 亿元。

①在建项目：总投资约 0.22 亿元，总长 1 339 米的安德高铁站点南北路及油子河路已全面竣工；总投资 0.2 亿元的德兴苑三期安置房项目建设已全面完成；总投资约 1.2 亿元的川菜园区安置房二号点位项目，总建筑面积约 5.52 万平方米，现已完成约 4 万平方米房屋工程，计划 2015 年 3 月全面完工，可安置 1 484 人；总投资约 1.8 亿元的安德川菜园区污水处理厂项目，现已完成 75%的配套管网建设，厂区施工已完成基础开挖，预计年前全面完成管网铺设、厂区综合楼主体和 30%设备安装，预计 2015 年 4 月建成试运行。

②拟建项目：总投资约 0.63 亿元的园区拓展区骨架配套道路基础设施工程，计划 2015 年 6 月底前全面完工；总投资约 0.12 亿，总长约 650 米的川菜产业园区配套安置房（二号点位）配套道路基础设施工程，计划 2015 年 6 月全面完工。

（3）惠农公司为豆瓣生产、乡村酒店、花卉苗木等产业提供担保贷款共计 29 笔，1.365 亿元，实现经营收入 0.038 5 亿元，在保余额 2.097 亿元，预计 12 月底提供担保贷款可达 37 笔，1.72 亿元，实现收入 0.049 2 亿元，且无一笔不良担保贷款。

（4）公司累计投入 0.19 亿元，基本建成唐元镇天星村、锦宁村及唐昌镇横山村农民新居共计 32 万平方米，已安置 4 200 余人，预计可整理建设用地指标 700 余亩。

5.5.5 2015年融资情况

（1）在2015年，公司一是控制资成本，公司立足银行融资为主、信托等其他资金为辅的融资模式，与金控担保、成都农商行、哈尔滨银行、兴业银行等金融机构达成银行融资项目6个，与中粮信托、西藏证券、百瑞信托签订信托融资合同项目3个，累计实现融资到位资金17.81亿元，融资综合成本降至9.43%。二是创新融资方式，开辟新的资金募集渠道，基本实现公司无抵押融资贷款，完成到期贷款还本付息12.21亿元，借支花园、安德、古城、三道堰、唐元镇等1.77亿元，前三季度实现了全年融资还贷提前全覆盖。

（2）按照“保进度，保质量，保安全，保民生”原则，2015年累计投资5 713.16万元，扎实推进项目建设。一是完成县重点民生工程建设，9月底完成5.52万平方米安德川菜产业园区二号点位安置房工程建设，11月完成移交安德镇工作。二是全力推进市、县重点民生项目建设，11月底全面完成安德园区工业污水处理厂项目土建、设备采购及安装、配套管网建设工作，12月初进入调试试运行阶段。

（3）惠农担保公司为豆瓣生产、乡村酒店、花卉苗木等产业提供担保贷款42笔，担保金额1.75亿元，实现经营收入414.75万元，在保余额2.24亿元，且无一笔不良担保贷款。

5.5.6 2016年融资情况

（1）通过优化资产结构，取得中诚信AA信用评级，试水资本市场成功。通过西部证券成功发行7亿元非公开定向债。

（2）通过东方证券发行的非公开定向债务融资（PPN）项目被列为四川省2016年创新融资重点项目；成功将农发行即将到期的2亿元贷款项目展期5年，大幅降低融资成本；完成农发行安德镇整体城镇化为期18年的22亿元低息融资项目审批手续，首期到位资金10亿元，成为国有公司当时“金额最高、成本最低、期限最长”的“三最”银行融资项目。2016年实现融资47.114亿元，综合成本降至6.12%，提前实现融资还贷和项目资金全覆盖。

（3）2016年完成担保贷款56笔，担保金额1.929亿元，在保余额2.254亿元，实现营收458万元，无一例不良代偿业务发生。

5.5.7 2017 年融资情况

（1）创新金融驱动推动公司经营性发展

一是持续创新融资模式。完善公司构架，维护 AA 评级，探索中票、短融、超短融等公开市场产品，加强与金融机构合作，落实非公开公司债、PPN、拨改租等项目，实现多元化融资，严控融资成本。与市农投等机构研究成立规模约 5 亿元川菜产业基金，带动川菜全产业链及 X 县旅游产业提升。探索股权投资等形式，推动豆瓣产业整合发展。同时引入经营性文化旅游项目，向经营性公司转型。2017 年融资 20 亿元。二是做活做强担保。推行循环额度担保贷款，拓展优质商贸企业担保业务，完善担保公司“内审成员+外部专业人员”的评审机制，完成担保贷款 60 笔，担保金额达 2 亿元。

（2）完善项目机制全力推动项目建设

一是加快园区项目建设。制定政府投资项目推进工作机制，加强沟通，缩短手续办理时间。在设计、科研等环节狠下功夫，最大化节约成本。加强现场管理，严把安全和质量关，2017 年完成安德中心上下街、川菜园区北拓展区基础设施配套项目，安德消防站、安德镇黄家湾南路和望乐台西路工程，温彭路安德镇城镇段市政化改造等 5 个项目建设，建设安德镇中轴线规划道路工程，园区拓展区 B 区、C 区基础配套设施，X 县安德镇卫生院迁址新建、安德九年制学校扩容、安德中心敬老院 5 个项目，拓展安德园区承载能力，加大招商合作力度，推动川菜产业城项目建设。二是打造文旅亮点。加大推介力度，积极与兴蓉集团等资方洽谈合作，多方招引战略合作伙伴，建设蜀绣特色街区；完成唐昌文庙启圣殿复建、扬雄墓环境整治、唐昌翰林院建制维修及恢复、唐昌古镇旅游景区入口综合区建设 4 个文旅项目建设。

（3）推动农村产权交易强化农村农业服务职责

一是为进一步用好用活 X 县农村集体经营建设用地入市制度改革试点政策，统筹利用农村土地综合整理资源，盘活土地整理项目挂钩指标，促进资金回流公司。二是进一步规范农村产权流转交易行为，成都农交所 X 县农村产权交易公司 2017 年完成交易额 2 亿元，为 X 县农村产权流转交易提供“一站式”服务。

5.6 本章小结

成渝两地为统筹城乡发展筹集资金，创新了多种融资模式。通过农村金融改革、农村产权确权颁证融资、开展农村产权融资担保和农业保险等方式，为农业经营主体解决了融资缺乏抵押物、变过去“死资源”为“活资本”问题，又符合金融机构贷款所需的担保、抵押等条件。通过归集和“打捆”使用财政资金、注资组建政策性专业投融资平台公司，再以直接贷款、担保贷款、委托贷款或贴息等形式引导金融资源和民间资金参与到城乡统筹发展中。专业投融资平台公司通过整合政府可支配的资源和资产，采取“项目锁定资源，资源置换资金”的办法，通过市场化运作融入资金。其中，开展农村土地综合整治，以土地换资金，是城乡统筹中较为普遍的融资模式，为新农村建设和现代农业项目融资。而农村社会事业发展及农业发展的资金需求，财政在支农资金、教育社保就业支出的占比、增速方面，都体现出财政的明显倾斜。成渝两地充分发挥政府资金启动社会资金的“种子”启动作用，建立了政府引导、市场化运作和社会资本参与的多元融资机制，引进了有实力的大公司和大量工商资本，参与农村新居工程建设、基础设施建设和土地规模经营，参与到城乡建设、开发和经营之中。

6 成渝地区双城经济圈城乡统筹融资风险分析

在成渝地区双城经济圈背景下的城乡统筹发展过程中，融资风险成了人们关注的一个话题。城乡统筹发展基本是以政府为主导，其中投融资也是以政府为主导，或者政府通过其下辖的地方国企，在银行借款，发债券融资，通过信托、基金等筹措资金，但这笔资金最终成了政府债务。所以，城乡统筹融资风险与政府债务融资风险紧密相关。特别是在 2013 年 7 月 28 日，审计署公布对地方政府债务进行全面审计时，地方政府融资安全性问题再次被推上了风口浪尖。如何管理城乡统筹的融资风险，使城乡统筹发展平稳推进，成了成渝城乡统筹发展的一个重要课题。

本章从风险及风险管理入手，阐述了城乡统筹融资风险的表现及现状，以城乡统筹融资来源（比如政府财政投入、地方融资平台公司、国内各类金融机构贷款）为切入点，重点分析了成渝两地集中在财政主导的地方平台公司融资风险，并通过 KMV 方法测度重庆市城投债偿还风险。最后，提出从规范地方政府融资行为、规范地方融资平台公司运作、加强所涉金融机构信贷风险管理、优化城乡统筹融资机制、建立有效的风险预警体系五个方面防范城乡统筹融资风险。

6.1 城乡统筹融资风险的表现及现状

6.1.1 风险和风险管理

风险的实质是不确定性，往往指不确定性因素致使结果偏离了其预期，通常指朝不利影响方向的不确定性。针对投资项目来说，各种相关因素的影响总是贯穿整个过程，其可能导致项目的经济效果偏离其预期值，因此风险总是存在的。对项目实施风险管理必不可少。风险管理需要识别、评估和处理风险，尽量以最小的成本降低风险。

风险识别（risk identification），是收集和整理引起风险的各种不确定因素的信息资料，并对这些信息进行系统分析，从而识别引起风险的各种因素。风险评估（risk assessment），是在识别风险之后，运用现代技术分析与计算不同风险因素造成损失的概率，预测风险对预期效益不利偏离所造成的影响程度，为风险处理方法的选择和风险管理提供决策依据。风险处理（risk arrangement），是依据不同性质的风险，运用相对经济的方法控制与减少风险。

6.1.2 城乡统筹融资风险的表现

6.1.2.1 城乡统筹的融资风险

融资风险，又指筹资风险，是项目筹资或融资面临的风险或带来的风险，引起各种损失的可能性，一般表现为未来权益或收益的不确定性。城乡统筹的融资风险表现为融资失败的可能性或融资到期后是否能够偿还的信用风险。城乡统筹中地方政府主要通过银行贷款和城投债券的方式进行融资。本研究主要探讨融资到期后是否能够偿还的信用风险。

（1）风险表现

①银行贷款风险

城乡统筹发展过程中的资金需求主要集中在一些道路、棚户区改造等城乡居民基础生活设施的建设上面。这些基础设施的利润较小甚至没有利润。而资金的来源又主要集中在地方政府平台公司向各大银行的贷款上，导致银行承担了巨大的风险。据统计，2008 年年底“四万亿计划”出台后，2009 年第一季度全国贷款增量猛增，年末金融机构地方政府投融资贷款余额大约是 7.2 万亿元，大致占当时银行总贷款的 18%。在 2009 年的新增贷款中，有 3.7 万亿元进入了各地方政府的投融资平台，接近全年新增贷款总额的 40%，在地方政府投融资平台的全部贷款余额中占了 51%，其中县级的地方政府投融资平台又占到整个地方政府投融资平台贷款余额的 25%。而县级投融资平台的最大债权人是国家开发银行。

投融资平台公司主要投资与经营的领域是城市基础设施以及公用事业，其经营项目大体分为三类：一是公益性的，比如城市广场、城市道路和桥梁、文化娱乐和体育设施等，该类项目基本没有投资收益；二是经营性的，比如高速公路，新区开发，城市的供热、供水和供气等，该类项目通过路桥收费和水电费等可以获得收入；三是准经营性的，介于上述两者之间的项目。总的来说，地方政府投融资平台在担负地方基础设施建设的同时也承担了巨额的债务。

在庞大的地方政府债务中，国家出台一系列的调控措施，加强了对地方政府投融资平台的监管，使得银行对地方政府投融平台的贷款更加谨慎，平台贷款变得更加困难。然而，包括城乡统筹在内的地方事业发展对资金的需求巨大，但地方平台公司从银行融资不通，因此采取了通过信托、证券公司资管项目等“影子银行”的渠道，以及发行城投债的方式融入资金。

②城投债风险

除银行外，地方政府融资的又一重要的来源就是发行城投债。2005—2008年的四年时间，全国城投债的发行总量是1 585亿元，2009年城投债的发行规模创了新高，达到1 759.2亿元，发行数量为131只。从四川来看，截至2012年年底，四川省各级政府陆续投放城投债共51只，融资规模达到645.1亿元，其中80%以上的兑付期限为2014年之后，接近一半集中在2015—2017年，在四川省的城投债中，大约有23%的资金直接用于偿还银行贷款，维持着政府借新还旧的投资冲动。在区域城投债中一半为中低评级品种，据统计，51只城投债中，18只为AA+，13只为AA，6只为AA-，AAA的债券只有2只。由此可见，四川省各级政府债务量还是比较大，偿债压力不小。

（2）风险成因

地方政府债务规模较大，偿债压力不小，如果流动性一旦受影响，很容易致使信用风险，这主要与下面几个方面的原因有关：

①地方政府投融资风险与过度投融资行为有关

自2009年以来，因应对次贷危机，又为了保增长，各个地方的政府投融资规模都呈现出激增态势，由此引起的地方政府融资过度行为便引起了国务院高度关注，所以出台了《加强地方政府融资平台公司管理有关问题的通知》，要求各个地方的财政部门清理核实地方融资平台公司的债务情况并上报。

②地方财政收支矛盾扩大与地方财政无法实现平衡

城乡统筹建设中，地方政府的投融资大多是为了建设当地的基础设施，各地的收入又很难弥补支出，导致收支矛盾呈现扩大化趋势，无法实现平衡，地方政府财政收入与不断扩大的地方政府债务规模相比，显得杯水车薪，地方政府偿债风险不断加大。

6.1.2.2 城乡统筹融资风险管理的特点

城乡统筹融资的风险管理包含了一般管理活动的所有内容，但是不同于一般的项目融资。城乡统筹建设融资是财政资金引导、市场资金介入的市场化融资模式，并由社会各方资金共同参与形成投资主体多元化格局。本课题探讨的城乡统筹风险，主要是针对政府这个融资主体，而其风险管理特点有以下四个方面：

（1）以投资项目可行性研究报告作为风险分析的首要前提

城乡统筹投资项目可行性研究是投资项目融资风险分析的基础。投资项目存在很多风险因素，比如因市场供求变化引起的原材料供应风险和产品销售是否顺畅的风险等。因而投资项目的可行性研究需要对风险因素进行分析，这有助于投资项目融资主体对投资项目融资风险进行科学的识别和判断。

（2）以风险的识别作为设计投资项目融资结构的依据

城乡统筹投资项目的核心部分是投资项目融资结构的确定，因而融资结构需要依据投资项目的性质和实际情况来定。城乡统筹融资模式的不断创新决定了投资主体的多元化，资金来源于财政、金融、民间三方。出于风险管理目标明确化的需要，应在投资各方之间合理分配风险管理任务，进而选择风险处理的措施和方法，最终设计出包含了风险分担的最佳融资结构。

（3）以项目的当事人作为投资项目融资风险分担的主体

为确保融资结构的稳健性，就要建立起融资风险的约束机制，在风险与项目当事人之间建立对应关系。城乡统筹项目多由政府主导，财政担保，政府往往承担了大量隐性债务。因而为降低政府在城乡统筹投资项目中的风险，则需要参与投资各方合理分担可能出现的各种风险，并以合同条款的形式确定下来，从而保证投资项目融资风险的有限追索，这样既增加了参与者自身对项目的责任认同感，又降低了政府所承担的总风险压力。

（4）以合同作为投资项目融资风险处理的首要手段和主要形式

在城乡统筹投资项目融资过程中要实现投资项目风险的分担，需要确定具体风险的类别，再借助合同形式明确当事各方的责任。一旦出现风险，则按照合同规定的责任，采取相应的追究措施。

6.1.3 城乡统筹融资风险的现状分析

6.1.3.1 城乡统筹的融资来源

城乡统筹建设需要大量资金，农村基础设施的建设、公共产品和服务的提供、高效生态农业的发展等，无一不需要资金的推动。而城乡统筹项目展现出的特征有：资金占用量大、成本回收期长、没有或很少有直接的经济收益，这说明要有充足的长期资金来源推进城乡统筹。我国城镇化和工业化的推进，公共服务和基础设施的建设，以及解决医疗、养老、子女教育和住房等方面的配套，对于城乡统筹发展至关重要，但都需要巨大的建设资金。因此，城乡统筹需要雄厚的资金支撑。

就目前我国城乡统筹的情况看，其资金来源主要有：一是政府的财政投入。二是各地方政府通过整合资源，以地方融资平台公司为载体，利用市场化手段，多渠道地为地方政府筹集资金，包括从银行获得信贷资金、通过信托理财等“影子银行”获得资金、发行城投债筹措资金等。三是其他自筹资金与各类社会资本。由于我国城镇的基础设施建设长期实行的是政府投资管理，因此城乡统筹建设也是主要依赖于政府投入，特别是通过融资平台公司融资的方式。

对于政府的财政投入而言，国家财政收入十分有限，满足不了农村基础设施建设所需的资金。加之，财政资金因为其政府属性，易形成效率低下的特点。可见，只靠国家财政支持不可行。又因为城乡统筹建设项目所需资金数额大、回收期又长，单纯依靠信贷资金或者民间资金，都不可能。但若以财政资金引导，把大量的信贷资金和民间资金引入城乡统筹建设中，比如以 PPP、BT、BOT、TOT 等方式，则是完全可行的。

6.1.3.2　城乡统筹融资的风险分析

（1）通过财政的融资风险显露

财政投资的资金来源主要有本级财政收入、中央财政的专项补助、国债资金、上级转移支付以及国有土地出让金收入等。我国分税制改革后，地方的事权和财权不对称，加之受预算法的约束，地方政府发行债券的额度有限，因此能够筹集资金的规模远不够现实的需求。加之，取消农业税和省直管县的实施，都较大地影响了地方政府的财政收入来源，地方财权和事权不匹配的状况更加突出，导致资金缺口加大，基础设施与基本公共服务都无法正常供给。在此背景下，各个地方政府积极探索各种渠道进行融资。因此，土地财政和地方平台公司融资就成了重要的融资形式，土地财政甚至一度成为融资主流形式。

2003 年以来，我国土地出让金收入一直占地方财政收入的 40%以上，而 2010 年与 2011 年，该占比高达 80%以上；2012—2015 年，该比例也持续在 20%以上；2014 年的土地出让金收入已达 4.2 万亿元，占当年 GDP 的 6.7%。土地出让收入俨然已成为地方财政的主要来源。以成都市为例，2016 年政府性基金收入合计 790.59 亿元，其中，国有土地使用权出让收入 662.98 亿元，占 83.86%。也就是说，从政府性基金收入与一般公共预算收入的比例关系，可以大致看出土地出让收入与地方财政的关系。成都市 2016 年的国有土地使用权出让收入 662.98 亿元，占一般公共预算收入和政府性基金收入总额的 33.73%。2008—2016 年成都市一般公共预算收入和政府性基金收入具体情况见表 6-1。

表 6-1　2008—2016 年成都市一般公共预算收入及政府性基金收入情况

年份	一般公共预算收入/亿元	政府性基金收入/亿元	政府性基金收入占一般公共预算收入比重/%	地方政府债务余额/亿元
2008	354.58	436.28	123.04	
2009	387.50	458.53	118.33	
2010	526.94	987.39	187.38	
2011	680.70	939.00	137.95	
2012	780.90	815.60	104.44	
2013	898.50	1 009.00	112.30	
2014	1 025.00	1 003.30	97.88	
2015	1 154.40	803.30	69.59	2 146.31
2016	1 175.00	790.59	67.28	2 197.80

资料来源：根据历年《成都年鉴》整理。

这种土地财政存在明显融资风险。地价上升以及投机炒房，引起房价居高不下，普通居民无力购房与大量楼房空置现象并存。针对此现象，政府多种手段并举调控房地产市场，比如调整建设用地指标、改进土地招拍挂制度、出台金融调控举措等，开始解决土地出让金收入增长过快问题。因此，通过土地财政来融资愈加困难，2012 年土地出让收入增速已出现下降即负增长（-13.7%）。土地出让收入占地方财政收入比重在 2015 年 1—4 月低至 32%，而在 2013 年这一数据曾接近 60%。因此，土地财政融资模式弊端显露，在国家宏观调控下该种融资方式已不可持续，融资失败的风险积聚。以此种模式为主导的城乡统筹建设，由于土地出让收入被限制，经济效果偏离其项目实际或预期效益的可能性加大。从表 6-1成都市政府性基金收入与一般公共预算收入比例在逐渐减小的情况来看，可以推测土地出让收入在逐渐减少，在整个财政总量中的贡献在下降，而地方政府债务则逐渐增加，偿债风险加大。

根据 2013 年 12 月 30 日审计署公布的中国五级政府债务审计结果和 2014 年 1 月底以来，各省/市审计局纷纷公布的各自统计的债务数据。从债务率，即债务规模/财政收入的比例看，全国平均是 120%，突出的省（市）有重庆（190%）和湖南（165%）；从政府负有偿还责任的债务/财政收入的比例来看，全国平均是 70%，较为突出的省（市）有北京（100%）、贵州、重庆、云南、上海、湖北（五个省市都在 90%以上）、吉林、河北、海南、四川（四个省份都在 80%以上）；从负债率（债务/GDP）的比例看，全国平均是 35%，突出的省

（市）有贵州（接近80%）和重庆（近60%）。综合来看，西部地区的一些省（市）偿债压力突出而集中，重庆偿债压力最大，排在首位。而地方政府债务偿还高度依赖土地出让，从承诺用土地出让金收入偿还额与负有偿还责任债务的比例来看，全国平均是40%，突出的省（市）有浙江、天津（两地都接近65%）、海南、福建、重庆（三个省（市）都在50%以上）、上海、江西、湖北、四川（四个省（市）都在40%以上）。因而，这些省（市）的房地产市场是否景气，土地出让金收入是否增长，都对债务偿还有比较大的影响。可以看出，重庆的偿债压力较大，其债务偿还也高度依赖土地出让金收入，因此它偿还的信用风险相对较高。鉴于此，本章后面专门测度了重庆偿债的信用风险。

（2）地方融资平台债券风险增加

地方政府、政府部门或机构以及所属的事业单位等以财政拨款、土地注入或股权投入等形式设立的地方融资平台公司，是具备独立企业法人资格的经济实体，主要承担政府投资项目的融资责任。主要是各类综合性的投资公司，比如建设投资公司、投资开发公司和投资集团公司等，以及某些行业性的投资公司，比如交通投资公司等。这类公司通常采用政府财政注入资金、土地入股、政府提供担保等方式，目的是达到市场主体的融资条件，而后通过市场化进行融资。

在我国城市化进程中，融资平台公司在解决资金瓶颈方面发挥了重要作用。城乡统筹发展需要大量资金，各地都面临较大的投资资金缺口，因此各地方政府都通过成立各种类型的融资平台公司，作为市场融资的载体。据银监会统计，2012年已有10 622家地方政府融资平台公司，它们的融资形式主要有：一是银行贷款，是其融资的主要来源。据银监会统计，银行业的地方融资平台公司贷款余额至2013年6月已达9.7万亿元。二是财政部代理发行的地方政府债券。截至2013年6月的数据显示，财政部发行的地方政府债券共计8 922亿元。三是发行城投债，据Wind资讯统计，截至2013年3月底，城投债存量共1 530只，余额达1.95万亿元，较2012年年底增长35.42%。四是信托资金，总额为2.2万亿元左右。出于防范金融风险起见，银监会2010—2013年连续四年出台了有关地方融资平台公司风险监管的文件，要求对贷款的投放实行名单制管理和总量控制，并提出2014年确保平台贷款余额不增加，可见其金融风险已不可小觑。地方政府融资平台的建立在为成渝城乡统筹发展融资带来巨大便利的同时，其融资风险也引起了广泛关注。政府融资平台公司的融资风险是多方面的，体现在投融资运作过程中的各个环节，资金筹集、资金投放、资金收回与偿还债务等都可能出现一系列的风险。由于地方政府投融资平台在城乡经济建设各个方面发挥着巨大作用，因此投融资运作中引发的风险还有可能通过各种渠道传导、扩散到整个经济体系。

融资平台公司成了很多省（直辖市）的主要举债主体。根据审计署2013年12月公布的审计结果，从举债主体看，最大融资主体是融资平台公司（见表6-2），占比38.9%，地方融资平台债务规模较2010年年底增加了2万亿元。而通过融资平台融资占比较高的省（自治区、直辖市）主要是湖南、重庆、安徽、湖北、广西，占比在60%以上（见图6-1）。

表6-2　2013年6月底地方政府性债务余额/举借主体情况表

单位：亿元

举债主体类别	政府有偿还责任的债务	政府或有债务	
		政府负有担保责任的债务	政府可能承担一定救助责任的债务
政府平台公司	40 755.54	8 832.51	20 116.37
政府部门和机构	30 913.38	9 684.20	0
经费补助事业单位	17 761.87	1 031.71	5 157.10
国有独资或控股企业	11 562.54	5 754.14	14 039.26
自收自支事业单位	3 462.64	377.92	2 184.63
其他单位	3 162.64	831.42	0
公共事业单位	1 240.29	143.87	1 896.36
合计	108 859.17	26 655.77	43 393.72

数据来源：审计署2013年第32号全国政府性债务审计结果，各省（自治区、直辖市）审计局政府性债务审计结果，东方证券研究所。

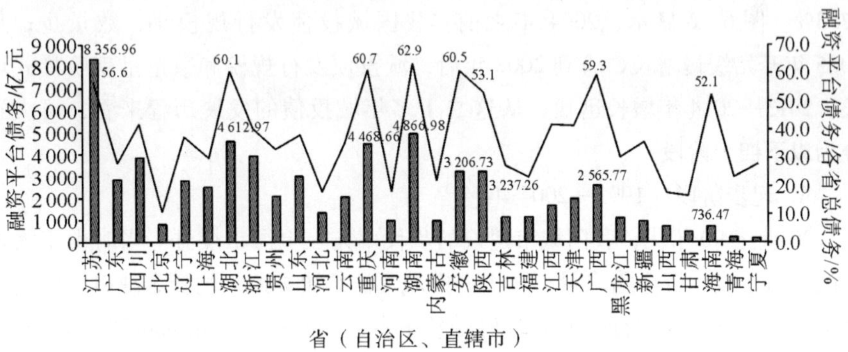

图6-1　地方政府债务融资平台债务的规模及占比

（数据来源：审计署2013年第32号全国政府性债务审计结果，各省（自治区、直辖市）审计局政府性债务审计结果，东方证券研究所）

从债务资金来源来看，银行贷款、BT 和债券融资是主要来源，分别约是 5.53 万亿元、1.21 万亿元和 1.17 万亿元。

①我国城投债基本情况

城投债是由城投公司发行的债务类融资工具，城投债的发行为中国地方经济发展和城市化进程提供了大量资金支持，筹集资金主要用于机场、高速公路等地方基础设施建设或环保、水利等公益性项目，所以又称为“准市政债券”。从发行方式来看，城投债主要包括企业债券、公司债、中期票据和短期融资券等。债券的本息由城投公司自身投资项目的收益和地方政府的补贴来进行偿还，因多为公益性项目，城投公司的收益较低，地方财政对城投债偿还通常负有隐形担保责任，所以其信用评级一般高于普通企业债券和公司债。

我国城投债的产生主要受三方面因素的影响。其一，我国 1994 年的分税制改革，致使地方政府的财权与事权不对等，地方政府在经济建设进程中的资金压力较大；其二，随着我国城市化步伐不断加快，城镇化建设的资金需求与日俱增，地方财政收入已无法满足持续增加的城乡建设资金需求，财政缺口越来越大；其三，中央对于地方政府发债规定严苛，限定了地方政府的融资方式，通过土地出让金收入来融资也已无法满足经济建设的资金需求。在这三方面的综合影响下，地方政府需要寻找其他融资方式来筹集资金支持地方建设，因此城投债应运而生。

为支持上海浦东建设，1993 年上海市发行了我国第一只城投债，从而揭开了我国城投债的序幕，截至 2016 年年底，我国城投债的发展史已有 24 年的时间。2016 年，我国城投债总发行量已经达到了 24 268.45 亿元，存债额达到 63 092.27 亿元，存债数 6 152 只[①]。较 2015 年分别增长了 37.19%、27.24%和 32.3%。图 6-2 显示，2004 年之前，我国城投债发行规模小，数量少；从 2005 年开始缓慢增长，直到 2008 年后，城投债发行规模和数量呈现阶梯式增长；2013—2014 年增长迅猛。从这二十多年城投债的发展历程来看，可大致分为以下四个阶段：

A. 起步阶段（1993—2004 年）

20 世纪 90 年代，我国城市建设的步伐率先在上海市展开。当时由于大规模的城市建设，资金需求量大，上海财政无法解决如此大的资金缺口。因此上海市政府成立了我国首个地方政府融资平台公司——上海市城市建设总公司，来解决当时城市建设过程中所面临的资金问题。为支持上海浦东新区建设，上

① 数据来源：Wind 资讯。

海城市建设开发总公司就发行了中国首支城投债，金额为5亿。这为我国城市建设的资金筹集提供了新方式，为城镇化发展的融资提供了新思路。

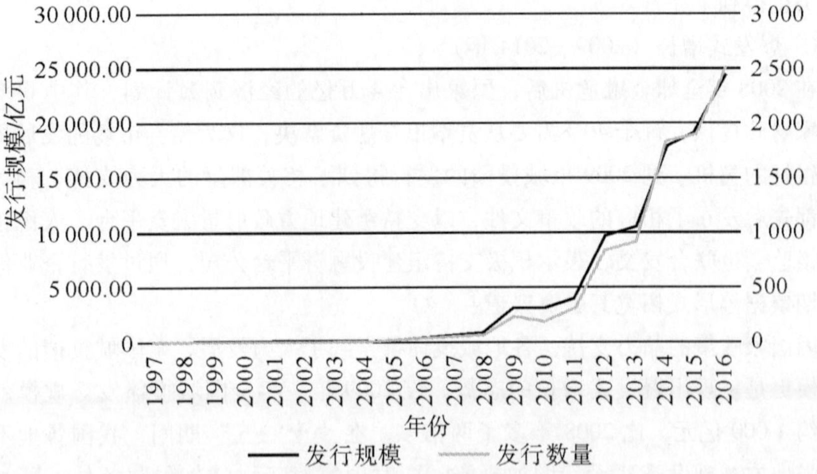

图6-2　1997—2016年全国城投债发行量变化情况

（数据来源：Wind资讯）

但是在1993—2004年这一阶段，城投债才刚刚刚起步。从图6-2可以看出，1997—2004年，我国城投债的发行规模增长缓慢，发行量小。且这一时期的城投债发行大多集中在直辖市和东部省会城市。到2004年我国城投债全年的发行量不到100亿。

B. 初期发展阶段（2005—2008年）

2005年以后，为支持各地城市基础设施建设，国家发展和改革委员会降低了企业债发行门槛。地方政府在加强地方经济建设中，投资热情高涨。因此各地开始纷纷效仿发达地区地方政府融资模式——通过发行城投债筹集地方建设资金。2006年安徽省发行了该省第一只城投债，随后内陆各省（区、市）纷纷效仿。

因此，在这一阶段我国城投债的发展规模不断增加，到2008年，我国城投债全年发行量已经达到了1 585亿元①。城投债主要发行种类为企业债券和短期融资债券，到2008年12月，上海城市建设投资开发总公司第一次发行了30亿元②的中期票据。自此我国城投债种类由原来的企业债和短期融资债券扩

① 数据来源：Wind资讯。

② 数据来源：Wind资讯。

展到了企业债、短期融资债以及中期票据三类，其种类越来越丰富。因此，在该阶段我国城投债无论是发行量还是规模都上了一个新台阶，同时我国城投债的种类也得到了完善。

C. 爆发式增长（2009—2014 年）

在 2008 年全球金融危机后，国家出台 4 万亿的经济刺激计划，其中 60%由国家财政提供，剩余 40%需要从资本市场融资解决，这为债券市场的发展提供了很好的契机。到 2009 年城投债的发行得到了相关部门的大力支持，相关部门都先后发布了相应的政策文件，以支持组建地方政府投融资平台。人民银行和银监会也联合发文，表示积极支持组建投融资平台公司，通过发行企业债和中期票据等形式拓宽其融资渠道①。

因国家政策的鼎力支持，各地城投债都得到了大力发展，全国城投债的发行规模更是呈现出爆发式增长的态势。仅 2009 年一年全国城投债发行规模就达到约 4 000 亿元，比 2008 年多了两倍多。在“十二五”期间，我国各地不断加强地方基础设施建设，增加投资，同时国家对新增贷款限制条件不断加强，导致各地政府稳增长压力增大。因此从银行等金融机构进行融资较为困难，城投债就成了各个地方政府为当地基础设施建设融资的首选渠道。

此外，因发改委也进一步放宽了企业债的发行条件，以及审批速度的加快，在这一阶段全国城投债全年发行量增长率持续高涨。到 2014 年年底，全国共发行城投债 1 596 只，发行规模已经达到 16 734. 6 亿元；存债数为 3 431 只，存债余额约 38 992. 69 亿元②。

D. 规范管理，持续增长期（2014 年至今）

由于前期中央政府以及各金融监管机构对城投债发行的政策宽松，从而使其发展迅猛，但随着城投债爆发式增长而来的是其各种风险问题的不断凸显。在上海申红、云南城投等信用事件出现后，城投债的信用风险与危机越来越受到国家和社会的关注。在 2014 年，国务院、发改委以及银监会等部门先后发文提出加强对地方债务的管理，并对地方政府融资平台和已发行债务进行清理。同时《中华人民共和国新预算法》和“国发 43 号文”要求规范地方政府举债融资机制，规定地方政府在满足一定条件后，经过审批可以发行地方政府性债务，与此同时，要逐渐剥离融资平台公司为地方政府融资的职能。

此后，城投平台公司将减少发行政府性债务，这对城投债的发展产生了一

---

① 中国人民银行. 银监会关于进一步加强信贷结构调整促进国民经济平稳较快发展的指导意见［J］. 中华人民共和国国务院公报，2009（17）：33-37.

② 数据来源：Wind 资讯。

定的影响。业界人士担心在政府一系列整治政府融资机制的措施中，城投债将无法继续保持高增长，甚至可能出现下降最后慢慢退出债券市场的舞台。的确，在政策出台的初期，2014 年年底到 2015 年年初，城投债发行的整体规模急剧下降。但因我国城乡建设中对资金的大量需求以及城投债在其中所扮演的暂时无法用其他融资方式替代的作用，2015 年 3 月以后，全国城投债的发行量逐渐回升，截至 2015 年 12 月，全年共计发行城投债 1 750 只，发行规模达到17 039. 6亿元。随着《关于简化企业债券申报程序加强风险防范和改革监管方式的意见》的出台，国家对企业债券发行有所放松，在某一方面刺激了城投债的发行。2016 年全国城投债发行量超过了 2 万亿元。表 6-3 详细列出了 2011—2016 年全国 31 个省（自治区、直辖市）城投债每年发行额的增长率及其均值。

表 6 - 3　2011—2016 年城投债发行额增长率及其均值　　单位:%

省（自治区、直辖市）	2011 年	2012 年	2013 年	2014 年	2015 年	2016 年	均值
北京	0. 35	1. 87	0. 16	1. 34	−0. 35	0. 63	0. 67
天津	1. 15	4. 16	1. 15	−0. 16	0. 09	0. 69	1. 18
河北	2. 63	0. 43	1. 11	0. 34	−0. 74	0. 14	0. 65
山西	2. 93	0. 15	0. 45	−0. 12	−0. 36	1. 41	0. 74
内蒙古	−0. 86	14. 10	0. 20	−0. 35	0. 03	−0. 10	2. 17
辽宁	−0. 25	3. 13	−0. 27	0. 20	−0. 11	−0. 01	0. 45
吉林	0. 65	1. 76	−0. 25	0. 32	0. 47	0. 96	0. 65
黑龙江	2. 80	5. 45	−0. 45	0. 33	−0. 46	0. 28	1. 32
上海	−0. 88	19. 56	−0. 43	1. 47	−0. 42	0. 84	3. 36
江苏	0. 11	3. 37	0. 06	−0. 19	0. 11	1. 69	0. 86
浙江	4. 78	2. 83	−0. 13	0. 19	0. 01	0. 64	1. 39
安徽	−0. 70	11. 31	−0. 21	0. 18	−0. 52	2. 76	2. 14
福建	1. 06	6. 06	0. 24	−0. 17	0. 74	0. 48	1. 40
江西	0. 45	1. 49	1. 12	−0. 44	0. 35	0. 60	0. 60
山东	1. 72	2. 63	0. 11	0. 45	−0. 25	0. 68	0. 89
河南	1. 95	3. 61	0. 12	−0. 34	−0. 31	1. 78	1. 14
湖北	−0. 28	14. 67	0. 49	−0. 03	−0. 45	1. 99	2. 73
湖南	−0. 44	4. 79	0. 38	−0. 30	0. 11	2. 12	1. 11

表6-3(续)

省（自治区、直辖市）	2011 年	2012 年	2013 年	2014 年	2015 年	2016 年	均值
广东	0.40	4.01	0.59	-0.21	0.02	1.00	0.97
广西	1.22	3.33	-0.55	2.29	-0.41	2.10	1.33
海南	1.00	-1.00	1.00	-0.17	0	0.00	0.14
重庆	0.18	2.53	0.42	-0.21	-0.14	1.24	0.67
四川	-0.62	6.80	0.46	-0.35	0.72	0.37	1.23
贵州	-0.39	9.75	-0.23	0.32	-0.17	3.50	2.13
云南	-0.80	10.21	-0.16	0.50	-0.10	0.67	1.72
陕西	3.93	0.45	1.19	-0.18	-0.25	0.86	1.00
甘肃	0	0.71	-0.02	0.59	-0.38	-0.21	0.11
青海	0	1.00	-0.48	3.58	-0.27	-1.00	0.47
宁夏	-1.00	0	0.00	0.65	0.21	-0.90	-0.17
新疆	0	1.00	-0.20	-0.26	0.31	0.38	0.21
西藏	0	0.00	0	0.00	1.00	0	0.17

②我国城投债的特点

A. 发债规模大，增速快

以 2016 年上半年为例，城投债发行规模达到了 9 082.1 亿元，同比增加了约 83%，达到了历史同期的最高水平①。其中，以非公开定向债务融资工具（PPN）发行的债券规模有了一定程度的缩小。原因可能是 PPN 的流动性较低，发行成本相对较高，以及银行间市场的特定机构投资人的谨慎性投资行为所致。

B. 债券品种多样化

城投债的债券品种主要有企业债券、中期债券、短期融资债券、PPN 及其他债券和公司债券等。其中企业债券占比最大，其次是中期票据和公司债，短期融资债券和 PPN 及其他占比相对较小。以 2016 年为例，截至 6 月份，企业债、中期票据占全国城投债债务存量总量的比例分别为 51%和 22%，公司

① 闫丽琼，朱志斌，等. 2016 上半年城投债发行总结：半年发行量达历史最高水平全国发行规模将维持高位［R］. 北京：中债资信评估有限责任公司，2016.

债、短期融资债券和PPN及其他则分别占比为4.47%、1.98%和0.33%①。

C. 债券用途多元化

城投债主要用于市政基础设施，如公路、铁路、地铁和管网建设等，也用于公用事业支出，支持产业投资项目，帮助政府或企业偿还银行贷款等。目前，各地为了解决城市中低收入者的住房问题，利用城投债融资来大规模建设廉租房和公租房。近几年来，各地地方政府通过城投债募集的资金用于城市保障房建设和棚户区改造工程的比重在不断上升。

D. 增信方式以土地使用权质押转变为以第三方担保为主

近些年由于受到经济下行压力的影响，以及允许省市县等各级政府拥有的城投公司发行债券，城投债就成了各个地方政府筹资的主渠道之一。2014年之前，地方政府拥有的城投公司一般通过土地使用权质押等方式增加债券发行规模②。2014年以后，国家相关部门加大了对土地使用权和土地财政的合规性审计，使得以国有土地使用权质押为条件的增信模式受到了影响，且以土地使用权质押的新债券发行比例成逐年下降趋势。以第三方担保的增信方式成了增信的主要担保方式。

③我国城投债的风险

城投债作为“准市政债券”，为地方经济建设，以及公共产品、服务提供了资金支持。wind数据库显示，全国目前已有9 400多家地方融资平台，截至2016年年底全国发债存量余额63 092.27亿元，负债规模急剧扩大。在发债规模和负债量不断增长的情况下，我国城投债出现了各种各样的问题，显示其风险在逐渐暴露。

A. 整体偿债压力大

由于我国东西部经济发展差距较大，东部沿海地区经济发展较早，因此其城投债发展较中西部更早。早期城投债发行区域主要集中于东部省会和直辖市，其发行规模和数量远远高于中西部地区。且江苏省等东部发达省市城投债的发行一直保持着较高的增长率，到2010年我国城投债的发行规模排名前三的江苏、北京、天津的发行规模仍占全国的30%以上。近年来，东部发达地区城投债偿债压力不断增大。

近年来，随着中西部地区经济的发展，其城投债的发行规模不断增加。图6-3显示，到2016年，我国城投债发行规模除江苏省外，其他排名前十的地

① 闫丽琼，朱志斌等. 2016上半年城投债发行总结：半年发行量达历史最高水平全国发行规模将维持高位 [R]. 北京：中债资信评估有限责任公司，2016.

② 城投债增信的担保方式主要有：第三方担保、抵质担保、设立政府偿债基金等。

区差距较小，其中四川、重庆、湖南等中西部地区城投债的发行规模较上年均有较大规模增长。我国城投债发行规模的区域差距仍然存在，但随着中西部经济的发展差距也在不断缩小。因此，现阶段我国城投债呈现出东部偿债压力不断增大，中西部地区发债规模不断增加，整体偿债压力明显增加。

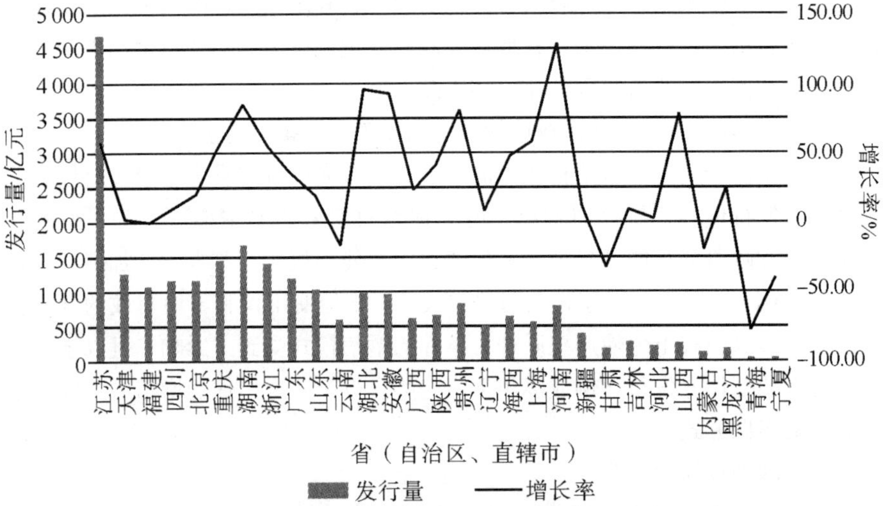

图 6-3　2016 年我国各地城投债发行规模

（数据来源：Wind 资讯）

B. 发行主体资质下降

由于东西部经济差距较大，早期城投债主要在地方经济较好的地区发行，其发债主体偿债能力强，发债主体评级较高，信用风险较小。但近几年城投债发行量越来越大，许多城投债发行平台行政级别较低，图 6-4 显示，2015 年、2016 年在我国城投债发行主体的行政级别中，省级与地市级发行数量逐渐趋近，其发行主体有向地市一级发展的趋势，信用风险逐渐增大。

此外，我国城投公司的信用评级也有下降的趋势。图 6-5 显示，从 2010—2016 年，我国城投债发行主体信用评级 AA 级以下和无评级的情况不断增加，到 2016 年主体评级在 AA 级以下的已占比 35%以上。城投债信用风险隐患逐渐凸显。

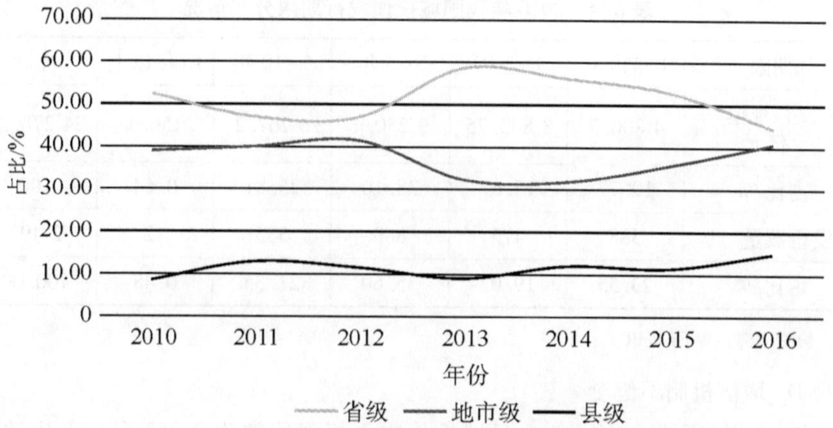

图 6-4 2010—2016 年我国城投债发行主体行政级别变化趋势

（数据来源：Wind 资讯）

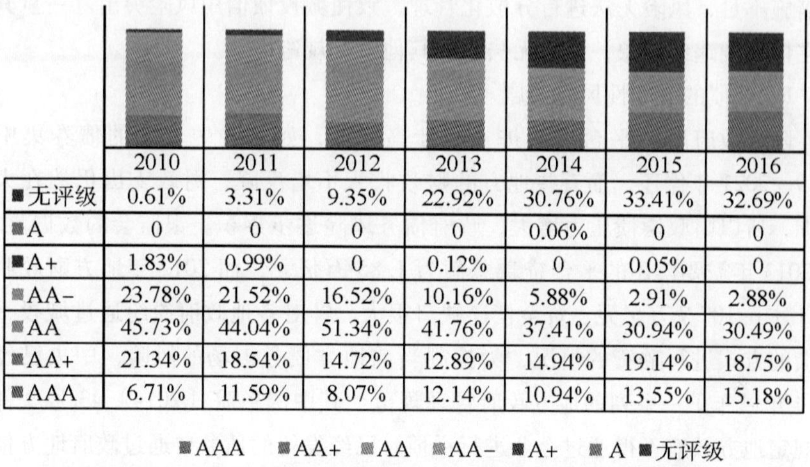

	2010	2011	2012	2013	2014	2015	2016
无评级	0.61%	3.31%	9.35%	22.92%	30.76%	33.41%	32.69%
A	0	0	0	0	0.06%	0	0
A+	1.83%	0.99%	0	0.12%	0	0.05%	0
AA-	23.78%	21.52%	16.52%	10.16%	5.88%	2.91%	2.88%
AA	45.73%	44.04%	51.34%	41.76%	37.41%	30.94%	30.49%
AA+	21.34%	18.54%	14.72%	12.89%	14.94%	19.14%	18.75%
AAA	6.71%	11.59%	8.07%	12.14%	10.94%	13.55%	15.18%

图 6-5 2010—2016 年我国城投债发行主体信用评级变化趋势

（数据来源：Wind 资讯）

C. 发行期限较长

从我国城投债发行期限来看，其主要集中于 3 年到 10 年的中长期债券（见表 6-4），无论发行规模还是发行数量占比均在 50%以上，发行期限在 1 年以下的城投债占比较小。因此我国城投债的发行期限整体相对较长，从而导致其还款的不确定性增大，信用风险较大。

表 6-4　2016 年我国城投债发行期限分布情况

期限	1 年以下	1~3 年	3~5 年	5~10 年	10 年以上	合计
发行规模/亿元	4 800.7	3 803.75	9 250.4	6 267.2	156.3	24 278.35
占比/%	19.77	15.67	38.10	25.81	0.64	100
发行数量/只	588	475	889	533	12	2 497
占比/%	23.55	19.02	35.60	21.35	0.48	100.00

数据来源：Wind 资讯。

D. 增信机制不健全

2016 年我国发行的 2 496 只城投债中无担保债券为 2 253 只，占比达到 90%。其中担保债券中约有 47.95%为第三方担保公司提供担保，其余均为城投公司或其关联公司进行的抵押和质押担保。担保机制不健全，导致城投债增信措施不足，风险无法进行分散化管理，致使城投债信用风险突出。一旦其偿债主体出现违约现象，其将无法通过其他方式规避风险。

E. 偿债的流动性风险加剧

随着政府融资平台逐渐进入偿债高峰期，如一些中长期的债券集中在 2019—2021 年偿还。而有些地方的财政收入不增反降，财政支出仍然在大幅增加，所以财政偿债压力增大，政府债务风险逐步累积。银监会的数据显示，在 2013 年需要偿还的平台贷款总额为 1.85 万亿元，而 2012 年地方财政收入合计才 6.107 7 万亿元，资金偿还缺口很大。针对各地政府纷纷通过城投平台发债的方式进行融资的情况，为控制当前地方债务市场的风险，中央已经在 2014 年颁布了一系列的地方政府管理规范。其中国务院〔2014〕43 号文件明确规定地方政府不得通过企业进行举债，已经发行的债务要通过政府地方债务进行置换。但由于地方建设资金的需求量巨大，地方债的发行量远远无法满足巨大的财政缺口，因此城投债在经历 2014 年的缓慢增长之后，在 2015 年和 2016 年继续保持着强势增长的势头，发债规模越来越大，从而偿债压力也越来越大。所发行的城投债大多投向城乡基础设施建设以及一些公益项目，如交通运输建设、市政建设、教科文卫以及保障性住房等领域，这类项目的共同特点是现金流很少，无短期收益，资金回收期长、占用资金量大，一旦投资项目成本无法收回，存在着较大的隐性债务危机。根据 2013 年 12 月 30 日审计署报告，从债务资金的投向来看，资金主要用在了公益性项目和基础设施建设，满足了地方经济和社会发展资金需求，同时推动了地方民生的改善以及社会事业的发展。在 10.12 万亿元的政府负有偿还责任债务中，8.78 万亿元即 86.77%的融入资金，用在了市政建设、保障性住房和生态建设等公益性项目方面。虽然用在土地收储的债务转化成了土地储备资产；用在城市的轨道交通和水电气热等市政建设的债务转化成了相应的资产，且大多数也有比较好的经营性收入；用在廉租房、公租房和经济适用房等属于保障性住房的债务也转化成了相应的租金、资产和售房收入。但这些市政项目和半公益项目往往是收不抵支，经常处于亏损状况，当城投公司无法承担巨大的债务压力，必将给各地财政带来巨大压力并将对当地经济发展造成较大的冲击。从而引发一系列的风险，造成信用危机，引发市场混乱。而且平台公司再融资遇到了瓶颈，受阻于资产负债率 80%的硬约束。所以地方融资平台的还本付息遇阻，特别是在货币政策偏紧的背景下，银根的持续收紧使平台公司的融资成本逐步上升，平台公司的流动性风险加剧，信用风险凸显。特别是近年来出现的各地城投债偿债危机风波，将城投债的信用风险问题推向了风口浪尖，如 2011 年 6 月，云南省公路开发投资有限公司爆出信用违约事件[①]；同时 2016 年我国债券市场的信用危机不断涌现，wind 资讯数据显示，全年发生债券违约事件 79 起，涉及金额达 403.24 亿元，是 2015 年的 3 倍多，违约规模不断增加的同时，违约债券种类从普通的企业债向短期甚至超短融资债券扩展；违约主体开始从民企向国企、央企发展，因此加剧了市场对城投债未来命运的担忧。

④成渝城投债发行情况

A. 发行量和存量基本情况

自 2008 年以来成渝地区城投债发行量不断增加，重庆市城投债的年发行规模从 2008 年的 45 亿元增长到 2016 年的 1 385.7 亿元；发行规模是 2008 年的 30 倍；成都市则从 2009 年开始发行城投债，从最初年发行规模 25 亿元增长到 618.3 亿元，2016 年城投债的发行规模约为 2009 年 25 倍（见表 6-5）。两市城投债发行规模的增长明显且速度较快。图 6-6 显示，重庆市城投债发行规模从 2008 年开始呈现持续增长的趋势，增长率较大，2009 年、2012 年和 2014 年三年发行规模的增长率均超过了 90%，2014 年增长率达到 94.69%，2009 年和 2012 年两年的增长率更是超过了 100%；而成都市城投债发行规模

① 云南路投向债权银行发函声称："即日起，只付息不还本。"截至 2010 年年初，云南路投已获得工行、建行、中行、农行、国开行等 13 家国有或股份制商业银行共计 270 多亿元的授信额度，以及 100 多亿元的贷款。接到发函后，建行、工行等总行人士急赴云南追债。最后，云南省政府出面承诺，增加云南路投 3 亿元资本金、同意省财政向该公司借款 20 亿元用于资金周转等。云南路投遂撤回上述函件。

的增长则呈现出波浪式的状态，在整体趋势为上升的基础上，2014 年和 2016 年的发行规模略微下降。

截至 2016 年 12 月，重庆市和成都市城投债存量规模分别达到 3 447.1 亿元、1 528.1 亿元，存债数为 340 只、147 只。无论是发行量还是存量来看，重庆市作为直辖市城投债的规模都大于成都市，且重庆市发行城投债的历史要早于成都市；从这个方面来看，重庆市城投债的发展更快。

表 6-5　2008—2016 年成渝城投债年发行量

年度	重庆		成都	
	发行规模/亿元	发行数量/只	发行规模/亿元	发行数量/只
2008	45	2		
2009	91	5	25	2
2010	101	8	85	3
2011	128	10	42	4
2012	326.8	27	232.6	25
2013	410.4	33	195.5	27
2014	799	82	433.8	46
2015	877.7	91	685	64
2016	1 385.7	140	618.3	55
合计	4 164.6	398	2 317.2	226

数据来源：Wind 资讯。

B. 债券类型

从 Wind 资讯城投债分类数据可看出，成渝两市城投债发行类型以企业债、中期票据和短期融资券为主；根据表 6-6 的数据可得出，成渝两市城投债的这三种债券类型发行规模占比超过了 65%，占城投债发行规模的大多数。其中，重庆市以企业债和中期票据为主，占比分别是 33.17%和 21.26%；成都市则以中期票据和短期融资券为主，占比分别为 27.16%和 27.3%。两市发行城投债的债券类型整体相似，但仍然存在一定的差异。

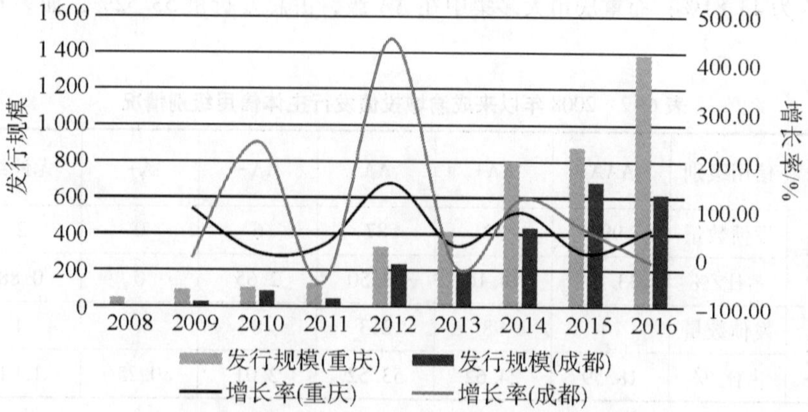

图 6-6　2008—2016 年成渝城投债发行情况

表 6-6　2008—2016 年成渝城投债发行类型

		企业债	公司债	中期票据	短期融资券	定向工具	私募债
重庆	发行规模	1 381.5	180	885.6	446	824.5	447
	占比/%	33.17	4.32	21.26	10.71	19.80	10.73
成都	发行规模	405.8	107	629.4	632.5	440.5	96
	占比/%	17.51	4.62	27.16	27.30	19.01	4.14

数据来源：Wind 资讯。

C. 发行主体行政级别

由 Wind 数据得知，两市城投债发行主体行政级别以本级为主，在 2012 年之前两市所发行城投债的主体均为本级（只有重庆市和成都市层面的，没有下一层级的发行数据），但到 2012 年成都市开始发行县级城投债，且县级城投债的发行规模逐渐增大；2014 年起重庆市城投债发行主体也开始向县级主体发展。2012 年成都市共发行了 4 只县级城投债，占总发行规模的 8.6%；随后 4 年都有县级城投债的发行，分别占比 4.09%、1.68%、8.54%、7.25%。重庆市 2014 年发行了第一只县级城投债，发行规模达 2 亿元，2015 年和 2016 年重庆市县级城投债的发行规模分别占年发行规模的 5.47%、5.41%。因此成渝两市城投债发行主体行政级别呈现下移趋势。

D. 主体信用级别

在主体信用级别方面，成渝两市自 2008 年以来城投债发行主体信用级别绝大多数在 AA-以上，其中成都市城投债发行主体信用等级以 AAA 为主，占比约为43.81%；而重庆市大多集中在AA级，占总发行量53.52%，如表6-7所示。

表6-7 2008年以来成渝城投债发行主体信用级别情况

城市	信用级别	AAA	AA+	AA	AA-	A+	无评级
成都	发债数量	99	32	87	6	0	2
	占比/%	43.81	14.16	38.50	2.65	0	0.88
重庆	发债数量	74	98	213	8	1	4
	占比/%	18.59	24.62	53.52	2.01	0.25	1.01

数据来源：Wind资讯。

从表6-8可以看出，在2010年之前，成渝两市城投债发行主体信用等级大多集中在AA级以上，但2010年后两市城投债发行主体信用等级有下移趋势。到2016年重庆市城投债发行主体信用等级60%为AA级；而成都市城投债的主体评级AAA级的仍占比较大，但相较于前一年AAA级占比下降，AA级占比上升。因此，从整体情况来说两市城投债发行主体信用等级下移，其中重庆市的下移趋势较成都市更为严重。

表6-8 2008—2016年成渝城投债发行主体信用级别变化

年份	信用级别	AAA	AA+	AA	AA-	A+	无评级
2008	重庆	1	—	—	1	—	—
	占比/%	50.00	—	—	50.00	—	—
2009	成都	0	2	—	—	—	—
	占比/%	0	100.00	—	—	—	—
	重庆	1	4	—	—	—	—
	占比/%	20.00	80.00	—	—	—	—
2010	成都	3	—	—	—	—	—
	占比/%	100.00	—	—	—	—	—
	重庆	1	4	2	1	—	—
	占比/%	12.50	50.00	25.00	12.50	—	—

表6-8(续)

年份	信用级别	AAA	AA+	AA	AA-	A+	无评级
2011	成都	2	—	2	—	—	—
	占比/%	50.00	—	50.00	—	—	—
	重庆	4	3	3	—	—	—
	占比/%	40.00	30.00	30.00	—	—	—
2012	成都	6	5	14	—	—	—
	占比/%	24.00	20.00	56.00	—	—	—
	重庆	2	9	15	1	—	—
	占比/%	7.41	3.33	5.56	3.70	—	—
2013	成都	10	2	12	1	—	2
	占比/%	37.04	7.41	44.44	3.70	0	7.41
	重庆	5	14	14	—	—	—
	占比/%	15.15	42.42	42.42	0	0	—
2014	成都	20	5	19	2	—	—
	占比/%	43.48	10.87	41.30	4.35	—	—
	重庆	17	20	43	1	—	1
	占比/%	20.73	24.39	52.44	1.22	0	1.22
2015	成都	35	7	21	1	—	—
	占比/%	54.69	10.94	32.81	1.56	0	0
	重庆	16	21	52	—	1	1
	占比/%	17.58	23.08	57.14	0	1.10	1.10
2016	成都	23	11	19	2	—	—
	占比/%	41.82	20.00	34.55	3.64	0	—
	重庆	27	23	84	4	—	2
	占比/%	19.29	16.43	60.00	2.86	0	1.43

数据来源：Wind 资讯。

E. 城投债增信措施

受城投债自身特性影响，大多城投债采取信用债形式发行，因此在成渝两市所发行的城投债中，提供担保条件的占比较小。成都市 2009—2016 年所发行的 226 只城投债中仅有 22 只提供了担保，占比 9.73%，担保规模占比约为 10.95%；其中以第三方机构提供的担保为主，共有 17 只，占总担保债券的 77.27%。重庆市 2008 年年初到 2016 年年底所发行的债券 417 只，其中提供担保的有 40 只，占比 9.59%，担保规模占比约为 8.5%。由此看出，两市近年来，所发行城投债多以信用债形式发行，担保比例不到 10%；就担保规模来看，成都市担保规模相较于重庆市占比更高，占总发行规模的 10%以上，而重庆市占比不到 10%。因此，从增信方面来看，成都市城投债的增信措施相较更完善，有利于增强城投债的信用状况，规避其信用风险。

（3）地方融资平台银行融资问题逐渐暴露

地方融资平台公司的融资主要集中在通过银行信贷获得，融资风险没能有效分散，风险比较集中。因整个宏观经济态势、货币政策走向和银行的风险控制态度等方面的因素，若依靠单一的银行融资，会面临很大的不确定。融资平台公司融资的使用大多集中在基础设施的建设方面，而这些项目的投入大，回报较少，因此平台公司的融资结构性风险突出。伴随公司可抵押资产的减少，再融资能力逐渐下降。《关于加强地方政府融资平台公司管理有关问题的通知》中也提出了一些较为严重的问题，比如平台公司运作不规范，债务规模迅速膨胀；各个地方政府变相或违规提供担保；部分银行机构风险意识淡薄，对平台公司的信贷管理缺失，等等。随后银监会要求对融资平台公司债务进行一次全面清理，并发布了《关于地方政府融资平台贷款清查工作的通知》以及《做好下一阶段地方政府融资平台贷款清查工作的通知》。

（4）地方融资平台“影子银行”风险增加

因财政收入增长放缓，银行信贷受限制，地方融资平台公司就转而通过“影子银行”体系融资，比如利用银行的表外理财产品购入平台公司的信托计划收益权等方式，给平台公司发放信托贷款，或利用委托贷款方式给平台公司融资。《中国金融监管报告（2013）》中指出，若用最窄口径的“影子银行”概念（只包含银行理财业务和信托公司业务），按官方数据，2012 年年底也达到了 14.6 万亿元，占 GDP 的 29%与银行业总资产的 11%；按市场数据，则已经达到 20.5 万亿元，占 GDP 的 40%与银行业总资产的 16%。“影子银行”资金主要流向了地方政府融资平台公司，因为地方融资平台公司有土地作为抵押，还有财政的承诺以及人大的决议充当隐性担保，因此它们不担心融资平台公司违约。但因“影子银行”信息不透明、资金成本相对较高，加上其隐含的地方政府担保，易引起财政风险和金融风险的积累。

（5）地方融资平台经营风险加剧

因在融资平台公司内部，管理层一般是政府指派，法人治理结构不健全，政府的干预较严重。所以平台公司受到监督不够、信息披露不实、运营不规范现象较为明显，有的甚至违规向个人和非金融机构集资借款，有的违规变相地通过信托公司、财务公司和基金公司等融资，经营风险加剧。很多平台公司也没建立起还款保障机制和还款约束机制。一些地方政府因为各种目的，尽量扩大融资量，不考虑自身的还款能力，平台公司融资金额较大，已经超过政府的实际承受能力。一些地方政府把学校、政府办公楼和医院等公益性资产也作为资本注资，注资不真实。

6.2 城乡统筹融资风险的测度：以重庆城投债为例

在前文分析中看到，重庆偿债压力较大，面临明显的信用风险，加之城投债是城乡统筹融资的重要来源，以及数据具有可得性，在此以重庆市城投债为例，通过 KMV 方法预测其信用风险，以对城乡统筹融资风险窥见一斑。

由于城投债到目前为止缺乏历史违约数据，而 KMV 模型可以很好地解决这一问题，其在假定资产价值服从正态分布后，无须大量历史违约数据就可测算出城投债的违约概率，预测偿债风险。因此本研究选择了 KMV 模型进行信用风险度量。

6.2.1 KMV 模型

KMV 模型是 KMV 公司于 1997 年开发用于计算预期违约率的风险测量模型。它是对莫顿的现代期权理论的运用，认为公司债务之所以存在信用风险，是因为在负债一定的情况下，公司资产价值发生了变动。当公司资产价值低于负债价值时，就会出现违约，因此可以根据公司资产价值变动计算得出债券违约概率。公司资产的未来期望价值与实际账面负债价值的差距称为预期违约距离（DD），通过与预期违约距离相对应得出预期违约率（EDF）。因此，可以通过 KMV 模型预测公司未来的违约概率，具有一定前瞻性。

KMV 模型度量信用风险的步骤：

首先，假设公司在 t 时刻负债为 D_t，其资产价值 V_t 在风险中性概率下服从几何布朗运动：

$$dV_t = rV_t dt + \sigma d\omega \ V_t = V_0 \exp(\mu - \frac{1}{2}\sigma^2)t + \sigma\sqrt{t}\varepsilon \quad (6-1)$$

其中 μ 是资产回报的期望值。

其次，利用 BSM 公式计算资产的市场价值（ V_t ）及其波动率（ σ ）;

在 KMV 模型中 V_t 的变动可能引起违约，即当公司资产价值（ V_t ）等于负债（ D_t ）时则引发违约；而公司资产波动率是衡量公司资产违约风险的指标。其中公司股票市值与资产价值关系：

$$S_t = V_t N(d_1) - e^{-rt} D_t N(d_2) \quad (6-2)$$

其中 r 为无风险利率，$d_1 = \frac{\ln(\frac{V_t}{D_t}) + (r + \frac{1}{2}\sigma^2)t}{\sigma\sqrt{t}}$，$d_2 = d_1 - \sigma\sqrt{t}$。

由于公司资产波动率与公司股票波动率存在相关性：

$$\sigma_s = f(\sigma) = \frac{V_t}{S_t} N(d_1)\sigma \quad (6-3)$$

结合公式（6-2）和公式（6-3）可以计算出公司资产价值和资产波动性（其中股票波动性可以通过历史数据测算）。

再次，确定公司违约距离（ DD ）。

当公司资产价值低于负债时，发生违约，因此在 t 时刻发生违约的概率为

$$P_t = P(V_t \leqslant D_t) = P[\ln V_0 + (\mu - \frac{1}{2}\sigma^2) + \sigma\sqrt{t}\varepsilon \leqslant \ln D_t]$$

$$= P[\varepsilon \leqslant -\frac{\ln\frac{V_t}{D_t} + (\mu - \frac{1}{2}\sigma^2)t}{\sigma\sqrt{t}}] \quad (6-4)$$

由于 ε 服从正态分布，由此得到 t 时刻的违约概率为

$$P_t = N[-\frac{\ln\frac{V_t}{D_t} + (\mu - \frac{1}{2}\sigma^2)t}{\sigma\sqrt{t}}] \quad (6-5)$$

由于公司违约距离（ DD ）=（预期资产价值-违约点）/（预期资产价值 * 波动率），由此可以求出违约距离（ DD ）:

$$DD = \frac{\ln\frac{V_t}{D} + (\mu + \frac{1}{2}\sigma^2)t}{\sigma\sqrt{t}} \quad (6-6)$$

最后，估计预测违约概率（ EDF ）。因为违约距离与预期违约率（ EDF ）之

间存在着对应关系，由此得到预期违约率（EDF）。即

$$EDF = N(-DD) \tag{6-7}$$

6.2.2 重庆城投债信用风险测度

6.2.2.1 数据选择

在此利用重庆市1992—2016年财政收入数据对2017—2020年重庆市财政收入进行测算，并据此计算城投债的违约率，同时预测城投债发行的合理规模，通过与2017—2020年内到期城投债规模进行对比，测算2017—2020年重庆市城投债面临的信用风险。重庆的财政收入数据来源于重庆市统计年鉴，城投债发行数据来源于Wind资讯。

6.2.2.2 模型设定

此处通过把政府看成一个企业的基本思想，利用KMV模型来衡量城投债信用风险，将地方财政收入比作企业的资产价值。地方财政收入中通常有一部分要用于财政必要性支出，因此剔除这部分支出，利用地方可担保的财政收入进行测算；企业资产的期望价值与波动率以可担保财政收入的波动率和增长率均值表示；由此得到相应违约距离和违约率，从而知道安全的偿债规模。若地方政府可担保财政收入高于城投债的安全偿债规模，则不会存在违约可能；反之，则有可能发生违约事件。

在此将政府在t时刻的可担保财政收入视为政府资产价值，记为R_t，城投债在t时刻的偿债规模为D_t。

根据KMV模型的基本原理，将各因子进行替换得到：

$$R_t = f(X_t) \tag{6-8}$$

其中，X_t为随机变量，服从正态分布$X_t \sim N(0,1)$，$f(X)$为可担保财政收入的单调递增函数；

预期城投债违约概率即

$$P = P(R_t < D_t) = P[f(X_t) < D_t] = P[X_t < f^{-1}(D_t)] = N[f^{-1}(D_t)] \tag{6-9}$$

根据违约距离DD的计算公式：

$$DD = \frac{R_t - D_t}{\sigma} \tag{6-10}$$

其中，σ为可担保收入的波动率。

可担保财政收入R_t用维纳过程表示：

$$dR_t = \mu R_t d_t + \sigma R_t dx_t \quad (6\text{-}11)$$

由此可得，地方可担保财政收入为

$$R_t = R_0 \exp[(\mu - \frac{\sigma^2}{2})t + \sigma\sqrt{t}X_t] \quad (6\text{-}12)$$

设定地方政府担保收入的对数服从正态分布，则其均值和方差公式为

$$E(\ln R_t) = \ln R_0 + \frac{1}{n-1}\sum_{i=1}^{n-1}\ln\frac{R_{i+1}}{R_i} \quad (6\text{-}13)$$

$$Var(\ln R_t) = \sigma^2 t = \frac{1}{n-2}\sum_{i=1}^{n-1}(\ln\frac{R_{i+1}}{R_i} - \frac{1}{n-1}\sum_{i=1}^{n-1}\ln\frac{R_{i+1}}{R_i})^2 \quad (6\text{-}14)$$

结合上述公式，可以得到政府可担保财政收入波动率和期望增长率，即

$$\sigma = \sqrt{\frac{1}{n-2}\sum_{i=1}^{n-1}\frac{(\ln\frac{R_{i+1}}{R_i} - \frac{1}{n-1}\sum_{i=1}^{n-1}\ln\frac{R_{i+1}}{R_i})^2}{t}} \quad (6\text{-}15)$$

$$\mu = \frac{\frac{1}{n-1}\sum_{i=1}^{n-1}\ln\frac{R_{i+1}}{R_i} + \frac{1}{2}\sigma^2 t}{t} \quad (6\text{-}16)$$

因可担保财政收入的对数服从正态分布，则能够计算城投债的违约距离 DD 以及违约率 P：

$$DD = \frac{\ln\frac{R_t}{D_t} + (\mu - \frac{1}{2}\sigma^2)t}{\sigma\sqrt{t}} \quad (6\text{-}17)$$

$$P = N(-DD) = N\left[\frac{\ln\frac{D_t}{R_t} - (\mu - \frac{1}{2}\sigma^2)t}{\sigma\sqrt{t}}\right] \quad (6\text{-}18)$$

6.2.2.3 风险测度

根据以上模型设定可知，要对城投债信用风险进行测算，要先计算重庆市可担保财政收入以及其波动率和增长率均值。根据改进的 KMV 模型，要预测 2017—2020 年重庆市城投债的信用风险状况，需要先预测 2017—2020 年重庆市财政收入状况。

（1）重庆市财政收入预测

地方财政收入由地方一般预算收入和划拨中央的两部分组成，但实际上地方可支配的部分只有地方一般预算收入；在此将利用 1992—2016 年 25 年间重庆市的一般预算收入对 2017—2020 年重庆市一般预算收入进行预测。

结合已有研究对于财政收入预测的相关研究，在此选取了滞后一阶的自回归模型对财政收入进行预测。

建立一阶自回归模型：

$$I_t = \alpha + \beta I_{t-1} + \varepsilon \tag{6-19}$$

其中，I_t 指在 t 时期的一般预算财政收入。

利用 Eviews 8.0 版对模型进行回归分析，得到回归结果如表 6-9 所示。

表 6-9　自回归结果

R^2	调整后 R^2	DW	Prob（F-statistic）
0.977 88	0.976 88	1.293 6	0.000
Variable	Coefficient	Std. Error	Prob.
C	43.318 31	30.591 16	0.170 8
I（-1）	1.087 427	0.034 865	0.000

回归结果显示，其解释变量的 P 值为 0，显著性很强，R^2 约为 0.98，说明拟合程度较好，利用该模型进行财政收入预测较为合理。因此得到政府财政收入的一阶自回归方程：

$$I_t = 43.32 + 1.09 * I_{t-1} \tag{6-20}$$

利用上述一阶自回归方程，计算得到 1993—2016 年的财政收入预测值，并将预测值与实际财政收入相对比得到图 6-7。从图 6-7 可以看出 1993—2016 年的财政收入预测值与实际值曲线重合度较高，因此可用此模型预测 2017—2020 年内重庆市财政收入。

根据模型测算重庆市 2017—2020 年的财政收入，得到如表 6-10 所示的预测值。

表 6-10　2017—2020 年重庆市财政收入预测值

年份	2017	2018	2019	2020
财政收入/亿元	2 465.994	2 724.907	3 006.456	3 312.620

根据前文叙述可知，在财政收入中可用于偿债的可担保财政收入仅占地方财政收入的一部分。结合众多研究结果，并查阅重庆市历年统计年鉴，结合具体情况在此确定重庆市可担保财政收入占地方财政收入的 50%。以此可得到 2017—2020 年可担保财政收入的预测值，如表 6-11 所示。

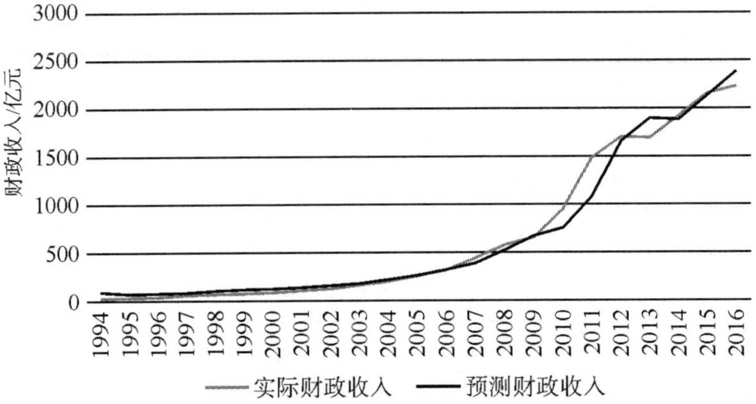

图 6-7　1992—2016 年重庆市财政收入实际值与预测值对比

（资料来源：四川统计局《四川统计年鉴》，2012）

表 6-11　2017—2020 年重庆市可担保财政收入预测值

年份	2017	2018	2019	2020
可担保财政收入/亿元	1 232.997	1 362.456	1 503.228	1 656.310

（2）计算波动率（σ）与增长率（μ）

依据前述理论模型，将上文所计算的可担保财政收入带入公式，计算出可担保财政收入的波动率及增长率，如表 6-12 所示。

表 6-12　重庆市可担保财政收入的波动率及增长率

	t=1	t=2	t=3	t=4
波动率（σ）	0.164 844 93	0.114 804 895	0.092 371 931	0.078 868 306
增长率（μ）	0.209 419 488	0.102 506 502	0.066 963 83	0.049 257 154

（3）计算违约距离（*DD*）和违约率（*P*）

结合上文算出的可担保财政收入的波动率与增长率，依据公式（6-17）和（6-18）可以确定在不同期限中，不同偿债规模的违约距离（*DD*）与违约概率（*P*），如表 6-13 所示。

表 6-13 违约距离和违约率与债券规模的对应关系

时期	债务规模/可担保财政收入	债务规模/亿元	违约距离（DD）	违约率（P）/%
t=1	0.9	1 109.70	2.284 5	1.12
	0.8	986.40	3.293 9	0.05
	0.7	863.10	4.438 3	0
	0.6	739.80	5.759 4	0
	0.5	616.50	7.321 9	0
t=2	0.9	1 226.21	2.269 9	1.16
	0.8	1 089.96	3.718 9	0.01
	0.7	953.72	5.361 6	0
	0.6	817.47	7.257 9	0
	0.5	681.23	9.500 9	0
t=3	0.9	1 352.91	2.403 2	0.81
	0.8	1 202.58	4.203 5	0.001
	0.7	1 052.26	6.244 5	0
	0.6	901.94	8.600 7	0
	0.5	751.61	11.387 4	0
t=4	0.9	1 490.68	2.570 3	0.508
	0.8	1 325.05	4.678 1	0
	0.7	1 159.42	7.067 8	0
	0.6	993.79	9.822 7	0
	0.5	828.15	13.089 3	0

KMV公司提出债券评级在标准普尔BBB-或穆迪Baa3以上的违约概率较小。但因为城投债被视为中国式市政债券，具有政府财政的隐性担保，因此其信用风险理论上应该低于一般公司债券，所以至少应该达到标准普尔的BBB+即预期违约率在0.4%之内。

根据表6-13，预期违约率在0.4%以下的应该要求当期偿债规模与可担保财政收入之比低于80%。也就是说在2017年、2018年、2019年以及2020年四年的偿债规模应该分别在986.4亿元、1 089.96亿元、1 202.58亿元以及1

325.05 亿元以下。

6.2.2.4 风险测度结果分析

通过 KMV 模型对重庆市城投债信用风险测度后，得到相关结果如表 6-14 所示。

表 6-14 KMV 模型预测结果

年份	可担保财政收入/亿元	波动率/%	增长率/%	安全偿债规模/亿元
2017（$t=1$）	1 233.00	0.116 7	0.168 0	986.40
2018（$t=2$）	1 362.45	0.081 3	0.082 5	1 089.96
2019（$t=3$）	1 503.23	0.065 4	0.054 0	1 202.58
2020（$t=4$）	1 656.31	0.055 9	0.039 8	1 325.05

根据 KMV 模型的预测结果可知，重庆市 2017—2020 年的可担保财政收入、波动率、增长率以及城投债的安全偿债规模。结论显示，2017—2020 年重庆市城投债的安全债务规模为可担保财政收入的 80%以内，这是比较合理的范围。根据近年来城投债的发行规模可以看到，截至 2017 年 5 月，重庆市 2017—2020 年城投债到期规模如表 6-15 所示。

表 6-15 重庆市城投债 2017—2020 年到期规模 单位：亿元

年份	2017	2018	2019	2020
到期债务	371.80	447.70	742.80	668.40
支付利息	342.87	344.64	348.86	348.51
本息和	714.67	792.34	1 091.66	1 016.91

数据来源：Wind 资讯。

由表 6-15 得知，2017—2020 年重庆市需要偿还城投债的本息和分别为 714.67 亿元、792.34 亿元、1 091.66 亿元、1 016.91 亿元；2017—2020 年重庆市城投债需偿还的本息和分别低于其安全偿债规模 986.4 亿元、1 089.96 亿元、1 202.58 亿元以及 1 325.05 亿元。需偿还的债务规模略低于其安全偿债规模，暂时不存在大的偿债风险，但是近年来重庆市城投债的发行规模逐年增加，需要加强对其城投债发行规模的控制，控制偿债规模，并设立风险预警机制。

6.3 城乡统筹融资风险的防范对策

6.3.1 规范地方政府融资行为

6.3.1.1 规范地方政府担保授信行为

首先严格规范政府担保的原则、条件、范围和决策权，明确政府担保的控制机制、执行机制和责任处理机制。其次要完善政府担保事项的配套条件。比如对被担保项目自有资金的比例做出要求，建立偿债的准备金制度，设立政府追索权制度等，以便降低地方政府担保引起的风险。而那些确需财政担保的项目，要根据项目的特点和性质，建立分级担保和反担保等制度。对于市场竞争性强的项目，财政则不予担保。

6.3.1.2 建立地方政府偿债准备金

债务偿还风险出现时，偿债准备金可用于直接偿还违约债务，因此建立地方政府偿债准备金十分必要。但要根据每年财政收入和支出的安排情况，考虑偿债准备金的设置。因为偿债准备金的数量既与来年到期应还的债务数量有关，又和以往偿债准备金的安排及新增违约有关，所以它应是一个动态变化的量。偿债准备金的资金来源主要是非债务性的收入，比如税收返还、财政拨款、土地开发收入以及投资收益等。

6.3.1.3 推进地方债发行

由于土地出让收入未来不可持续，融资平台公司又面临债务集中偿还的压力，地方政府的债务风险就成了突出问题。如果推行地方债的发行，可以规范地方政府的债务管理流程，又能够优化债务结构，还可以提高信息透明度，有利于风险的控制与预警。早在 2011 年，财政部就出台了《2011 年地方政府自行发债试点办法》，并在上海市、广东省、浙江省和深圳市四地开展地方政府自行发债的试点，发债规模需在限额内，还本付息由财政部代办。该批政府债券的期限分为 3 年与 5 年，3 年期的和 5 年期的债券发行额各占 50%。但地方债在此次四省（市）试点中也暴露除一些问题，比如评级依据缺失、没有市场化的定价机制、信息披露不完善，特别是关于发债资金的使用方面，都只是说明了粗略用途，至于债券资金使用项目的后续具体相关信息没有披露。因此，有必要建立市场化的地方债规范发行机制，并公开披露债券资金的具体用途相关信息和地方财政相关信息。在 2014 年的《国务院关于加强地方政府性债务管理的意见》中规定，采取发行政府债券的方式，建立规范的地方政府举债机制。针对没有收益的公益性事业，其发展所需资金通过发行地方政府一般债券筹集，用一般公共预算收入偿还。针对有一定收益的公益性事业，其发展所需资金通过发行地方政府专项债券筹集，用其对应的专项收入或政府性基金偿还。

6.3.2 规范地方融资平台公司运作

随着城乡统筹和各地经济社会发展的推进，地方融资平台公司的问题越来越突出。早在 2010 年，国务院就出台了旨在规范融资平台公司行为的《国务院关于加强地方政府融资平台公司管理有关问题的通知》，要求加强管理。

6.3.2.1 对融资平台公司进行清理整顿

对仅承担公益性项目的融资任务，只靠财政性资金来偿还其债务的融资平台公司，地方政府在明确还债责任和还款措施后，妥善处理公司，未来不得再承担融资任务。对那些除承担公益性项目融资任务外，还承担项目建设与运营的融资平台公司，把偿债责任和措施具体明确后就不再作为融资的平台。对承担有经营性收入项目的融资任务，且凭自身收益来偿还债务的融资平台公司，则依据《中华人民共和国公司法》的规定，完善公司治理结构，优化公司的股权结构，引进民间资本，促使投资主体多元化。

2014 年国务院制定的《国务院关于加强地方政府性债务管理的意见》，针对地方融资平台公司的处理方式：①承担商业盈利性业务的，将其债务与经营打包，改制为现金流覆盖的园区公司、其他国企或按市场机制转让给非国有企业，使之以企业身份向银行贷款或发行企业债融资。②承担公益性业务但有一定收益的，要实现转型，可以采取与社会资本合作，成立混合所有制的企业，或者开展特许经营合作（PPP 模式），通过项目公司按市场机制举借与偿还债务，政府不承担偿债责任，而只承担财政补贴等责任。③承担没有收益的公益性业务的，则直接纳入政府预算管理，由地方政府负责。

6.3.2.2 加强对融资平台公司的融资管理

清理整顿后仍然保留的融资平台公司，必须规范其融资行为，在向银行机构申请贷款时，要落实到项目且以项目的法人公司作为承贷主体。融资项目符合国家宏观调控、产业政策和行业准入标准等要求，履行审批、核准以及备案手续。严格遵照规定用途使用资金，稳健经营。

6.3.3 加强所涉金融机构信贷风险管理

6.3.3.1 完善农村产权抵押融资制度

成都市农村产权制度的改革给农村投融资创新奠定了基础条件，利用农村产权抵押融资，既能一定程度解决农户融资难的障碍，也能推动农业产业化发展，有利于提高农民收入。但是农村产权的权能不充分，其抵押融资的效果打折。我国的农村土地属于集体所有制性质，产权不明晰造成其所有权得不到有效体现，因而使得农村产权的其他权益存在不确定性。加之政策与法规对土地用途的管制，农村产权在保障投资人获得其他权益方面并不充分，因此农村产权流转受到很大局限。鉴于此，要完善农村产权的各项权能，促进生产要素的自由流动，就需要通过立法赋予城市土地和农村土地同地同权，才能保障农民对房屋和土地的使用权、收益权以及处置权，以便利农村房屋和土地的流转，实现生产要素的自由流动，从而促进实现农村产权的市场价值。

6.3.3.2 管控地方融资平台贷款风险

平台公司贷款融资的比重较高，随着公司债务逐步增加，贷款风险也在累积，因此要积极采取风险管控措施，以确保银行对平台公司的信贷资产安全。因此，首先需要严把贷前审批关，特别是对平台公司所处的地域和项目所在的行业等方面，要严格把控。然后需要做实贷后管理，建立并完善存量风险的评估和风险的预警。对于平台公司的贷款，要监控其资金的流向，一旦发现异常就要及时采取阻止措施。还要建立并完善风险的评估和预警管理。最后，可以采取信贷资产证券化的方式，以便分散平台贷款风险，从而大量的平台贷款就可以产生流动性，从银行系统剥离出来，而进入债券市场流通，即把银行平台贷款的风险转移到了资本市场，从而达到对平台贷款风险吸收和消化的目的。

6.3.4 优化城乡统筹融资机制

针对城乡统筹融资机制的现状，政府应该在融资目标、融资渠道、融资主体上进行优化设计以建立一个可持续的发展的城乡统筹发展融资机制。一是兼顾总量平衡和结构协调的融资目标。政府融资要控制债务率，使之处于合理的区间。二是重视融资工具的创新，推进地方债券的发行，如像美国的市政债券，其基础设施投资总额的1/3是通过市政债券筹资。三是建立多元化的融资主体体系。针对经营性领域的项目和公益性领域的项目，采取不同的融资方式，承载融资的主体也不相同。四是政府融资需要纳入社会监管之中。可以通过地方人大约束、主管部门审核、社会信用评级机构评级、投资者市场监督等方式。

6.3.5 建立有效的风险预警系统

若建立了风险预警系统，就可以在风险还处于萌芽阶段时就采取有效措施，规避风险的出现。城乡统筹融资风险预警机制应该从宏观层面、中观层面以及微观层面建立地方政府融资风险预警系统，全面掌握地方政府融资风险情况。有效地对风险进行评价、监控、预测。城乡统筹融资宏观层面的风险因素，要考虑整体经济运行状况及宏观财政金融政策，中观层面的风险因素，则需考虑区域的经济环境以及地方政府的财力信用情况等，微观层面的风险因素，就要考虑城乡统筹融资项目本身的财务风险因素，该项目和地方政府的关系。

6.4 本章小结

城乡统筹融资风险集中在通过银行贷款、城投债、“影子银行”融资带来的风险，政府融资风险逐渐显现。成渝两地融资对土地的依赖性高，因土地的有限性，土地出让收入逐步减少，融资和偿债压力都将增大。融资平台公司通常是需要政府提供担保、财政注资或土地入股的形式以达到融资的要求，而后成为地方政府融资的主要主体，它们的融资风险日益凸显。在银行监管趋严背景下，“影子银行”成为融资平台公司的新出路，而“影子银行”信息不透明且资金成本相对较高，加之其背后隐含地方政府担保，极易造成财政与金融风险的叠加。

以城投债融资为例，成渝两地的发行规模和存量规模整体趋势呈增加态势，以企业债、中期票据和短期融资券为主要形式，发行主体除了重庆市、成都市本级外，逐步增加了其下辖的区县级，两地城投债整体信用级别有下移趋势，重庆更为明显，重庆的增信措施相比也较弱。通过 KMV 方法测度重庆市城投债偿还风险，发现未来四年其需偿还的本息和分别略低于安全偿债规模，暂不存在大的偿债风险。但随近年重庆市城投债发行规模逐年增加，需要加强对其城投债发行规模的控制，关注偿债规模。本章提出从规范地方政府融资行为、规范地方融资平台公司运作、加强所涉金融机构信贷风险管理、优化城乡统筹融资机制、建立有效的风险预警体系五个方面防范城乡统筹融资风险。

7 成渝地区双城经济圈城乡统筹融资效益分析

由于本研究在第3章对成渝城乡统筹发展的总体成效做了分析，在此，主要分析融资效益。但因城乡统筹发展投融资往往是由政府主导，具体是由政府平台公司操作，而投资项目一般以公益性为主，因此，无法按照普通公司的投融资效益方式去分析。加之，无法获得平台公司的具体投融资总量、结构和分布等信息，公司所投项目往往主要表现为社会效益，而非确切的经济效益，也无法体现在具体的经济指标上。因此，本章采取列举个案的方式，对民间资金、金融资金等不同类别融资渠道所投项目的效益、以成都村公管理专项资金为个案的财政资金项目的效益、重庆地票改革为个案的土地融资效益分别做了分析，以期对成渝城乡统筹融资效益有个大致了解。

7.1 不同融资渠道所投项目的效益

在城乡统筹投融资中，成都市出台了深化投融资改革的相关政策文件，目的是平等对待各类投资主体，激活放宽社会投资，鼓励和创新政府与社会资本合作，发挥政府投资的放大效应和引导作用，挖掘社会资本潜力，拓展重大项目的资金来源。在此背景下，各类资金积极参与到城乡统筹建设之中。下面分别列举不同类型投融资项目的效应。

7.1.1 主要通过民间资本所投项目的效益

在通过引入民间资本融资方面，成都蛟龙港和郫都安德镇川菜工业园区是非常成功的案例。在建设工业集中发展区时，主要依赖民间资金来建设工业园区的基础设施，然后再自主招商引资，这就使政府摆脱了在招商引资和基础设施建设中的烦琐工作。

7.1.1.1　成都蛟龙港

（1）基本概况

成都蛟龙港由香港蛟龙集团投资开发，创建于2000年6月，是全国首家民营工业园区。2000年，它就在成都的青羊区建设了蛟龙港的青羊园区，而2004年，又在成都的双流县建设了蛟龙港的双流园区，在当时这是首个民营经济办园区的事例，并连续四年荣登“中国民营企业500强”，被列为“成都市工业集中发展示范区”。“蛟龙模式”开创了民营经济办工业园区的先河，截至目前，蛟龙港累计引进企业1 200多家，年产值及销售收入约300亿元，年上缴税收约6亿元，常住人口突破10万人。2010年，蛟龙港创造了全世界首个最长的不锈钢护栏的世界纪录。凭借蛟龙人在国内外各地三十多个招商部的营销，蛟龙港已经实现了“选商”。蛟龙港活水公园是一个日处理3万吨污水的处理厂，目前已经投入运行，既节约了水资源，又保护了生态环境。蛟龙港采取的这种协调开发，既能解决失地农民以及待业青年的就业和增收问题，还能够促进城乡一体化的进程，加快农民转为市民、农村转为城镇的步伐。且能够促进“三个集中”，促进以城带乡、以工促农的长效机制的建立，成了“城乡统筹”的实践者，“两化联动”的参与者。全国各地如黑龙江、江西和云南等省（市）都陆续组团到蛟龙港考察和学习，国家发改委、中央党校、全国工商联和全国政协等也先后到蛟龙港调研。

（2）发展历程

2000年，西部大开发的春风吹遍西部大地，成都蛟龙港凭其敏锐的触角，审时度势，紧抓历史机遇，投身于开放开发洪流。蛟龙人以创新的意识，超前的理念，瞄准西部大开发战略实施激发的众多异军突起的新型企业市场，运用独特的开发思路，统一规划，滚动开发，集中发展，以商招商，建立起了西部第一家民营工业园区——成都蛟龙港青羊园区。仅短短三年时间，蛟龙港青羊园区已建设满园，引进入驻企业约160多家，解决就业岗位2万多个。蛟龙港的运作模式实现了“一方营造，四方赢利”，推进了“三个转变”，实现了市委、市政府的“三个集中”，引起了社会各界的广泛关注。蛟龙人在取得青羊园区成功经验的同时，渴求更广阔的发展空间，实现更大的飞跃梦想。

2004年，蛟龙港又建立了成都双流园区。当时，蛟龙集团的精英团队来到双流万年村，挨家挨户拜访村民，并详细解说土地集中的必要性，得到了各村民的大力支持，都同意和香港蛟龙集团一起推行新的土地革命，把分散的土地集中起来，统一规划，打造了一个全新的万年村——蛟龙港双流园区，推行了“三个转变”，实现了“三个集中”，解决了三农问题。蛟龙港双流园区凭借青羊园区取得的成功经验和创新超前的意识理念，紧紧围绕成都市委、市政府“建设社会主义新农村”和“实现城乡统筹发展”的指导思想，历经“5·12”汶川大地震的检验和金融风暴的洗礼，蛟龙人团结一心，稳扎稳打，蛟龙港的发展实现了质的飞跃。蛟龙港双流园区相对于第一个园区的建设，配套设施更完善，城市化功能更齐全，工厂及城市建设标准更高，为社会解决就业岗位也更多。园区每年税收实现了节节攀升，建园开始几年只缴纳几千万元，而到 2012 年的时候，就已经达到了 6 亿多元。

2013 年成都蛟龙港荣登“中国民营企业 500 强”，并在 2014 年、2015 年连续三年上榜。2014 年蛟龙港产业转型升级项目——海滨城成功运营，该项目在 2016 年评为国家 4A 级旅游景区，国内首创商业旅游综合体，成了双流、成都的文化旅游新亮点。海滨城是产城融合发展，推进新型城镇化建设的典型，它是参照国际标准建设新型城镇化框架、配置城市功能，力求形成与国际接轨的物质形态和硬件基础的结果。国家发改委副主任胡祖才 2016 年 8 月 25 日进行了调研，他表示新型城镇化是促进区域经济发展的有力抓手，海滨城一站式的消费理念满足了群众的消费需求，有利于拉动区域经济发展，这样优质的商业综合体是新型城镇化建设有序推进的保障。为了更进一步提升经济效益，实现可持续发展，最关键的是靠完备、合理、多元化的产业体系来支撑，而产业转型升级就是重中之重。蛟龙港拟在“十三五”发展规划中启动两个重点项目——蛟龙港立体产业城、海滨城二期，两个项目拟总投资约 360 亿元。蛟龙港在大力推进第二、第三产业的同时，还助力于新型农业化建设，在立体工业城的建设中开发出土地耕种新模式，首创中国唯一的空中有机蔬果农庄，引进日本现代科技手法，并邀请国内外专家进行科研指导，现规划在占地仅有的 800 亩土地上，再衍生出 670 亩土地用于打造蛟龙港现代有机农庄，是蛟龙港高度集约、节约用地模式的延伸。集团已派人前往日本学习考察，蛟龙人立志要让身居城市的居民也能体验到亲手耕作的乐趣，享受到丰收的满足感，品尝到真正安全无污染的食物。同时，蛟龙港立体工业城空中农庄还将建立线上虚拟体验平台，形成线上操作与线下体验相结合的 O2O 模式，新创“蛟龙港空中有机农庄”App 便于主人实时监控管理农庄蔬果，可一键式便捷委托专人采摘蔬果，乘坐蛟龙港特有的 BRT 快速公交、轻轨等交通工具无缝衔接成都地铁，第一时间新鲜、快速送达给主人。这一创新举措既完成了工业生产需求，又满足了特色农业发展，该项目的成功打造，将成为四川都市现代农业的一张崭新名片。

（3）蛟龙模式的价值

①政府受益

蛟龙港运作模式解决了政府缺乏资金的压力。过去通行的做法是，道路、通信、绿化、水、电、气以及污水处理等方面的园区基础设施建设，以及园区的招商引资都是政府投资和承办，政府往往得花大量精力去承办招商引资事项，花大量精力和成本去筹集资金，还得承担资金投入风险。蛟龙港的做法是公司全部自行承担投资建设园区，从根本上减轻了政府投入到园区基础设施建设上的资金压力，也避免了插手于本该企业承担的具体事务之中。按照市场规律，把该企业办的事情就交给企业去办，既解决了政府筹集资金以及资金投入承担风险的问题，又能促使政府职能的转变，让政府集中精力做好协调和服务工作，适应我国加入 WTO 后的新形势，还增加了企业税源，最终形成了政企和谐发展的局面。

②农民受益

在推进城乡一体化建设的进程中，如何妥善地处理并解决好失地农民的就业问题，改善他们的居住环境，增加他们的收入来源，提高他们的生活质量，是各级政府遇到的一大难题。蛟龙港按照城乡统筹的要求，园区建设同农民新居建设、同第三产业的发展相结合，使农民“进厂不进城，离土不离乡，失地不失利”，在农业向工业转变，农村向城镇转变过程中，农民也逐步转变成了市民。农民把土地承包经营权折价入股，从土地入股中分红，真正把土地资源转变为了土地资本，从而就能够获得长期而稳定的收入来源。农民过去种粮每亩的年净收入仅仅为 300~500 元，而今每亩地的年净收入能够获得 1 200~1 500 元，较之以前提高了 3 倍左右。然后农民在工业园区就业，也能够得到工资收入，每人年均收入为 6 000~10 000 元。针对园区服务的产业也应运而生，比如餐饮和休闲娱乐等，这样就创造了一些新的就业门路，不具备务工条件的农民可以从事以服务为主的第三产业，从而得到更多的收入。同时，农民的生活质量也得到了提高，统一规划建设的农民新居工程，农民搬进了新楼房，生活环境大大得到改善。

③投资者、开发商受益

蛟龙港由于是企业化经营运作，港内的建设与经营都遵循市场机制，完全按照市场规律解决问题。蛟龙港的经营和运作模式以企业的需要为宗旨，工业港负责投资建设园区的基础设施和具体操办招商引资事宜。这种模式的优势在于：一是集中连片，统一规划，节约了土地。据估算蛟龙港集中连片建厂比分散建厂节约 50%以上的用地。二是统一建设与基础设施共用，提高了道路、排污、水、电、气、通信等的综合利用率。三是单个企业的资金投入风险和投资成本大大降低了。按常规大多数企业先要投入大量资金用来征地、建厂和买设备等，企业资金本来就有限，前期占用太多，后续用于购入设备投入生产的流动资金就显紧张了。加之到水电等相关部门跑手续都是费时费钱，一些中小企业就这样被扼杀在摇篮里面了。而蛟龙港恰恰做的就是企业最需要、最担心的事情，其做法是依据企业的需求修建厂房规格和配置个性化的功能。因此蛟龙港里有大如生产汽车配件的钢架结构厂房，也有小如研发真空元器件的小厂房。进园区的企业自身没有能力建设厂房的，则采用租赁形式，蛟龙港可以按进园企业的要求，建好厂房后租赁给进园企业，而企业只需要交付部分定金就可以拥有工厂，立马实现开工投产；如果想自己投资建厂房的企业要进园，就可以与蛟龙港签下代建协议，预付少量资金后，蛟龙港则帮为代建，并在协议期限内交付使用。进园区的企业仅承担少量厂房代建款以及基础设施费用，这样既省去了企业的许多麻烦，其投资成本与风险也大大降低了。据测算，若进双流园区的企业分散建厂，单个企业用于征地，建厂房，配置基础设施等投资至少要达到 1 000 万元以上，但进入蛟龙港后，只需支付几万元便可拥有崭新的工厂，完善的基础设施配套，良好的发展环境，企业可用有限的资金购置最好的设备，引进先进的技术，招募最好的人才，立马就可投入生产，以最快的速度产生效益，产品占领市场，为企业获得最快最大的发展。蛟龙港的运作方法，把园区开发商与进园企业黏合在一起，并为两者找到了一种合作的投资机制。工业港在为中小企业代建厂房的过程中，以及为它们提供的基础设施服务中，能够获得租赁费和设施使用费等稳定的收益；而对进园企业来说，通过蛟龙港，能够摆脱资金不足的压力与困境，把有限的资金用于企业的技术创新、产品开发和市场开拓，这样就能够实现企业发展的最大化，用获取的利润回报蛟龙港的同时，实现了自身更大的发展。

7.1.1.2 郫都区安德镇中国川菜产业化园区

郫都区安德镇，位于郫都区西部，辖区面积 39 平方千米，2014 年常住人口为 5 万人。多年来，郫都区安德镇紧紧围绕统筹推进“三个集中”，全力推动以工业为重点的快速发展，依托园区建设推进城市建设，通过工业反哺农业，在城乡一体化的实践中取得了一定的成效。实现工业化、城市化和农业产业化的“三化联动”。安德镇坚持以统筹推进“三个集中”“6 个一体化”促进“三化”联动发展为根本方法，深入实施农村工作“四大基础工程”，采取市场化方式系统集成推进城乡统筹。

自 2005 年 4 月以来，郫都区在安德镇规划建设 3 平方千米的成都现代工业港中小企业园，园区内以川菜原辅料生产加工企业为主，建材、机械生产配套区为辅。发挥“郫县豆瓣”传统品牌优势，同时推动川菜精深加工产业的集群和集约发展，决定打造“川菜产业化园区”。引进四川世创建设投资公司与镇政府合作组建安德城镇建设投资公司，创新实施 T-BOD 融资建设模式，以社会资金为主推进园区建设的路径和办法，推动产业聚集发展。并抓住“四川省安德民族工业园区”的发展机遇，进一步加快民族贸易发展，在园区内划分少数民族日常、特殊用品加工区，大力引入少数民族用品加工企业。目前，重点打造并更名为“中国川菜产业化园区”，它是全国唯一以地方菜系命名的产业化园区，被成都市定义为全球川菜原辅料生产和集散中心，主要发展以“郫县豆瓣”为核心的特色食品产业，是郫都区培育千亿食品产业集群发展战略目标的核心载体。围绕现代工业港中小企业园建设逐渐推进工业向园区集中。

围绕城镇经营建设推进农民向城镇集中，加快城市化进程。在以工业为主导的同时，安德镇继续做好配套提速城市建设。紧紧围绕配套园区发展需要，引进建设和改造提升一批商贸、餐饮、房地产、汽修等服务项目，培育第三产业新优势。从而将安德镇建设成为既适宜居住，又适宜创业的综合性城市片区。安德镇在加快旧城片区拆迁改造和风貌整治的同时，启动了新城区骨架道路、市政管网等基础设施建设，加紧安唐路景观风貌街道规划设计方案，并实施安德民族贸易市场扩建工作，建设了一批农民安置小区。全面加强城镇环境综合整治，提高城市精细化管理水平，引入 ISO 管理模式，构建城市管理信息平台，建立上诉、限时办结、跟踪问效等机制，并拟定了详细的考核标准和评分标准；成立市容环境管理所，组建专业的城监城管队伍，组建环卫、城管等部门应急预备队，各部门之间建立联动机制。

为推动土地向业主集中，促进农业产业化的进程。安德镇突出产业化，抓住重点项目和重点区域，依托川菜产业化基地的带动，大力发展特色产业，努力提升竞争能力，使农民从低效益的粗放型生产中解脱出来。大量的川菜餐饮企业在川菜产业化基地落户后，围绕蔬菜、珍稀食用菌和韭菜等基地的建设，带动了周边地区建成 1 万亩的加工原辅料基地，形成了明显的农业产业聚集效应。为深化农村的经营体制改革，安德镇和县农发局分别成立郫县食用菌营销联合体（或合作社）、广福韭菜合作社和京韩四季蔬菜合作社，然后通过合作社带动基地的方式促进农产品种植技术的创新、研发和推广，在推进农业产业化发展的同时，又能促进农民增收。

经过集中打造“中国川菜产业园区”，把产业、就业及农民向城镇集中居住结合起来，形成了“三化”联动、产城一体的格局。打造后的“中国川菜产业园区”获得了“中国川菜产业化食品加工基地”“全国农产品加工业示范基地”“最佳调味品工业园区”“国家农业产业化示范基地”“最具影响力调味品工业园区”等荣誉称号。目前园区聚集了丹丹豆瓣、京韩四季、新希望、四川徽记、重庆有友等产业项目 83 个，形成 2.2 平方千米项目承载能力，投资总额达到 70 亿元，2016 年川菜产业园产值达 110 亿元，较 2015 年提升了 7.85%。园区企业已吸纳 7 800 余名城乡居民就地就业，建立起了农民增收就业和产业的集群集约发展。依托入驻园区的农副产品精深加工企业，采取龙头企业自建示范基地和与农民专合组织、种植大户订单生产的方式，带动安德及周边地区建起了蔬菜配套种植基地八万亩，形成了“园区企业+种植基地+专合组织+农户”利益联结机制和产业链条，这样能促进农业的转型发展，还可以使农民多元化增收和多渠道就业，创造了农民到城镇集中居住的条件。随着工业的快速发展，聚集了城镇的人气和商机，对城镇的承载能力产生了新的需求，有效地带动和促进了城镇建设和服务业发展。通过近年来的建设发展，城市功能不断完善，城市形象品质显著改善，城市价值大幅提升。城镇建成区的面积在 2004 年只有 0.6 平方千米，目前已经拓展到了 5.3 平方千米，共吸纳了 2.5 万人进城居家和创业，而城镇人口在 2004 年还不足 0.8 万人，目前已经增加到了 3.1 万人，而城镇化率在 2004 年只有 22.8%，目前已经提高到了 68.3%，城乡居民收入比由 2004 年的 2.5∶1 缩小为 1.8∶1，率先缩小到 2 以内。

随着川菜产业园区不断发展壮大和城镇建设的加快推进，为农村土地实现规模经营和农民集中居住创造了条件，全镇规划农民新居点位 26 个，目前已启动 5 个村 18 个点位建设。安德镇农民新居均提升了公共服务设施与社会管理的配置，城乡居民生活条件走向同质化。

7.1.2 主要通过信贷资金所投项目的效益

国家开发银行四川省分行是为城乡统筹项目融资的典型金融机构。2004 年，国开行与成都市政府全面加强合作。2006 年，国开行对成都市的新增贷款为 120 亿元，贷款用途是支持城乡一体化以及十五个工业集中发展区的建设，这为成都的城乡统筹以及“三个集中”奠定了基础。2007 年，国开行向成都发放了新增贷款 100 多亿元，结合成都城乡统筹试验区建设的需要，重点支持了城乡一体化二期、成华区的企业搬迁惠民工程、小城镇建设等项目，还为储备项目发放了 500 多亿元的贷款。2008 年，国开行与成都市政府深入合作，就新农村公路建设、城际铁路成都段建设、城乡一体化二期和成都市乡镇污水处理厂等重大建设项目融资形成了合作。成都以兴蓉公司为平台，投入了项目资本金3亿元，得到国开行的长期贷款约7亿元，花了两年时间改造全市的410所危旧的中小学，最终建成的标准化学校，设施一流、布局合理、具有川西民居风格，完全解决了60多万农村孩子上学条件差的问题。使成都农村的中小学基础设施条件提前享有8年的时间，缩小了城乡教育资源的差距，也解决了教育资金不够的问题。2004年以来，国开行共为成都发放贷款600多亿元，所涉项目369个，比如地铁、“五路一桥”、农村中小学标准化建设、企业生活区搬迁改造、市级医疗机构设备采购等，覆盖范围从基础设施到工业领域，再到富民惠民工程等。国开行以开发性金融的理念，带动社会资本的投向，以融资带动市场建设和信用建设，是推动成都城乡统筹的一股重要力量。

除此之外，重点探讨农村经营主体从金融机构投融资情况。成都农村产权改革开了全国之先河，这项改革的初衷是为了便于农村土地流转，而改革后发现农村土地、房屋有了权证，便可以作为农村融资的抵质押物，可以缓解贷款难问题。截至2016年2月，全成都市累计实现农村产权抵押融资4 963笔，金额近132亿元。其中，农村房屋抵押2 472笔，金额约7.3亿元；农村土地承包经营权抵押92笔，金额3 017万元；农村集体建设用地使用权2 158笔，金额84.7亿元；林权241笔，金额39.5亿元。截至2016年2月，全市农村产权抵押融资余额83.8亿元，585笔。其中，农村房屋抵押余额14.4亿元，462笔；农村土地承包经营权抵押余额1 196万元，38笔；农村集体建设用地使用权抵押余额67.3亿元，38笔；林权抵押余额14.9亿元，47笔。

以郫都区为例，目前对新型农业主体的信贷方式主要有：农房抵押贷款、土地经营权抵押贷款、集体建设用地使用权抵押贷款、存货抵押贷款和其他普通抵押贷款。农房抵押贷款发生91笔，金额2.881 5亿元；集体建设用地抵押贷款1笔，金额1 500万元；土地经营权抵押贷款发生8笔，金额185万元；存货抵押贷款余额7.65亿元，涉及郫都区豆瓣企业近70家。云桥蔬菜专业合作社利用土地承包经营权融资就是一个典型例子。

云桥蔬菜专业合作社位于郫都区新民场镇云桥村5组、水源一级核心保护区，三面环河，空气清新，环境优美，占地340亩，云桥圆根萝卜在2014年成功申请为国家地理标志保护产品，产量高达1 000多吨。2015年生产经营收入143万元，利润21.5万元。注册了“云桥玉姐”商标，打造了云桥玉姐萝卜干、云桥玉姐泡菜、有机大米等系列产品。带动周边农户50余户种植有机蔬菜，在农场的带动下，不仅提高了蔬菜品质，还增加了农户农业收入。

2017 年，因生产发展需要，云桥合作社利用 335 亩农村土地经营权在邮政储蓄银行融资 43 万元，该笔贷款对合作社购买设备扩大再生产发挥了重要作用，解决了合作社资金使用的燃眉之急。

7.1.3 主要通过财政资金所投项目的效益

城乡统筹发展不仅要向“三农”倾斜，而且要讲求支农方式。成都市于 2007 年，通过制度创新成立了政策性国有农业投资公司，把财政的经营性支农资金以及一部分土地出让金收益集中打捆使用。这完全改变了过去传统的财政支农方式，把政府拨款变为企业投资，通过市场机制配置资源，取代以前行政审批的分配办法，大大提高了财政支农资金使用效率，既能够放大财政资金的聚集效应，又能推动农业现代化发展。

为了创新财政支农的模式，成都市又先后组建了现代农业投资担保公司和产权流转担保公司，健全市场化配置资源的机制。长期以来，农业项目因有效抵押物不足原因，在金融机构贷款很难。成都农发投公司创新突破，开创了“牛头猪尾或者苗木桩头办抵押”“委托贷款+担保贷款”“股权质押作担保”“量身定做反担保”等新模式，撬动、引导、黏合各类社会资本向农村和现代农业集聚。比如温江的青春园林有限责任公司因为从事花卉苗木的容器育苗，需要大量资金支持。成都农发投公司就打破常规，把青春园林公司的桩头和大树请评估机构评估后，再在担保公司确认其价值后作为抵押物，得到委托贷款与担保贷款共 1 300 万元，为企业解了燃眉之急。双流的鑫山牧业有限责任公司用公司现存的 1 000 余头牛充当抵押物，得到成都农发投公司的贷款 2 000 万元，在有了资金支持下，该公司准备向都江堰和彭州新发展近万头牛的养殖规模。

截至 2015 年年底，成都市已累计推进项目 1 104 个，总投资 489. 49 亿元。其中，公司利用委贷、直投方式投入 143 亿元，担保投入 132. 05 亿元，引导社会资金投入 214. 44 亿元，财政项目资本金杠杆比达 1 ∶ 8。有关该公司投融资具体实践和成效见第 5 章。

教育公平一直是重庆市城乡统筹发展中很注重的内容。2013 年，70%的新增财政投入都投向了边远、贫困、农村和民族地区，目的是逐步缩小城乡差距。为进城务工人员子女提供 30 万个就学名额，比上年增加 18. 1%，切实保障农民工子女入学。同时，重庆市将加强农村小学等末端教育建设，继续实施农村薄弱学校改造、寄宿制学校建设等工程，新建及完善农村寄宿制学校 300 所，确保每一个孩子公平入学。除了硬件设施的改善外，同时加强师资力量等末端教育的软件建设。过去主要按照“师生比”为农村学校配备教师，以后将按照“班师比”给农村学校配备教师，只要有学生就应开设音、体、美和英语等课程。为提高农村老师的教学水平，将在市、区两级继续推动学校“捆绑”帮扶，通过建立学区、校校联盟等方式，实现城市学校带动农村学校发展，让老百姓身边都有好学校。

丰都县是城乡统筹教育均衡示范县，其主要做法和成效是：一是优化学校布局，完善商品房小区幼儿园、小学配套建设机制，合理撤并校（园）20 所，新建改建中、小学 6 所，整合农广校和三峡技校资源，满足社会多层次教育需求。二是改善基础设施，筹资 2 161 万元，改造危旧校舍 2.17 万平方米，新建学生食堂 14 个，为 40 所乡村小学配齐音、美、体教学硬件设施，缩小城乡学校的差距。三是优化师资队伍，引进优秀教师 388 人，优化教师学历、文化、年龄、专业结构，教师合格率达 96% 以上。四是提升教学质量，全面落实“减负提质”十条规定，实施中小学“卓越课堂”计划，高考上线率突破 90%，职教学生就业率达 97%，培训就业率达 100%。

重庆市油溪镇大坡村在成立了村集体资产经营管理公司以后，利用村公司这个平台，争取各类项目资金，引进项目业主盘活土地，实现资产的保值增值。到目前为止，引进鹏鼎生态农业开发公司集中流转了 1 000 亩土地打造生态农业观光园；争取移民项目 2 个，分别是优质龙眼苗圃基地 600 亩、蔬菜基地 2 000 亩，预计吸引移民资金补助 2 000 多万元。

7.2 财政专项资金效益：以成都村级公共服务和民主治理改革为例

城乡统筹发展中，在推动村级层面公共服务和民主治理方面，成都在 2008 年制定并发布了《中共成都市委　成都市人民政府关于深化城乡统筹进一步提高村级公共服务和社会管理水平的意见（试行）》，其中指出为了全面提高村级公共服务以及社会管理的财政保障水平，要求成都市及各区（县、县级市）政府都要把社会管理和村级基本公共服务的经费纳入本级财政预算之中，并据经济和社会发展水平情况，制定出投入村级公共服务以及社会管理的最低标准。还要求市县两级财政要以 2008 年投入经费额度为基数，每个村（涉农社区）每年所得专项资金不少于 20 万元。中心城区的经费全由区财政安排，二圈层则按 5∶5 的比例分别由市、区（市、县）财政安排，三圈层按

7∶3的比例由市、区（市、县）财政分别安排。且该项投入的增幅比同期财政经常性收入的增幅要高。成都把村级公共服务以及社会管理的经费纳入财政预算之中，并建立了一定的增长机制，这在全国是首例。这也是成都在农村产权制度改革后又一项重大的改革，它是围绕如何健全农村的基本公共服务保障机制以及农村基层治理而开展的，对提升城乡基本公共服务的均等化水平，推动农村的治理能力和治理体系的提高，促进农村社会全面进步发挥了巨大的作用。因此，以此为例，看看这项财政资金支持项目的具体推进情况和成效如何。

7.2.1 村级公共服务和社会管理项目推出的背景与改革内容

7.2.1.1 背景

城乡二元结构体制导致了城乡发展不平衡，城乡之间最突出的差距是公共服务的差距。农村基本公共服务的供给往往是“替民做主”“自上而下”的单一决策模式，农民因缺乏有效参与，难以表达自己的诉求和维护自己的利益。

（1）农村基本公共服务供给不足和结构失衡

从供给内容上看，由于历史欠账巨大，政府投入不足，农村基本公共服务供给短缺的现象仍然十分严重。与城市相比，农村基本公共服务不仅数量少、质量低，而且可及性差，农村居民还不能同城市居民一样享有大致均等的基本公共服务。从供给结构上看，由于采取自上而下的供给模式，农民对基本公共服务的意愿得不到尊重，导致由政府主导的项目往往脱离实际，不能真正解决农民最现实、最直接和最迫切的需求。

（2）农村基本公共服务的供给责任不清

长期以来，政府在公共服务的供给上实行城乡有差别的二元体制，城市的公共产品都由政府财政预算安排，而农村的公共产品基本是农民和村级组织自己承担。农村村级组织在无经费保障的情况下，承担了过多的行政和社会事务，不仅难以为村民提供公共服务，而且自身也难以正常运转，相当多的村级组织甚至无固定办公场所、无必需办公设备、无必要活动经费。从农民个人来看，也在较大程度上承担了农村公共服务的主体责任，依靠筹劳筹资来兴办公益事业，配置生产生活设施。

（3）农村基本公共服务效率低下

农村上学难、看病贵、基础设施落后等问题突出，城乡的基本公共服务差距较大，个别地方的基本公共服务差距比城乡经济发展水平以及城乡贫富差距还大。

鉴于此，该项改革因时而出。其蕴含了三方面的理念：一是起到强化各级政府为农村基本公共服务的供给责任，树立了“政府主导与多方参与”的理念；二是推动了各级行政机构的职能转变，要求从“经济发展”转变为“公共服务”与“社会管理”，理顺了村级自治组织和社会组织、集体经济之间的关系；三是通过公共财政的投入，以及基本公共服务项目的运作，使民生和民主能有机结合，同时促进村民的生产生活和基层的治理结构双重改善。

7.2.1.2　内容

此村级公共服务与社会改革项目，主要想建立分类供给、统筹建设、经费保障、民主决策以及人才队伍五大机制，并从文体、医疗卫生、教育、就业和社会保障、农业生产服务与社会管理、农村的基础设施和环境建设七个方面，全面提升农村公共服务和社会管理水平。

7.2.2　村级公共服务和社会管理项目的推进情况及效益：2009 年与 2014 年对照

7.2.2.1　2009 年

（1）总体情况

2009 年上半年，全市 19 个区（市）县的 132 个村（社区）开展了村级公共服务和社会管理改革试点工作，7 月末开始在全市范围内全面推开。各区（市）县高度重视，均成立了党政主要领导牵头的村改领导小组，建立了村改工作联席会议制度。同时，根据成委发〔2008〕37 号文和成统筹〔2009〕59 号文，结合区域实际先后配套出台了相应的实施意见和管理细则（办法），并将村级公共服务和社会管理改革工作纳入目标管理和考核。采取各种行之有效的措施，广泛宣传村级公共服务和社会管理改革政策，着力提高群众知晓率，积极引导村民按照村改工作的程序建立村民议事会和监事会，并按“民主议事，有钱办事”原则确定村级公共服务和社会管理专项资金项目（以下简称“村级专项资金项目”）、使用村级公共服务和社会管理专项资金（以下简称“村级专项资金”），提高了村民的民主意识，解决了部分农民急需的生产生活基础设施，农村环境得到有效改善。2009 年 4 月，市委组织部、市统筹委在广泛调研总结的基础上出台了《村级公共服务和社会管理改革工作手册》，进一步完善和明晰了现阶段村级公共服务和社会管理的分类供给内容和供给主体职责，制定了民主议事制度和规则，提出了民主管理常态化的指导办法，以规范村改民主管理“六步工作法”的总体流程。经过一年多的探索和实践，农村基础设施得到一定的改善，农民的民主意识逐步增强，村级公共服务和社会管理水平不断提高。

（2）村级专项资金的筹集、使用和项目的确定及实施情况

全市2009年资金计划应安排69 094.9万元，截至2010年2月底，实际到位75 318.7万元，实际到位专项资金比应到位资金多6 223.8万元（其中：双流县和龙泉驿区配套资金8 807万元；彭州市应配套资金2 413.5万元是由2009年灾后重建资金1 822.5万元和财政2010年安排资金591万元组成，金牛区两个街办未配套资金169.7万元）。

截至2010年2月底，全市263个镇乡（街办）2 757个村中，2 314个村已确定了村级专项资金项目，占比84%；已确定的项目总数为15 175个，涉及的专项资金计划总额为57 768万元，已经实施7 284个，占计划项目的48%；实际支出15 133.6万元，占计划项目资金57 768万元的26.2%；专项资金账面结存60 185.1万元，占专项资金总额75 318.7万元的79.9%；未确定出项目的村（社区）还有472个，占全市涉农村（社区）的16%（其中：尚无计划安排的资金17 551.1万元，已确定项目尚未支出42 634万元）。具体情况见表7-1。

表7-1 已确定项目的村级公共服务和社会管理专项资金分类情况

	全市合计		五城区合计		二、三圈层合计	
	资金总量/万元	占比/%	资金总量/万元	占比/%	资金总量/万元	占比/%
文体类	6 097	10.55	250	9.38	5 847	10.61
教育类	231	0.40	31	1.16	200	0.36
医疗卫生类	1 078	1.87	226	8.47	852	1.55
就业和社会保障类	1 086	1.88	277	10.39	809	1.47
农村基础设施和环境建设类	34 358	59.30	871	32.62	33 388	60.60
农业生产服务类	1 838	3.18	37	1.40	1 800	3.27
社会管理类	13 179	22.81	976	36.58	12 203	22.15
合计	57 768	100	2 669	100	55 099	100

资料来源：根据成都审计部门资料整理。

资金使用中表现出如下特点：

①在全市已确定的村级专项资金项目的计划资金57 768万元中，二、三

圈层占 95.37%，五城区占 4.63%。

②从全市项目的分类情况来看，村级专项资金主要分布在：农村基础设施和环境建设类占计划资金总额的 59.3%；社会管理类占 22.81%；文体类占 10.55%。

③区域之间项目结构差异明显：五城区在社会管理类、就业和社会保障类、医疗卫生类的需求明显增加，项目资金占比分别高出二、三圈层同口径的 14 个百分点、9 个百分点和 6 个百分点；二、三圈层的需求则更集中在农村基础设施和环境建设类的项目，其资金所占的比例高出五城区同口径的近 30 个百分点。可见，目前在村级公共服务和社会管理中农村基础设施和环境建设是农民最为迫切的需求。

（3）专项资金民主决策和管理情况

民主决策和管理是整个村级专项资金管理和使用的核心，各区（市）县以村级专项资金项目为载体，用民主的方式对项目进行决策、实施、监管和评议。该项目实施以来，村民民主意识和村级组织自治能力得以增强，各项民主管理机制已经和正在逐步建立及完善中。

①村（居）民（重点抽查 471 个村）民主管理的长效机制建立健全情况较好（见表 7-2）。

表 7-2　村（居）民民主管理的长效机制建立健全情况测评

测评内容	已建立的村/个	未建立的村/个	建立的比例/%
成立村（居）民（代表）大会情况	471	0	100
成立村（居）民议事会情况	471	0	100
成立村（居）民监事会情况	471	0	100
制定民主议事规则情况	446	25	94.69

资料来源：根据成都审计部门资料整理。

②民主决策程序的总体执行情况良好

根据村级专项资金项目民主决策“六步工作法”，选择了其中的“收集民意”“梳理讨论”“议决公示”3 个阶段作为关键控制环节，对 471 个重点抽查村进行了民主决策程序执行的实质性测试，并对涉及的项目进行了统计，结果如表 7-3 所示。

表 7-3　部分关键程序环节执行的村及项目情况

关键程序环节	抽查村/个	执行不规范的村		执行不规范的项目				项目总数/个	项目总投资额/万元
		数量/个	占比/%	项目个数/个	占比/%	项目金额/万元	占比/%		
1. 收集民意阶段	445	45	10. 1	129	4. 8	847. 2	6. 1	2 667	13 981
2. 梳理讨论阶段	440	44	10. 2	213	8. 0	526. 5	3. 8		
3. 议决公示阶段	435	42	9. 7	140	5. 2	599. 5	4. 3		

资料来源：根据成都审计部门资料整理。

由表 7-3 可见，从规范要求来讲，有 10%左右的村未严格规范执行民主决策程序，反映在项目个数和项目金额上的比例为 5%左右，问题的性质主要是执行程序不规范。

（4）项目的分类供给情况

为贯彻《中共成都市委　成都市人民政府关于深化城乡统筹进一步提高村级公共服务和社会管理水平的意见（试见）》（成委发〔2008〕37 号）（以下简称《意见》）精神，各区（市）县结合实际出台了配套的文件，对村级公共服务和社会管理 7 大类 59 项工作的分类供给内容、供给方式和供给主体等进一步明确和细化，对细化的项目，依据“经营性服务探索市场化供给、福利性服务适度补贴、公益性服务政府承担”的思路，将供给主体和供给责任逐项明确到相关部门、市场主体和村级自治组织，为建立经费保障机制、设施统筹建设机制和民主决策管理机制提供了前提条件。

根据抽查的 471 个村（社区）的村级专项资金项目共计 2 667 个，计划村级专项资金投资 12 456. 9 万元。将各项目按照《意见》及《村级公共服务和社会管理改革工作手册》中的“现阶段村级公共服务和社会管理主要内容和供给主体”进行分类，结果如图 7-1 所示。

图 7-1 表明：以村自治组织为主要供给的项目占资金比例 89%，村级专项资金所承担应由政府为主要供给的项目资金所占的比例为 8. 29%。审计调查结果显示，各村（社区）经民主决策出的项目基本符合分类供给主体原则，村民基本上掌握了村级专项资金的适用范围。

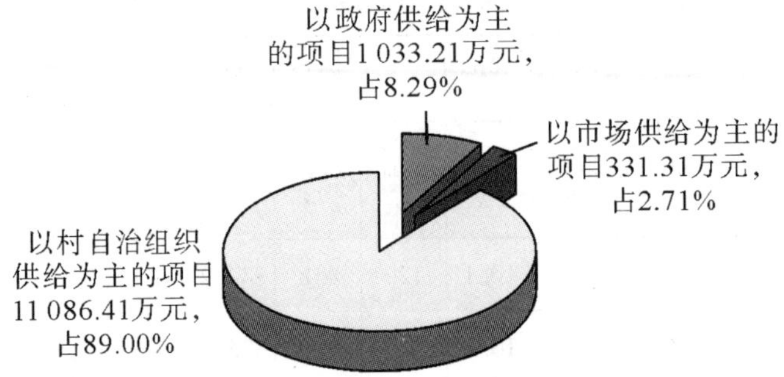

图 7-1　抽查项目的分类供给情况

（5）存在的问题

①不符合规定使用村级专项资金

如 2010 年 2 月 3 日，都江堰市青城山镇青田村议事会以发放 2009 年政策宣传员、治保巡逻员等名目套取资金 12.473 66 万元，2 月 4 日从套取的资金中除支付报刊费 6 236.60 元外，给议事会、监事会、村两委会成员发放补贴 4.86 万元，余款 6.99 万元于 2 月 5 日以私人名义存入银行。武侯区簇桥街办、簇锦街办、机头桥街办管辖的村违反成统筹〔2009〕95 号文件的规定，变相分配专项资金 43.7 万元，其中：为符合医保政策的村民支付城乡居民医疗保险中应由个人承担部分金额 29.37 万元，为全村村民购买米和油平均发放共计支出 14.33 万元。双流县兴隆镇廖皇寺村因建设工程合同纠纷案被双流县人民法院强制执行，村级专项资金被扣 11 万元。

②民主决策程序规范性不够

“收集民意”阶段不规范的表现形式主要是入户调查表缺失，未采取“自下而上”的方式而是由村委会或议事会拟定项目后征求群众意见；“梳理讨论”阶段不规范的表现形式主要是相关的会议记录或证明材料缺失而无法反映梳理讨论过程等；“议决公示”阶段不规范的表现形式主要是提供的议决事项资料不齐全，反映的议决事项过程不完整，未通过群众议决，以及公示证明资料缺失或公示内容不完整。从规范要求来讲，有 10%左右的村未严格规范执行民主决策程序，反映在项目个数和项目金额上的比例为 5%左右，问题的性质主要是执行程序不规范。

7.2.2.2　2014 年

（1）村级专项资金的筹集和使用

全市市县两级财政计划安排村级专项资金 12.52 亿元（市级 7.5 亿元、县级 5.01 亿元），实际筹集并拨付到位 12.67 亿元，实际到位专项资金比计划到位资金多0.15亿元（其中：龙泉驿区0.05亿元、天府新区成都片区0.05亿元、双流县0.03亿元、新都区0.02亿元）；截至2015年6月30日，全市2014年专项资金实际支出总额11.24亿元，账面资金结存1.43亿元，资金使用率总体为89%。

(2) 项目的确定、实施及投向

截至2015年6月末，在全市259个镇乡（街办）2 733个村（涉农社区）中，确定了2014年的村级专项资金项目有2 719个村，占99.5%，确定项目总数26 173个，另有14个村未确定项目，分别因生态移民、拆迁、区划调整或规划不合理等原因所致；已实施的项目有23 308个，占项目总数的89.05%。已确定的26 173个项目所对应的资金预算总额14.96亿元，资金投向的具体情况如表7-4所示。

表7-4 2014年村级专项资金项目分类投向情况

类别	2014年已确定项目情况		各类项目资金占比/%
	项目个数/个	项目预算金额/万元	
文体类	5 339	14 207	9.49
教育类	154	175.75	0.12
医疗卫生类	351	668.20	0.45
就业和社会保障类	189	401.33	0.27
农村基础设施和环境建设类	9 010	85 063.47	56.87
农业生产服务类	1 387	3 211.93	2.15
社会管理类	9 743	45 835.69	30.65
合计	26 173	149 563.37	100

资料来源：根据成都审计部门资料整理。

从上述资金投向情况来看，全市使用2014年村级专项资金实施的项目基本已集中于基础设施和环境建设、社会管理和文体类中，符合分类供给原则中关于“公共服务和公共管理村级专项资金原则上用于村级自治组织为主组织实施的项目”的要求。

7.2.2.3 该项目推进以来的效果

从2009年下半年至2015年上半年，成都村级公共服务与社会管理的改革已有七年，村级专项资金已经成为农村家喻户晓的惠民政策，市县两级财政安排村级专项资金年度金额从2009年的6.909 49亿元，到2014年的12.52亿元，每村（社区）年度获得该专项资金从2009年的25万元到2014年的45万元，已累计拨付专项资金超过70亿元。截至2014年年底，市县两级财政总共拨付了58.62亿元的专项资金，实施了123 805个项目。村民们按照民主管理决策要求，资金使用和民主管理走向规范，基层民主治理意识增强，通过对村级道路维护和路面硬化、水利灌溉沟渠的维修、农村治保、农村环卫保洁管理、院落整治、文体活动等项目的实施，逐步解决了部分涉及生产、生活等急需解决的问题。

以成都市大邑县（2009—2016年）为例：一是农村的基础设施与农村环境、农村交通难和用水难等方面大为改观。政府先后修建水泥路854.02千米，修建垃圾池1 132座，铺碎石路823.33千米，新建U型槽750.2千米，维修桥梁307座，新建提灌站83个，新建浆渠313.3千米，维修14座，新建水池313个，淘修农毛渠3 176.09千米，安装饮水管道464.67千米。二是提升了农村的公共服务水平，促进了城乡基本公共服务的均等化。相关部门购置垃圾桶4 830个、垃圾车864辆、聘请治保员372人、聘请代办员310人、聘请保洁员1 593人、成立表演队伍139支、配置杂志和图书27 362册、开展“百姓故事会”1 200场，促进了农村社会主义精神文明的建设。三是民主意识不断巩固提高。围绕专项资金如何使用进行讨论，村民自治和民主管理得到提升，干群关系变得更加和谐。大邑县的197个涉农村（社区），民主选举了7 469人村（居）民议事会成员、11 312人小组议事会成员、1 111人监委会成员，建立起了新型的村级治理机制，专项资金用来“干什么、怎么干以及干到什么程度”，全部是群众议事决定，最终做到“有事可议”以及“民主议事”有机的结合。

部分区（市）县根据市级相关指导性文件，结合各自的工作实际，也出台（修订）了多项规范化制度、操作手册、项目运行流程图等，确定了民主程序步骤的具体做法、文书样本等，相关的做法值得借鉴和推广。一是崇州市统筹、交通运输和水务局于2012年出台的《全市村改项目道路和渠系建设质量技术标准管理指导意见》，分别对村组道路和渠系建设的基础条件、施工步骤、工艺要求、技术标准和检测要求等进行了规范，2015年相关部门又对其又进行了修订，填补了村组非融资建设项目无具体参考标准和依据的空白。二是双流县、大邑县针对2015年2月市委发布的《关于进一步深化村级公共服务和社会管理改革的意见（试行）》（成委办〔2015〕2号）中关于“重点保障优先项目、严格控制禁止项目”的规定，制定了当地的实施方案和细则，进一步地对“优先项目”和“禁止项目”加以细化，使村民在项目的提议、梳理讨论和议决时有了相应的参考。三是彭州市、双流县、武侯区等加大对村级专项资金的监管范围和力度，通过聘请第三方中介机构对全域范围内的村（涉农社区）进行全面审核检查，力争监督无死角。

另外，该项目的一些实施机制也在因实际需要和变化而改进，比如分类供给内容从开始的7大类59小项到设置负面清单。原来的是项目实施范围，其中以政府为主的项目占61.02%，以市场为主的项目占22.03%，以村自治组织为主的项目占13.56%。经过几年的实践，发现对资金使用范围的限制过多，以致无法正常有效地使用该资金。为放活资金使用，2016年成都市出台了2号文件，对该资金不划定经费使用范围，只设定负面清单，列出了五类优先项目，二十项禁止项目。再如民主决策程序从六步工作法到四个重点环节。成都在2013年就出台了《成都市村级公共服务和社会管理专项资金管理办法》，明确了村公资金民主管理的六步工作法，即“宣传动员、收集民意、梳理讨论、议决公示、实施监督、评议整改”。经过深入实践，成都市瞄准了村公管理的重、难点，不断完善民主议决和监督机制，从“收集梳理、民主议决、实施监督、评议整改”四个重点环节入手，严格执行重点环节的操作规范，确保资金用到实处，花在刀刃上。

7.2.3 案例：郫都区安德镇交通村（2015年）

交通村的做法是抓住群众关切点和切实攸关的事件，以激发民主意识，提升公服水平。具体情况如下：

随着城乡统筹发展力度不断加大，新型城镇化和工业化进程不断加快，农村居民生产生活条件日益改善，农村居民集中居住度日益提高，公共服务需求更趋多元，对村公资金有不同的使用需求，同时集中居住区后特别是和其他村村民混居后，原村组干部宣传政策和收集意见的工作难度大增，导致部分居民对本村村公资金知晓率和参与率较低。为适应这种新情况，切合实际用好村公资金，充分发挥村公资金的作用，安德镇交通村针对本村实际，认真分析具体情况，在积极拓展征求意见渠道、创新村公项目等方面进行了一些有益探索。

7.2.3.1 基本情况

交通村位于安德镇中部，紧邻安德城镇和中国川菜产业园区，国道213线及317线贯穿全村，辖区面积2.4平方千米，全村共有10个村民小组、共有农户738户、2 202人，其中5个村民小组的村民已集中居住，余下农户仍散居。近年来，交通村不断完善制度、规范程序、高效使用村级专项资金，激发群众民主意识和参与积极性，推动充满活力的基层治理机制建设，不断提升群众满意度，促进社会和谐发展。

7.2.3.2 主要做法

(1) 多措并举强化意见收集

为提高知晓率和参与率，保障户户知晓专项资金量、使用程序等村级公共服务和社会管理相关情况，交通村采取多种形式的宣传和收集群众意见。

①采取入夜走访提升意见征集效果

针对部分村民白天上班，晚上回家的情况，为收集了解其对公共服务和社会管理方面的意见和建议，相关部门制定了入夜入户走访收集意见的措施，村组干部和议事会成员集中在村民回家后的一段时间进院入户，与村民拉家常，做好宣传发动，听取村公资金使用的意见和建议，发放并指导填写一户一表。充分尊重村民意见，干部不干涉不诱导，意见征集表须有该户成年家庭成员签名方为有效。不允许村组干部代村民签字，确保每户村民的意见都能都得到真实表达和有效收集。

②引入信息化手段，扩大意见征集范围

创新意见征集方式，利用信息推送了解村民的公共服务和社会管理需求。针对交通村居民在川菜园区务工和在外经商人员较多，对村级事务不关心、参与意识不强，且经常不在家、收集意见难度相对较大的情况，相关部门建立了信息推送平台，利用原有的农村信息网络，开展了通过手机、短信等方式收集，以准确了解对不在家的村民意见，提高了村民意见收集率。2015 年意见有效收集率为 96%。

③设立意见征集箱方便群众表达意见

为广泛收集集中居住区村民的意见和要求，该村在居住人口较多的区域设立意见收集箱，并提前制作发放意见征集卡、意见征集表，由村民回家填写后投入意见箱。村委会派专人定期开启，梳理归类后提交议事会。通过意见箱征集意见，村民少了顾虑，思考时间更多，当面不便表达的诉求有了渠道，收集意见更加全面、周到，参与度和积极性更高，提出的意见建议更加成熟，操作性更强。

④议事会成员分片包干强化沟通交流

以村民小组为单位，由村议事会和村民小组议事会成员采取包干到户的方式，征求自己固定联系村民的意见，每季度固定走访所联系的村民 1 次，并通过打电话、发放联系卡等方式，随时与村民联系；根据村民提出的意见建议，整理形成“村民意见记录表”，经村民小组议事会梳理后作为补充意见，提交村议事会议定。此举扩大了征集群众意见范围，提升了议事会成员履职的能力和水平。

（2）创新项目紧跟群众实际需求

①统筹兼顾、平衡需求，改“重硬轻软”为“软硬兼顾”

由于集中居住群众意见在改变村民生活习惯、提升文明程度等方面呼声较高，交通村议事会根据群众意愿，优先选择议定实施项目，将资金使用量较大的基础设施建设逐渐转移到村民文明程度提升、文体活动开展、设施设备维护等方面，进一步提升群众参与度和满意度。针对集中居住后人口密度增加，原有文体活动场所规模太小、设备太少，应适当增加的提议，该村在集中区居住区选择合适的位置，增设文化活动室、体育场等设施，配齐相应设备，让群众棋牌娱乐、运动锻炼有场所。该村 2015 年基础设施建设类项目数为 4 个，比 2014 年减少 3 个，而文体活动和文明素质提升类项目数为 8 个，比 2014 年增加 5 个。

②突出重点、关注热点，切实解决老幼托管等问题

针对反应较为强烈的青壮年外出务工后至回家前，家里高龄老人、幼儿放学后无人看管等问题，交通村根据收集梳理的群众意愿，通过议事会民主议定，以购买社会组织服务、组织志愿者服务队、成立互帮互助团体等方式，开展老人照顾、儿童托管等针对性服务。目前该村共有 3 个社会组织参与老幼托管、文化活动等服务中，解决了村民的后顾之忧。

③规范程序、外包项目，积极培养群众社会团体

针对农村三留守人员文化活动内容较少，应丰富内容、增加项目、扩大参与的提议，交通村积极发展以本村村民为主体的合唱团、歌舞队等志愿类社会团体。议定外包文化活动时，增加场次并明确在合同文本上写明一场演出中应有几个节目由本村人员上台表演，增加参与性。村群众表演队不但在本村外包的成都演艺公司舞台上表演，还在其他镇村的相关文化活动舞台上演出。

④强化监督、确保质量，规范实施村公项目

该村充分发挥各类组织和广大群众的监督作用，加强项目实施程序和质量监管，保证项目建设质量。在实施的“食用菌三期社道修建工程”，通过“招投标”方式确定由某建设公司承建，村监督委员会、村民议事会、村民代表充分发挥作用，监督项目的实施全过程，及时指出存在问题，督促施工单位边施工边整改，并在项目实施前、中、后拍照留存，备查。

7.2.3.3 主要成效

（1）规范透明使用村公资金，提高资金使用绩效

通过相关部门充分宣传动员、广泛收集民意，意愿征求率年均达 97%，培养村民关心公共事务的意识；在群众民主讨论、民主议决村级公共服务和社会

管理项目过程中，相关部门探索创新工作思路，建立村级专项资金使用优先清单机制，将村级专项资金集中用在群众最热切、最需要、最关注的项目上，最大限度满足群众的实际需求，提高了村级专项资金使用绩效。

（2）激发群众民主意识和主人翁精神

通过及时公开、宣传、村民质询等方式，真实收集梳理村民意见，相关部门组织村民全程参与项目申报、建设及项目建成后管护，发挥村级专项资金的杠杆撬动作用，鼓励村民主动筹资筹劳，激发村民主动关心本村村级公共服务和社会管理事务，主动提出意见建议、了解实施情况，主动宣传和讲解，推动村公改革上新台阶；引导村民积极参与本村村级公共服务和社会管理事务。鼓励群众积极参与，自愿通过“筹工筹劳”方式实施村公项目，几年来，全村通过“筹劳”300余个，实施进组入户道路3千米，通过“半工半义”的方式实施农毛渠维修维护近万米，年均实施农村治保巡逻320余人次。

（3）推动群众积极参与村级事务管理和村级民主自治

建立健全了村民代表、党员代表、村民议事会等组织，完善《村规民约》《村务公开制度》等制度，增强群众参政议事水平，推进民主决策，形成“一核多元、合作共治”的农村治理格局；加化民主监督，推进村务公开透明，健全民主监督制度，促进村组干部廉洁从政，培养村民当家做主的意识，让村民切切实实地当好主人翁，真正体现“自”与“治”的结合，有效助推村级民主建设和基层治理。

（4）提升群众满意度促进社会和谐稳定

村民代表会议和议事会认真议定项目，培养村民民主讨论决定村级事务的意识，最大限度拓宽了群众参与面，保障村民的话语权、参与权和监督权，切实提升了群众满意度。同时，增强干部群众的议事能力，村民的主体地位得到更加充分地体现，实现了群众对村级事务的当家做主；规范了村干部行权用权行为，真正做到“让群众明白、还干部清白”，密切了干群关系，促进了农村和谐稳定。

7.3 土地融资效益：以重庆地票改革为例

城镇化是城乡统筹的重要内容之一，而城镇化则需要实现人和地的联动，也就是说，要解决城乡建设过程中用地的增长与如何实现农民的土地财产权利问题。这就可以在如何盘活农村建设用地上着力，结合增减挂钩的政策，重庆在国家发改委以及国土资源部的指导下，启动设计了地票改革。该项改革的目标是保护耕地与农民土地财产价值的双重实现，引导农民将废弃闲置的农村建设用地进行整理和复垦，形成耕地，从而腾出建设用地指标，将此指标以地票形式在公开市场交易，该指标的适用于整个重庆市域的城乡规划建设。

7.3.1 基本做法

7.3.1.1 通过确权颁证以奠定基础

要实现农民的土地财产权益，必须明晰土地的产权性质。2010—2012 年，重庆就已经对宅基地使用权证、集体土地所有权证以及农村住房所有权证做到了应发尽发，这就为地票交易创造了基础条件。

7.3.1.2 整理复垦农村建设用地以提供地票来源

重庆在 2010 年 8 月，就成立了市、区县和乡镇三级的农村土地整治中心，各级分工明确，严格规范复垦的标准，并且发布了复垦的标准体系，复垦土地共计 20.1 万亩，地票供给充足。

7.3.1.3 建章立制以推进有规

重庆的《农村土地交易所管理暂行办法》和《农村建设复垦项目管理办法》等 60 份政策性的文件、12 项技术性规定，规范了地票中的复垦、验收、交易以及使用等各个环节，最终建成“自愿复垦、公开交易、收益归农、价款直拨、依规使用”的规则框架。《重庆市地票管理办法》在 2015 年出台实施，这是全国第一部专门规范地票的规章制度，是地票制度提升完善的标志。

7.3.1.4 交易公开透明以保障权益

采用挂牌和拍卖方式组织地票交易，交易过程公开透明。迄今重庆市已经举办地票交易 47 场，实现年均 3 万亩左右的地票交易，这大体相当于重庆年均新增的经营性建设用地规模。重庆地票交易市场平稳运行，其价格也在合理区间，也就是说，“城镇发展可承受、农民权益有保障”。

7.3.1.5 创新监管以保障操作规范

为创新监管，重庆建设了农村土地整治项目管理系统、地票信息管理系统以及新增建设用地审批系统，目的是为了地票的生产、交易和使用联动运行与监管。通过畅通电话咨询、举报与投诉的渠道，安排专人负责信访咨询工作，复垦农户能够全程监督。在 2014 年，相关部门还创设了地票价款信息系统，市民可以通过网上查询，也可以用短信通道了解相关信息，迄今为止，1.6 万人次通过网上查询，约 10 万条相关信息得到推送。

7.3.1.6 多方协调以联动改革

在城乡统筹背景下创新的地票交易制度，这就要求与新农村建设、户籍改革、农村金融改革以及农业产业化等关联起来，以便统筹协同推进，地票交易制度成了支持与配合其他相关改革的重要手段。

7.3.2 融资效益

截至2016年5月上旬，重庆地票交易累计分别为17.7万亩和353.4亿元。具体看主要取得了以下几个方面的成效：

7.3.2.1 保住了耕地红线

经济发展对城镇建设用地的需求刚性增长、对耕地形成压力，而农村存在很多闲置及浪费的建设用地，为解决两者的矛盾，重庆地票交易制度为农村建设用地的退出提供了通道。复垦产生出90%以上的高质量耕地，但使用地票时只占征地范围的60%左右，就节省了30%左右的耕地。地票“先造地、后用地”的方式，切实落实了耕地占补平衡。为防止“占优补劣”，相关部门对农村建设用地复垦要求严格，比如大于25度的坡度土地不得纳入复垦范围，对纳入复垦的地块要求其一定和周边耕地相连，在复垦验收合格证上必须记载耕地等级，以便确保耕地质量。

7.3.2.2 促进了新农村建设与脱贫增收

重庆复垦宅基地腾出的地票指标收益，依据85∶15的比例被分配给农户与集体经济组织。这有利于农民脱贫增收。比如每户农民平均拥有0.7亩宅基地，复垦形成地票指标交易后，则可以得到收益大约10万元。这可以增加农民的财产性收入，也是部分贫困户生态移民的重要资金来源。截至2015年年底，贫困区县的地票交易累计分别为13.08万亩和260.8亿元，为重庆整个地票交易量的75.65%，交易额的75.45%。而且复垦形成的耕地仍由农民耕种，这就又可以增加农民的经营性收入。而农村集体经济组织得到的地票指标收益，投入建设基础设施又大大改善了农村生产生活条件。经过复垦规划后，农村的建设布局更加优化，更便于统筹利用，因为农地相对更加集中连片，更有利于农地流转和规模经营。通过地票交易，偏远地区的农村建设用地价值得到提升，所获得的资金用于农民新村建设、高山生态扶贫搬迁和农村危旧房改造等。

7.3.2.3 创设了城乡统筹市场化的通道

地票往往来源于边远山区，但落地于城镇，这等同于城市对农村的反哺。比如在过去交易的地票中，来源于渝东南和渝东北地区的有70%以上，而95%以上的地票落地在都市功能区和城市发展新区。同时，地票制度是利用市场机制配置城乡建设用地，也更加节约集约用地。

7.3.2.4 推动了相关的配套改革

重庆的地票制度和户籍制度改革、农村金融以及农村产权改革相配合，产生出极大的综合效应。比如地票的价格发现功能，引导农房价值提升以及金融下乡。作为有价证券的地票本身，也可以去质押融资，所以大大增进了农村产权抵押融资效能。截至2015年年底，重庆办理的地票质押贷款为12.23亿元，复垦收益权质押贷款达144.23亿元。目前重庆有进城落户的居民9.7万户，地票可以成为他们处置农村财产的手段，同时也可以助推户籍制度的改革。地票强化了农民把土地作为财产价值的观念，这也利于农村产权改革的推动。城乡居民收入比从2006年的3.6∶1调整为2013年的3∶1，“一圈”和“两翼”的人均GDP相比也由2006年的2.5∶1降到了2.1∶1。截至2014年7月底，重庆市地票类农村集体建设用地复垦涉及18.74万户农户。

7.3.2.5　发展了农村产权抵押融资

截至2014年6月底，重庆共实现了568.75亿元的农村产权抵押融资。其中16.47%是农地贷款，金额为93.65亿元；19.41%是农房贷款，金额为110.41亿元；30.23%是林权贷款，金额为171.94亿元；21.86%是其他创新贷款，金额为124.35亿元。12.03%是农户小额贷款，金额为68.40亿元。农村产权抵押融资风险可控，贷款质量高，不良率仅为0.11%。这种融资模式使农村沉睡的资源盘活了，换得的资金又有力促进了“三农”的发展。

7.4　本章小结

本章分别探讨了民间资金、金融资金、财政资金等不同类别融资渠道所投项目的效益，还重点分析了以成都村公管理专项资金为个案的财政资金项目的效益、以重庆地票改革为个案的土地融资效益。通过对民间资金、信贷资金所投项目效益的分析，发现其既能使政府从巨大的融资压力中解脱出来，又能使投资者、开发商受益，也能使当地老百姓受益，还能加快城镇化和土地集中规模化，推进农民集中居民和新农村建设，社会效益较大。农村金融创新为农村经营主体解决了缺乏抵押物的难题，使一些农业专业合作社和新型农业主体有更多机会获得经营所需资金。财政资金大量用在社会事业项目方面，促进了教育、社保和就业等方面的公平化，同时通过投入项目资本金、担保和贴息等方式，引导更多金融资金和民间资金参与城乡统筹发展，起到引导、撬动和黏合作用。从成都村级公共服务和民主治理改革项目的专项财政资金效益看，农村基本公共服务、基础设施、环境建设、民主意识和民主自治等方面都得到很大改观。重庆地票改革项目既守住了耕地保护红线，又助推农民脱贫增收和新农村建设，还以地票为桥梁建立起城乡统筹发展的市场化通道，同时有利于农村产权抵押融资等相关改革形成改革综合效应。

8 成渝地区双城经济圈城乡统筹融资机制启示、推广分析及政策建议

从前面各章的介绍和分析可见，成渝城乡统筹的成果有目共睹，城乡收入差距减小、社会保障待遇一体化、基础设施、公共服务和行政管理都纳入了同样的体系。这些成果的取得、经济的增长、社会发展的推动、公共服务的供给、基础设施的修建都需要资金推动，成渝两地通过财政、信贷、“影子银行”、发行城投债的方式及民间资本的参与等渠道筹集了大量资金，以推动这项事业的顺利进行。前面章节详细分析了多样化的融资模式、显著的投融资项目效益、融资引起的风险，它们是否给其他地方城乡统筹发展带来启示；成渝两地的融资模式是否能够推广；若推广，还有哪些建议。因而，本章先对成渝城乡统筹发展的主要经验、存在的问题、带来的启示进行总结，再对其中的融资经验进行推广分析，并做简要的政策建议。

8.1 成渝地区主要经验、问题及启示

成渝两地以健全城乡发展一体化体制机制为核心，探索消除城乡二元体制性障碍的综合性、系统性、整体性的改革新路，迄今已经取得很多历史性的突破和成绩。从两地的具体做法看，可以总结出一些主要的经验。

8.1.1 主要经验

8.1.1.1 成都的主要做法

（1）城乡资源配置的集聚与优化

主要通过“三个集中”来实现，工业向集中发展区集中，走集群、集约发展道路，带动城镇发展，解决农村剩余劳动力就业问题。农民向新型社区与城镇集中，能节约用地，促进土地流转。土地向适度规模经营集中，为二、三

产业的发展供给了资源，也能够促进现代农业的发展。通过“三个集中”的实施，推动“三化”联动发展，也能够实现城乡的同兴共荣。

（2）深化和完善市场经济体制

一是推进农村产权的确权和流转。产权明晰是现代产权制度的核心，是流转的前提。所以首先得对农村房屋所有权、集体产权、宅基地使用权、农村土地承包经营权以及林权进行确权。为保住耕地红线，成都建立了耕地保护基金，还颁布了《耕地保护基金使用管理办法》。这兼顾了土地流转和耕地保护。二是对投融资体制进行改革以完善规范要素市场。为充分发挥市场配置资源的基础性作用，促进城乡资产经营市场化，成都进行了全面的投融资体制改革来规范与完善要素市场，以便能使农民土地承包权资本化，减少市场准入限制，以便使城乡统筹建设投入社会化。建立了城市经营规范运行机制，土地资源实行招拍挂，积极盘活存量资产，在基础设施的建设经营、政府特许权的经营等方面努力改革。建立健全农业农村资源的市场化配置机制，2008 年，在全国成都第一个成立“农村产权交易所”，通过交易所，各类农村产权或农业产权都可以进行交易转让，比如农村土地承包经营权、林权、农村房屋产权、农业科技应用和转化、农村集体建设用地使用权、农村经济组织股权、农业类知识产权等。土地就可以折股作价参与合作经营、股份经营或作为抵押担保，合法流转。成都还建立了统一开放的城乡劳动力市场，与之配套，出台了系列城乡一体化的政策，比如失地无业农民安置、城乡居民最低生活保障和一元化户籍管理等。针对投融资，成立了政府引导、市场化运作的机制。为发挥政府资金启动信贷资金和社会资金的杠杆作用，吸引社会化的多元投入，建立了如现代农业发展投资公司以及小城镇建设投资公司这样的政策性投融资公司。成都还组建了农村产权流转担保公司，对利用农村各类权证质押融资提供信用担保，为土地和林地流转提供行为担保，对农民自主创业的小额贷款提供信用担保等。农村产权流转担保公司，和“5·12”汶川地震的 5 个重灾区县，合资成立了 5 个农村产权担保公司，它们的注册资本总计为 5.45 亿元。农民凭土地和宅基地使用权证，和担保公司签订协议，就可以向银行申请抵押贷款，还可以尝试折价入股组建农业投资公司和农业产业基金等。在村镇银行牌照的争取、资金互助合作社和新型农业保险的试点方面，成都都做了很多有益的探索。

（3）公共服务改革和基层民主的发展

第一，从政府机构改革着眼。自 2004 年起，政府开始对城乡分割部门、各自为政、资源浪费的现象实行自上而下动“手术”，从市到乡建立了城乡一体、高效运转的管理体制。改革并调整了30多个行政管理部门的业务范围，如林业园林、农委、劳动保障局和规划部门等都实施城乡一体化的业务管理与社会服务，其职能伸向农村。再如撤销农机局和农牧局，成立农业委员会，在区县组建农村发展局和城乡一体化工作局。撤销市政公用局和交通局，成立成都市交通委员会，负责全市域范围内的城乡交通规划和运行。成立成都市水务局，负责全市域范围内的城乡水资源调度与管理。第二，实施政府职能转变。成都从2003年开始，在全市范围内全面推行规范化的服务型政府（或机关）建设，简化行政审批制度，规范和监督政府管理方式，从市到村形成了规范的政府服务体系和运行机制。第三，推进县乡财政体制改革。政府将财政资金的安排向小城镇、农村集中居住区以及新型社区建设倾斜，并用财政投入引导、撬动社会资本投向农村基础设施，比如城乡道路和供水管网等。成都是西部第一个达到镇镇通网络，村村通水泥路和电话，县县通高速路的城市。农民集中居住区的电视、电话、网络、水、电、气、路等基础设施也全面到位。还建立了规范的财政转移支付制度，使各个基层政府有财力去执行政府职能，按公共财政取向确定转移支付的基本框架，保证乡镇政权稳定和运行。第四，促进城乡基本公共服务均等化。在教科文卫、户籍就业和社保等方面，成都建立了城乡统一的制度安排。为促进城乡教育均衡发展，成都的做法是先在城乡教育硬件上均衡配置，后在教育质量方面均衡发展，为此教育部还在成都召开了教育均衡发展经验交流会。在科技和文化事业方面，成都的做法是开展了缩小城乡数字鸿沟科技行动、农产品特色产业科技示范、农村科技服务体系建设、农村文化服务网络建设等内容。通过设立乡镇卫生院和疾病预防控制体系等，推进城乡一体的公共卫生服务体系。成都通过建立就业培训、就业援助、社会保障和救助体系等服务体系，在全国率先实现城乡一元化户籍制度和统一的社保制度。鉴于此，成都被列为城乡统筹就业试点城市及中欧社会保险经办能力建设试点城市。第五，推进基层民主政治建设。乡镇和村的党组织负责人选举中，实行公推直选和差额直选，同时引入民主测评机制。

8.1.1.2 重庆的主要做法

重庆市积极推进城乡统筹改革，基本形成了城乡协调发展的新机制。其主要做法是改革的开展紧密围绕“三条主线”，即城乡经济社会协调发展、城乡劳务经济健康发展、土地流转和集约利用。

（1）城乡经济社会协调发展

主要秉持向农村倾斜、以城带乡及城乡统一的理念。一是利用财政倾斜和结对帮扶的形式，把“一圈”和“两翼”的发展联动起来，以大城市带动大农村。二是加强城乡统筹规划的协调工作，建立起城乡统一的规划工作。三是引导民间资本参与，促进生产要素在城乡间的流动通畅。四是构建高效的新型行政管理体制，运行成本低、管理层级少。

（2）城乡劳务经济健康发展

主要秉持向农村倾斜和城乡统一的理念。一是加大对农村教育的财政支持，促进教育均衡发展。二是统一城乡基本养老、医疗保险、最低生活保障和特困户最低救助制度等社会保障体系。三是统一城乡户籍管理和就业制度。四是统一现代社会管理新机制，保障和维护农民工的合法权益。

（3）土地流转和集约利用

主要秉持把农村土地利用起来、筹措改革资金的理念。一是建立城乡统一的土地交易制度，如以重庆农村土地交易所为平台，开展农村土地承包经营权和地票的交易流转。二是积极推动土地流转和规模化经营，如在县、乡、村三级都建立土地流转服务机构，推进建立“承包地换社保、宅基地换住房”的新机制等。三是建立土地利用新机制，如为了节约集约用地，就将土地规划直接规划到村，并建立相应的评价指标体系。四是建立耕地保护基金以切实落实保护耕地责任，如划定永久性基本农田的做法。

8.1.1.3 成渝的主要经验

（1）在前期规划中体现统筹城乡空间融合

成渝两地都以把城乡作为一体来规划设计作为城乡统筹发展的前提条件。以成都为例，早在2003年已经把中心城区和所有乡村都纳入了土地利用的总规划修编中，在2004年就提出了城乡在产业布局、基础设施建设、就业和社保政策措施、社会事业发展等方面实施一体化安排。为了进一步理顺规划管理的关系，把过去分散在不同部门有关城乡规划建设的职能都划给市规划管理局统一管理，然后从市到乡都设置了相应的规划管理机构。再按照“全域成都”的理念，把大成都范围内的各区域发展定位、产业发展、基础设施以及村庄建设布局等进行整体规划，明确各区域土地的功能定位和产业定位，实现土地的集约和高效利用，形成以城乡融合规划设计作为城乡统筹发展的前提条件的发展模式。重庆每个区县都建有城市规划馆，立体展示城市规划，巫溪县城规划馆还专设一展厅反思城市规划建设中的败笔和遗憾。

（2）创新农村土地制度以统筹城乡土地要素市场

成渝两地充分利用试验区的政策优势，在农村土地制度上大胆探索和创新，促进城乡土地要素市场发展，促进城乡土地同地同权。以重庆市为例，为了促使城乡土地的顺畅流转和优化配置，重庆在2008年建立了农村土地交易所，并推出了地票交易制度，这在全国尚属首例。成都在2008年也启动了农村市场化改革，为便利农村产权流转，建立了市县两级农村产权交易中心，还引入了流转的行为担保、信用担保以及保险机制，这在全国也属首例。在对农村土地确权颁证基础上，有了流转机制，农民就可以把所拥有的农村产权平等地进行自由流动，实现财产的经济价值。在筹集灾后重建资金中，就很好地利用了该制度。规划集中重建农村住房，节约的建设用地通过“增减挂钩”政策，得到的级差地租收益用于农村房屋重建。在中心集镇和中心村集中开发的公寓式住宅小区，将节约的土地用于工商业用途等，腾出的土地所得收入一方面可以用于社区建设，另一方面可以用于保险和就业培训等领域。鉴于成渝两地农村土地制度的创新成效和作为城乡统筹试验区的特殊身份，国土资源部在2008年与重庆、成都分别签署了有关推进国土资源管理工作的合作备忘录。其目的：一是探索征地补偿安置新制度和集体建设用地流转机制，以促成城乡统一的土地交易市场的建立。支持成都开展对农地转用和土地征收分类审批，优化城乡用地布局，推进城乡建设用地增减挂钩的做法。鼓励土地适度规模经营，流转向龙头企业、种养大户和合作经济组织，既能够提高农业现代化水平，又能够促进农民分工和增收。二是探索耕地保护新模式，国土资源部支持重庆建立耕地保护基金与分类分级保护的经济激励机制，并对重庆市域内的国家土地整理重大工程，给予资金、技术和政策支持。

（3）对户籍制度进行改革以统筹城乡居民流动和社会福利

让城乡居民过上同样美好幸福的生活是统筹城乡的出发点和落脚点，首当其冲就得建立城乡统一的户籍制度，而成渝两地户籍制度改革在全国做得好也做得早。特别是成都的户籍制度改革是最为彻底的。早在2004年，成都就取消了“农业户口”和“非农业户口”的区分，统一登记为“居民户口”，至2012年，已经实现成都全域内城乡统一户籍，使户籍、居住一元化管理，城乡居民平等享受教育、住房、社保等基本公共服务和社会福利。比如2009年成都在全国第一个实现城乡居民医疗保险制度一体化，即把新农合、城镇居民基本医疗保险、市属高校大学生基本医疗保险合为一体。2012年，就建立了城乡统一的社保制度，城乡统一了就业失业登记管理制度和失业保险待遇标准、统一了就业援助扶持制度，至于社会保险类别，居民也可以自主选择城乡居民社会保险或城镇职工社会保险。这彻底实现了同样的城乡社保制度。

（4）完善公共财政投入机制以统筹城乡公共服务供给

城乡基本公共服务要做到均等化，则需要财政投入的保障。成渝两地建立了以支持农村发展为重点的公共财政体系，最终使城乡的财政支出与其人口比例大致相当，城乡公共服务供给差距也逐步缩小。先是大力增强财政对“三农”的支持，扩大农村公共产品的财政供给范围，建立财政支农的稳定增长机制，扩大公共财政覆盖农村的范围和领域。政府加大对城乡基础设施、产业园区配套设施的前期投入，优化发展环境，吸引社会资本的投入。以成都锦江区打造“五朵金花”为例，政府投入资金的40%用在了基础设施建设，22%用在了农房改造补贴，18%用在了农民保障补贴，11%用在了农业产业化扶持，9%则用在了农民培训教育方面。平均每个村的政府投入资金为1 600万~1 700万元，人均近8 000元。另外，为推进城乡公共服务一体化，成都在全国第一个将村级公共服务和社会管理经费纳入财政预算之中，市县两级财政每年为每个村都安排了专项资金支出。对承担耕地保护的农户，每年每亩发放300~400元的耕保基金，以补贴他们缴纳养老保险。

8.1.1.4 成渝城乡统筹融资的主要经验

有效融资是成渝城乡统筹发展的保障。成渝城乡统筹发展构建了以政府投资为导向、以金融资金为支柱、以集体和社会资金为补充、以保险资金为保护的多层次投融资保障体系。

（1）积极出台有利于城乡统筹融资的政策

为推进城乡统筹试验区改革的发展，成渝两地都推出了城乡统筹投融资、农村金融改革、公共财政支持长效增长机制、创新土地融资等方面的具体政策，为其城乡统筹融资创造有利的政策环境。如成都的投融资体制改革，减少市场准入限制，降低市场门槛，鼓励社会资本参与城乡建设。农村的产权改革，促进农民资产资本化，为农业经营者增加融资的可得性，为农村建设增加筹集资金的路径。盘活存量城市资产，对城市土地资源实行招拍挂，对基础设施建设经营和政府特许经营权进行改革创新，建立规范的城市经营机制。为完善吸引社会资金投入的政策体系和激励机制，进一步放开社会资金参与非经营性项目建设范围，简化项目审批流程，缩短项目审批时限，强化重大项目的金融支持和融资担保，营造公开公平公正和有序竞争的投资环境。为鼓励更多社会资本参与城乡建设，并为其提供制度保障，成都制定了《关于加快成都市投资体制改革的决定》和《关于促进民间投资的若干意见》等十多个政策与规定。同时，成渝两地建立了覆盖工商、房地产、建设、金融、教育、劳动保障、旅游、电子商务、食品药品等领域的政府监督网和信息平台系统，打造了良好的金融生态环境，为城乡统筹发展及其融资营造了有利的社会环境。

（2）加大财政投入和创新投入机制

建立城乡统筹的公共财政体系，依据以工补农、以城带乡的原则，必须加大对农业、农民和农村地区财政支持的力度，加大转移支付的力度，最终实现城乡均衡发展。一是财政直接投入项目支持“三农”，成都市制定了《成都市财政涉农资金整合实施意见》，完善农业补贴政策，截至2014年年底，全市已整合下拨中央、省、市涉农专项资金8.4亿元，撬动县级资金4亿元，支持都市现代农业发展。二是对农村社会事业发展及农业发展的财政倾斜。成渝两地财政在支农资金、教育社保就业支出的占比、增速方面，都体现出财政的明显倾斜。如成都完善公共财政资金对农村基础设施和生态环境建设投入的持续增长机制，加大投入强度，扩大覆盖范围，推动农村基础设施和生态环境的快速改善。成都市各级财政对“三农”的扶持力度，呈现出投入增量大、增幅高的态势，切实增加了“三农”支出，并且建立健全了“三农”投入的稳定增长机制。2008—2015年，成都市财政用于“三农”的支出累计为2 362.97亿元，而2015年全市财政总支出的37.4%投入了“三农”，投入额度为417.15亿元，比2008年增长了2.82倍。重庆财政加大了对“两翼”的倾斜力度，为支持31个远郊区县进行基础设施建设，其每年都要安排7.75亿的专项资金，这形成了“主城带库区”的城乡统筹发展模式。三是探索财政支农资金投入机制创新，如在成都崇州市开展财政补助资金直接投向合作社试点，将财政补贴资金438万元、社员自筹资金160万元形成的育秧烘储中心项目等经营性资产，交由合作社持有和管护，并进行股份量化。再如建立耕地保护基金，实现保护耕地与农民增收、养老的有机统一。该基金每年规模约26亿元，由市县两级各按50%的比例筹集，资金来源于土地出让收益、新增建设用地有偿使用费和耕地占用税。10%的耕地保护基金用于耕地流转担保和农业保险补贴，其余部分按照基本农田400元/亩·年，一般耕地300元/亩·年的标准补贴给承担耕地保护的农民，用于缴纳农民个人养老保险。2009年7月7日，成都市温江区万春镇报恩村村民签下了成都“第一单”。截至2014年年底，成都市已完善耕地保护基金制度，涉及174.8万户农户、1 000多万个承包地块。2008年开始政府每年投入村公专项资金，为打造“五朵金花”，锦江区政府将其用于建设水、电、道路、通信等基础设施和公益事业方面，总共投入了8 300万元，为“五朵金花”打造了良好的发展条件。8 300万元具体用于红砂村、幸福梅林、江家菜地、东篱菊园、荷塘月色，金额分别为1 400万元、1 800万元、1 500万元、1 800万元、1 800万元。为促使农民融资顺利和降低金融机构风险，健全完善农村产权抵押融资风险补偿机制，成都市还建立了农村产权抵押融资风险基金，并明确资金由市县两级财政筹集。风险基金年规模为上年度农村产权抵押贷款余额的6%，市级财政按全市上年度贷款余额的2%安排，区县级财政按本级上年度贷款余额的4%安排，且每年根据风险基金使用和新增贷款余额情况按比例适时补充。该风险基金首年市级筹集规模为3 000万元，各区县要求不低于400万元。为改善农民生产生活条件，建立了土地综合整治基金。为壮大集体经济实力，扣除农民集中居住区占地使用后的复垦建设用地，必须预留不低于5%给当地农村集体。节余建设用地所得的收益，向市政府缴纳10%的基础设施配套费，其余都返给农村。而市政府会把基础设施配套费全额返还给整治项目所在的区县政府，用于建设整治项目的基础设施。四是整合相关涉农资金，提高支农资金使用效率。如成都市统筹安排预算内外的涉农资金，比如农业产业化资金、扶贫资金、副食品价格调节基金和土地出让金等，整合使用，提高使用效率，以支持农业和农村的发展。五是通过财政资金引导和撬动金融资金、社会资本参与城乡统筹建设。如2007年，成都市在整合财政经营性支农资金和部分土地出让收益的基础上，分别注入资本金6亿元、4亿元和3亿元，成立了现代农业发展投资有限公司、小城镇投资有限公司和城乡商贸物流投资有限公司，并要求财政以后每年注资保持10%的增幅。几家公司则采取委托贷款、担保、贴息、直接投资等形式，引导和撬动金融资金和社会资本参与到城乡统筹发展中，充分发挥政府资金启动社会资金的“种子”作用。专业投融资平台公司通过整合政府可支配的资源和资产，采取“项目锁定资源，资源置换资金”的办法，通过市场化运作而融资。成渝两地大量引进工商资本和农业产业化龙头企业，参与土地规模经营，参与到城乡开发、建设和经营中，参与到基础设施和农村新居工程建设中，建立起了政府引导、市场化运作、社会资本参与的多元融资机制。

（3）信贷资金的积极介入和融资创新

一是一些金融机构在城乡统筹发展中看到了盈利机会，积极主动参与进去，比如国家开发银行就是典型的例子。二是在国有担保机构的担保下，或国有投资机构出资一部分的情况下，一些金融机构也自愿参与进去。三是成渝两地以农村产权为抵质押的农村金融创新，探索扩大农村有效担保物范围，发展新型农村金融服务机构，为小微农业经营主或农户融资。通过农村金融改革、农村产权确权颁证融资、开展农村产权融资担保和农业保险等方式，为农业经营主体解决了融资缺乏抵押物、变过去“死资源”为“活资本”问题，又符合金融机构贷款所需的担保、抵押等条件。如灾后重建中，可以通过抵押农村产权向农村信用社和成都商业银行融资贷款，最高额度为6万元，最长期限为6年。在总结成都银行、成都农商银行开展农村产权抵押融资经验做法的基础上，为规范和推广该融资办法。2008年成都出台了《关于重灾区农户灾毁住房联建等有关事项的通知》、2009 年出台了《成都市集体建设用地使用权抵押融资管理办法（试行）》、2010 年出台了《关于完善土地交易制度促进农村土地综合整治和农房建设工作的实施意见（试行）》等。

（4）多渠道引入社会资本的参与

成都将城乡统筹的思路与解决“5·12”汶川地震灾后重建问题紧密结合，受灾农户和集体经济组织可以出让部分宅基地和集体建设用地使用权，引入社会资金联建住房、按规划开发建设旅游设施等，并允许办理相应的产权和手续。而锦江区三圣花乡为鼓励各类资本广泛参与建设，财政投入先建好了水电路通信等基础设施，后续吸引和撬动了 1.6 亿元的民间资本投入。其中，西南最大的花卉集散地——成都高店子花卉批发市场引进了 2 200 万元民间资金，全国梅花品种最全、规模最大的梅花观赏基地引进了来自澳大利亚的合资公司——澳士瞩远投资有限公司的 2 000 多万元投资。这些社会资本的参与，既改善了农村环境，又开创了城乡一体化的可持续发展道路。

（5）集体资产折价入股

例如，在成都锦江区三圣乡“五朵金花”的打造中，就以村级的集体土地、堰塘和荒坡等固定资产折价入股，按照现代股份公司制度规范和发展农村集体经济，增加了农民收入，还创办了农村公益事业。

（6）利用土地资源融资

城乡统筹发展中，利用土地资源融资是极其重要的。一是通过农村土地整理复垦、建设用地增减挂钩，不仅为工业化和城镇化提供了土地资源，还为城乡统筹建设筹集了大量资金。如通过将农村集体建设用地转化为城镇建设用地以提供土地保障，通过土地储备和土地增值以提供资金保障，通过土地增值收入补贴农民和建设新居工程，为进城农民和低收入群体提供住房等社会保障，通过地票交易，提升偏远地区的农村土地价值并增加农民的财产性收入。二是农户的各类权属证明可以做质押融资。农民在农村产权制度改革后可以凭承包地、宅基地、林地和集体建设用地等使用权证，直接或与担保公司签订协议，向银行抵押申请贷款。三是农户的各类权属证明可以折价入股，参与各类合作社。如 2008 年 10 月 13 日，为便利农村土地承包经营权、农村房屋产权、农业类知识产权、农业科技应用和转化、集体建设用地使用权和林权等农村产权流转，成都建立了市县两级农村产权交易中心，还引入了流转的行为担保、信用担保以及保险机制，这在全国尚属首例。因而土地可以依法流转，可以抵押担保，也可以作为资本作价、折股从事股份经营或合作经营。四是农村集体的土地资源也可以折价入股。如“5·12”汶川地震灾后重建中，通过农村产权抵押融资以重建农村住房，利用城乡建设用地“增减挂钩”政策筹措重建资金，以重建灾区公共服务和基础设施。其中，为新农村建设和现代农业项目融资，开展农村土地综合整治，以土地换资金，是成渝城乡统筹中较为普遍的做法。

（7）建立融资平台公司多渠道融资

通过建立政府投融资平台公司，作为直接或间接的政府融资载体，筹集大量金融资金和民间资本参与城乡统筹建设。主要通过银行信贷、与信托合作、与基金公司券商等合作，获得信贷资金、信托资金、资管项目资金，以及通过发行企业债、中期票据、短期融资券等形式的城投债方式实行直接融资，为城乡统筹筹集资金。截至 2016 年 12 月，重庆市和成都市城投债存量规模分别达到 3 447.1 亿元、1 528.1 亿元，存债数为 340 只、147 只。

8.1.2 问题

8.1.2.1 土地开发流转中的问题

城乡统筹建设中土地开发流转中的问题，主要表现是：一是在城镇化过程中，一些组织和个人，利用城乡统筹改革过程中机会，进行圈地和倒地运动，这损害了农民个人利益，也损害了国家和集体的利益；二是“承包地换社保、宅基地换住房”的做法，可能涉及侵犯农民财产权利的问题；三是有过渡开发土地、耕地质量下降等方面的问题存在。

8.1.2.2 大量农民进城带来了城市病

在城镇化过程中，由于城市本身的容纳能力有限，引起了城市各种问题层出不穷。一是城市能源紧张程度增大；二是城市生活环境受影响。成渝实施多项举措，努力减少这些问题及其带来的弊端。比如重庆采取了在推动农民向城镇居民转化的过程中，尽量创造更多的就业岗位，调整经济和社会发展规划，增强城市容纳能力等。

8.1.2.3 融资方面的问题

一是融资平台公司的财务杠杆已经较高，当前我国又面临去金融杠杆、整顿“影子银行”业务、规范地方政府债务等监管形势，平台公司的再融资相对不易，而过去债务逐渐到期，流动性遇困，偿债风险或许会逐步暴露。以城投债融资为例，成渝两地的发行规模和存量规模整体趋势呈增加态势，以企业债、中期票据和短期融资券为主要形式，发行主体除了重庆市、成都市本级外，逐步增加了其下辖的区县级，两地城投债整体信用级别有下移趋势，重庆更为明显，重庆的增信措施相比也较弱。通过 KMV 方法测度重庆市城投债偿还风险，发现未来四年其需偿还的本息和分别略低于安全偿债规模，暂不存在大的偿债风险。但随近年重庆市城投债发行规模逐年增加，需要加强对其城投债发行规模的控制，关注偿债规模。

二是农村产权抵押融资因农业土地性质问题以致使用范围受限，农房抵押物处置主要面临宅基地的处置，涉及《中华人民共和国土地管理法》《中华人民共和国物权法》《中华人民共和国宪法》以及地方土地管理条例等诸多上位法，相关法律法规未经突破，宅基地使用权处置不可能实现，导致农房抵押贷款工作中抵押权无法实现。因此，金融机构的认可度仍然不高，抵押率很低。如2017年，成都郫都区云桥合作社利用335亩农村土地经营权在邮政储蓄银行融资43万元。此外，很多农村产权融资都不仅仅是只凭农村产权本身，还附带有其他抵押或担保措施，纯粹凭农村产权融资更加困难。

三是利用土地资源融资因土地越来越受约束，其融资空间和潜力将会递减，土地财政的地位将逐渐下降。成渝两地融资对土地的依赖性高，因土地的有限性，土地出让收入逐步减少，融资和偿债压力都将增大。

四是融资对政府的依赖性太强，政府债务规模增加。自城乡统筹发展以来，成渝两地分别从政策、经济和社会等各方面优化了其城乡统筹融资环境。两地建立融资平台公司，通过引入政府投资和带动民间资金参与城乡统筹建设，促进了融资政策环境和融资经济环境的发展。但就目前的情况来看，城乡统筹的融资还是以政府为主，以致政府债务逐渐累积，偿债压力不小，而地方财政收支矛盾呈现扩大化趋势，地方财政平衡无法实现。由于地方政府的投融资行为大多是为了城乡统筹中的基础设施建设，因此收入很难弥补支出，导致收支矛盾呈现扩大化趋势，无法实现平衡，地方政府财政收入与不断扩大的地方政府债务规模相比，显得杯水车薪，地方政府偿债风险不断加大。如果流动性一旦受影响，很容易形成信用风险。

五是城乡统筹融资结构失衡，直接融资不够。在城乡统筹推进过程中，建设小城镇和农村基础设施、发展中小企业、安排农民社保和安置住房，都需要大量的资金。但其融资渠道狭窄，筹措手段主要采取的是银行信贷方式，直接融资比重较低，融资难度大。因《中华人民共和国预算法》的约束，通过市场化发行市政债券的形式受限制，2009年允许可以由财政部代发行地方债券筹措资金。2009—2011年，地方政府债券规模年均为2 000亿元，2012年则增至2 500亿元。国务院批准2013年发行3 500亿元地方政府债券。2014年中央代发地方债券4 000亿元。2011年在上海市、浙江省、广东省和深圳市试点进行地方自行发债，在2013年又扩大试点地方至山东和江苏两省，不过地方债总发行规模仍然很小，而我国却有大量的储蓄资金，社保基金、保险资金、住房公积金也利用不充分，还有充裕的民间资本和外资没有被充分利用。

六是城乡统筹建设中有过度的投融资行为，这更增加了地方政府投融资风险。2009年以来，为应对国际金融危机，在保增长的背景下，包括成渝两地在内的地方政府投融资规模均呈现激增的态势，地方政府融资过度行为引起了社会各界的关注。因此我国出台了《加强地方政府融资平台公司管理有关问题的通知》，要求各地财政部门上报地方融资平台公司债务清理核实情况。

七是城乡统筹融资风险集中在通过银行贷款、城投债、"影子银行"融资带来的风险，易产生财政风险与金融风险的叠加。融资平台公司往往通过政府财政注资、提供担保、土地入股等形式达到融资要求，而后成为地方政府融资的主要主体，它们的融资风险日益凸显。在银行监管趋严背景下，由于隐含地方政府担保，"影子银行"就成了融资平台公司的新出路，但因为"影子银行"体系的隐蔽性，加之资金成本的提高，易产生财政风险和金融风险的交叉。

8.1.3 启示

8.1.3.1 确保农民增收、让农民得到市民待遇是改革的出发点

成渝两地在城乡统筹改革中，始终把确保农民增收、让农民得到市民待遇作为改革的出发点。比如在引导农民向城镇集中居住的同时，就把解决农民就业的问题放在重要位置，提供就业和创业培训，给予就业和创业扶持政策，并给农民群众预留了生产经营用房。在选择和培育支柱产业的同时，必须把产业对农民就业的承载能力考虑进去。在推动土地流转的同时，把促进规模经营和农民就业与创业相结合，并促进农民分工分业。农村公共服务和基础设施的安排、对城乡居民实施统一的社保待遇，都是为了让农民得到和市民同样的待遇。

8.1.3.2 利用试验区先行先试有利政策，推动体制机制创新

以成都为例，利用试验区先行先试的政策优势，推动体制机制的创新。比如推动建设了规范化服务型政府，推进了基层民主政治建设，建立了城乡统一的行政管理体制。对农村产权制度进行了改革、对投融资体制进行了改革、对公共财政投入机制也进行了改革，以推动融资创新及社会资本的参与，发挥财政资金的撬动作用，建成了城乡一体的基础设施和公共服务体系。在户籍管理制度、社会保障体系、义务教育、公共文化、公共安全、公共卫生和基本医疗制度等方面的改革，推动了农民的市民待遇落实，推进了城乡一体的民生产品

供给机制。

8.1.3.3　重点突破和综合配套改革统筹考虑

城乡统筹改革要把重点突破和综合配套改革结合起来，要统筹考虑改革的渐进性和关联性，协调各方面利益。比如重庆的户籍制度改革，农民转市民就与地票、公租房、微型企业发展、社保制度等改革结合起来，使改革最终能够顺利实现。成都的“三个集中”与土地确权颁证和流转、与城乡居民户籍和社保统一、与安居工程的规划等方面彼此衔接。同时，积极开展改革试点，最终能够以点带面。在不同阶段有不同的工作重点。比如成都的农村产权制度改革，最早是把都江堰、温江、双流和大邑作为首批试点地。在确权颁证后，为了推动农村产权的信息公开透明、流转便捷顺畅，就最先在双流成立了四个农村产权流转中心，即农村房屋产权流转服务中心、农村土地承包经营权转让托管中心、农村集体建设用地交易中心以及林业产权管理中心。

8.1.3.4　融资方面的主要启示

（1）财政方面贯彻“以城带乡、以工补农”的反哺思路

财政资金投入倾斜，一是从绝对量上增加对“三农”的投入，特别是逐年加大对农村公共设施及基础设施的政府投入，每年对公共事业及公共设施建设的新增政府性投资，主要投向农村公共事业及公共设施的建设中。二是提高对“三农”支出的占比，对其投入增速超过平均支出增速，超过同期财政经常性收入的增幅。三是改进财政资金的投入方式，提高使用效率。比如从量上整合打捆使用各类财政支农资金，可以集中力量支持和发展需要优先开展的项目和重点领域，避免了“撒胡椒面”现象；从使用方式上提升效率，通过担保、前期投入、贴补等方式引导信贷资金、社会资金参与，以有限资金放大和撬动社会投入，起到“四两拨千斤”的功效。如成都三个政策性专业投融资平台公司直接投资带动了社会资本投入的增加，对涉农投入起到了很大的推动作用。重庆方面则从尽快建成城乡经济和社会发展一体化格局出发，投融资模式的改革将政府和市场连在一起有效扩大了涉农投入，始终把激发农村发展活力、增强农业发展动力作为主线。

（2）银行信贷方面贯彻分担风险的思路

为鼓励信贷资金介入城乡统筹发展和保持其持续性，建立金融机构的风险分担机制十分重要。一是通过政府担保公司的担保增信，如成都还组建了农村产权流转担保公司，对利用农村各类权证质押的融资提供信用担保，为土地和林地流转提供行为担保，对农民自主创业的小额贷款提供信用担保等。农村产权流转担保公司和“5·12”汶川地震的5个重灾区县，合资成立了5个农村

产权担保公司，它们的注册资本总计5.45亿元。农民凭土地和宅基地使用权证，和担保公司签订协议，就可以向银行申请抵押贷款。二是创新贷款的抵押品，把过去不能作为融资抵押物的“死资产”创新使其合法，并能够流转，符合抵押物的条件，比如农村土地承包的经营权、农村房屋所有权及集体建设用地使用权、林地承包的经营权等，先通过确权，然后颁发合法有效的凭证，形成有价证券，从而可以估值并作为向金融机构融资的抵押物品。三是创新政策性农业保险险种，如针对成都创新的农村土地承包经营权流转履约保险试点，郫都区出台了《关于建立农村土地流转风险防范机制的实施意见》，明确县财政从每年预算的农业产业化资金中设立农村土地承包经营权流转履约保险补贴资金，专款用于农村土地流转的履约保证保险补贴。全区2017年计划完成农村土地承包经营权履约保证保险1.5万亩，确定中华联合保险公司、中国人民财产保险公司、锦泰财产保险公司、中国平安保险公司为合作方，在全区范围内开展履约保证保险工作。四是通过土地整理、复垦等方式，腾出土地指标，作为融资抵押物品。特别是融资平台公司融资，不管是从银行获得信贷资金，还是通过“影子银行”体系获得的资金，或者通过发行证券从金融市场获得的直接融资资金，都有相应的融资抵押物或担保方式，比如土地、国有资产，或者政府批复、人大决议等。

（3）社会资本方面贯彻为其创造盈利条件的思路

切实处理好政府和市场的关系，促进政府职能的转变，区分哪些领域哪些事项是政府该做的，哪些是市场自己所为的。要想社会资本参与城乡统筹建设，必须为其创造盈利条件，使之产生经济效应，社会资本才愿意参与和投入。而政府要做的就是前期做好基础设施铺垫，吸引社会资本的投入，为其创造逐利条件，最终取得各方共赢的效果。如成都“五朵金花”的打造中，在财政投入建好了水电路通信等基础设施后，全国梅花品种最全、规模最大的梅花观赏基地引进了来自澳大利亚的合资公司——澳士瞩远投资有限公司投资2 000多万元。这些社会资本的参与，既改善了农村环境，又开创了城乡一体化的可持续发展道路。

（4）多渠道融资方面贯彻积极主动和金融机构合作的思路

积极主动和金融机构合作，通过多渠道的间接和直接融资方式为城乡统筹发展筹集资金。其主要形式是建立融资平台公司作为融资主体和载体，然后与银行、信托和基金券商等合作，获得信贷资金、信托资金、资管项目资金，以及通过在银行间市场、在交易所发行中期票据、短期融资券、企业债等形式的城投债实行直接融资。比如成都以城乡统筹发展和灾后重建作为核心主题，充分利用政府信用，通过政府投融资平台公司，发行地方债券。充分利用农发投公司作为市场投融资主体，通过市场化运作先融资，把筹集的资金又按照市场机制，采取委托贷款、担保或者直接投资等方式，去支持现代农业的发展，支持产业化龙头企业，支持农业产业链条的延伸发展和中小企业，参与建设农村互助型担保机构和农村金融担保体系，从而放大信用担保额度，提高整体担保能力。因此，成都农发投公司可称为专门为“三农”服务的金融平台，它充分利用了市县两级财政支农资金、城乡统筹试验区“先行先试”的政策优势以及农发投本身的融资优势。成都充分利用政府公共财政能力与国家开发银行的贷款相结合，支持农村和城市基础设施建设，实现城乡统筹协调发展。

（5）融资方式和来源方面营造多元化的思路

如成都农村产权改革和融资的做法，就是使农民的土地使用权、农房的所有权、林地使用权等资源真正变为资本，并成为生产要素进入市场，或流转或抵押融资，既让农民充分利用了自身的资源，又能满足金融机构融资贷款的要求。财政资金作为杠杆，政府涉农投融资平台作为载体，充分利用市场机制，通过向农业发展银行、农业银行和成都农商行等金融机构融入信贷资金，发行城投债方式从金融市场直接融入资金，通过信托、基金等“影子银行”体系融入资金，并辅以担保和保险的保障，加之带动的社会资本和工商资本的参与，形成了多元化的涉农投融资体系。

8.2 融资经验的推广分析和政策建议

成渝城乡统筹发展的成效明显。城乡收入差距减小、社会保障待遇一体化、基础设施、公共服务和行政管理都纳入了同样的体系。经济的增长、社会发展的推动、公共服务的供给、基础设施的修建都需要资金推动，成渝两地通过财政、信贷、“影子银行”、城投债及民间资本等渠道筹集了大量资金，以推动这项事业的顺利进行。那么，两地的融资模式是否能够推广？若推广，还有哪些建议？

8.2.1 推广分析

上节谈到了融资渠道、融资中存在的问题，哪些是可以推广？哪些需要通过配套条件的改进之后才可以推广呢？

8.2.1.1 财政投入的角度

成渝两地都采用了加大财政投入、财政向“三农”倾斜、改进财政资金使用效率的方式，这首先需要当地财政有一定的实力，才足以支撑。因此，对于财政状况好的地方，就能够采取这些方式加大财政的投入和倾斜力度。而对于欠发达地区，特别是经济基础不及成渝的地方，因财力不够的约束，则无法采用这些方式，其效果相对就很有限。

8.2.1.2 信贷资金以及“影子银行”的角度

针对农业经营主体通过农村产权融资的方式，虽然全国都在确权颁证，但同样面临土地性质问题限制了土地使用范围、宅基地受《中华人民共和国宪法》《中华人民共和国土地管理法》《中华人民共和国物权法》等法律约束，导致抵押权无法实现。因此，金融机构的认可度不高，抵押率低。

针对新农村建设和农村基础设施的大融资项目，往往是通过融资平台公司进行的，而之所以能够融入信贷资金或者通过“影子银行”融资，一般是以土地抵押，当地政府财政提供了直接或间接的担保，土地的价值跟区位有关，极差地租的不同，当地政府财力的不同，能够融资的数额有较大差异，合作的金融机构多少、合作需求都是很不一样的。

成渝两地作为城乡统筹的试验区，有“先行先试”的政策优势，依靠国土资源部、人民银行总行、银监会等部委的支持，有当地政府各部门的通力协作。因此，其采取该融资渠道可获得性更高，而其他地方，若不具备上述条件，融资难度则大一些。

8.2.1.3 社会资本参与的角度

资金的本质是逐利。社会资本参与的一定是有利可图的项目，那么，政府就需要为其创造盈利条件，然后再借助社会资本参与城乡统筹的建设与发展。所以，往往需要政府前期投资做好基础设施铺垫，或者担保与采取保险举措分担风险，这又与当地政府财力和政府融资能力相关，发达地方因区位优势，就有了经济优势，加之人员素质和头脑活络意识的差异，发达地方通常对一些建设与发展事项提高重视程度，将其然后作为项目营销与策划，这样更容易吸引和引进社会资本的参与和投入。

可见，这些融资方式都可以利用，对于土地开发度较低的地方，未来利用土地资源融资的增长潜力较大。但是处于不同区位、不同经济发展阶段的地方，同样的融资渠道和模式，融资的可得性和最终融资的数额都有很大差异。

8.2.2 政策建议

8.2.2.1 各地积极想办法增加财力

针对不同的经济基础、不同地方的发展条件，上级财政对地方专项补助差异应加大。发达地区减少或者取消，不发达地方增加，以充实当地财力，才可能增加城乡统筹发展的投入。把发达地方主要领导人交换到不发达地方，带去主动经营地方经济的理念，发挥特色优势，变资源为资本。针对不发达地方的当地政府：①根据当地资源特色盘活经济增加财政收入；②盘活地方存量国有资产，增加国有资本经营收入；③开展土地整理复垦耕地，腾出建设用地指标，通过异地交易形式获得土地出让收入。

8.2.2.2 土地整理培育“折抵指标”

推进农村土地、房屋、林地等资源的确权颁证，并为其流转创造条件，使之在市场机制下，在城乡之间自由流动，实现同地同权。特别是对于土地开发度较低的地方，未来利用土地资源融资的增长潜力较大。积极加快确权颁证，为土地流转和土地增减挂钩创造条件。

8.2.2.3 城乡统筹建设项目按照新规范分门别类融资

过去城乡统筹资金，大量依靠政府融资平台以直接或间接政府担保形式筹集，地方政府债务信用风险逐渐有所显现。因此，在 2013 年审计署对地方债务审计报告基础上，2014 年 9 月国务院出台了《关于加强地方政府性债务管理的意见》（以下简称《意见》），2017 年 4 月国家发改委、财政部、银监会等六部委又发布了《关于进一步规范地方政府举债融资行为的通知》。因此，未来可持续的做法是按照《意见》，规范政府举债行为，通过政府债券、PPP 模式、把融资平台转型为真正市场主体去融资等方式（详细内容见第 6 章），为城乡统筹建设筹集资金，改变过去一味依赖政府主体的局面。

8.2.2.4 构建高效规范的融资体系

城乡统筹建设资金要以提高资金使用效率为中心，以市场化运为取向，建立直接、高效、规范的融资体系。同时，以财政资金为杠杆，以政府涉农投融资平台为载体，充分利用市场机制，通过向农业发展银行、农业银行和成都农商行等金融机构融入信贷资金、发行城投债的方式向金融市场直接融入资金，通过向信托、基金等“影子银行”体系融入资金，并辅以担保和保险的保障，加之带动社会资本和工商资本的参与，形成多元化的涉农投融资体系。

8.2.2.5 改善城乡统筹融资环境

城乡统筹融资需要政策的支持、经济的支撑和社会的认可。有了有利的政策环境，融资创新才能得到保护，信贷资金和社会资本参与的需求才会旺盛。有了良好的经济环境，资金才会充裕，融资的可获得性才会变强。而积极优质的社会环境，信息公开而透明，规则明确而易懂，办事顺畅而快捷，交易成本低，道德风险小，是各类融资顺利达成的沃土。同时，改善城乡统筹融资环境，随着各地城乡统筹的发展和深化，各类迅速展开的项目对资金的需求将会更大，因此应进一步促进其融资环境的完善。

8.2.2.6 进一步激活金融资本和社会资本

成渝两地作为城乡统筹发展试验区，其建设和发展模式是以公共财政资源的强力推进为主，加之两地自身有良好的经济基础，因此两地建设和发展的见效明显，但这种依赖公共财政资源的模式，持续性及稳定性有待检验。因此，在未来城乡统筹建设中，必须进一步优化公共财政资源投入结构，营造良好融资环境，并建立最大限度地激活金融资本和社会资本的机制，形成新的城乡统筹融资体系。

参考文献

［1］周尔鎏，张雨林，1994. 中国城乡协调发展研究［M］. 香港：牛津大学出版社：28-34.

［2］周一星，1995. 城市地理学［M］. 北京：商务印书馆：24.

［3］何广文，2001. 中国农村金融供求特征及均衡供求的路径选择［J］. 中国农村信用合作（9）：14-16.

［4］徐安军，2004. 人口迁移、就业与收入不平等的变动：基于哈里斯-托达罗模型的分析［D］. 武汉：武汉大学.

［5］温涛，王煜宇，2005. 农业贷款、财政支农投入对农民收入增长有效性研究［J］. 财经问题研究（2）：78-83.

［6］芒福德，2005. 城市发展史［M］. 宋俊岭，倪文彦，译. 北京：中国建筑工业出版社：15.

［7］王华，陈烈，2006. 西方城乡发展理论研究进展［J］. 经济地理（3）：463-468.

［8］王悦，2006. 建设我国城市金融生态体系研究［D］. 北京：对外经济贸易大学：11.

［9］胡锦涛，2007. 高举中国特色社会主义伟大旗帜 为夺取全面建设小康社会新胜利而奋斗：在中国共产党第十七次全国代表大会上的报告［M］. 北京：人民出版社.

［10］马培华，2008. 坚持城乡统筹 大力促进县域经济发展［J］. 经济界（3）：13-14.

［11］张晓松，马培华，2008. 大力发展县域经济促进城乡统筹［EB/OL］.［2008-03-08］. http：//www. gov. cn/govweb/2008lh/content_ 913830. htm.

［12］唐颖，2008. 东盟五国财政投资与经济增长关系研究［D］. 厦门：厦门大学：18-20.

[13] 中国共产党中央委员会，2009. 中共中央关于加强和改进新形势下党的建设若干重大问题的决定［R］. 北京：中国共产党第十七届中央委员会第四次全体会议.

[14] 王学文，郑国荣，2009.“两社一司”拓宽统筹城乡发展思路［J］. 中国农民合作社（5）：35.

[15] 王煜宇，2009. 西部地区农村投融资体制改革问题研究：基于法经济学的分析范式［M］. 北京：法律出版社.

[16] 本刊编辑部，2009. 成渝经济区中国新的增长极呼之欲出：《推进成渝经济区建设研究报告》解读［J］. 四川党的建设（城市版）（8）：20-22.

[17] 人民银行，2009. 银监会关于进一步加强信贷结构调整促进国民经济平稳较快发展的指导意见［J］. 中华人民共和国国务院公报（17）：33-37.

[18] 吕剑，2010. 金融约束理论：中国转轨时期金融改革的思考［J］. 中国物价（11）：48-51.

[19] 新华社，2010. 中共中央国务院关于加大统筹城乡发展力度进一步夯实农业农村发展基础的若干意见［R］. 威海：新形势下林业机械发展论坛：6-12.

[20] 谢升峰，2010. 促进新农村建设的投融资体系研究［M］. 北京：人民出版社.

[21] 刘诗平，刘琳，2010. 全国地方金融论坛“聚焦统筹城乡发展金融支持”［EB/OL］.［2010-11-07］. http：//www. gov. cn/jrzg/2010-11/07/content_ 1740183. htm.

[22] 师帅，2011. 统筹城乡发展中的金融支持研究［D］. 太原：山西大学：1.

[23] 张中锦，2011. 金融发展效应、收入增长与城乡差距［J］. 中国经济问题（4）：67-74.

[24] 李由，2011. 完善金融生态环境建设 共促川渝金融健康发展［J］. 科学咨询（科技·管理）（10）：6-7.

[25] 四川统计局，国家统计局四川调查总队，2012. 四川统计年鉴［M］. 北京：中国统计出版社.

[26] 马德功，杨陈晨，刘林昕，2012. 成渝构建区域金融中心比较研究［J］. 社会科学研究（4）：14-18.

[27] 沈伟楠，2013. 浅析金融约束理论及其是否适合中国［J］. 现代商业（27）：30-31.

［28］郁建兴，胡金生，2013. 小城市培育“点亮”新型城镇化［N］. 人民日报 12-09（013）.

［29］李存才，2013. 云南省创新农村综合改革试点纪实（上）：城乡统筹发展的“综合实验”［EB/OL］.［2013-09-28］. http：//www. prcfe. com/web/cjb/2013-09/28/content_ 1012549. htm.

［30］冯奎，2014. 统筹城乡发展的新阶段与新特征［J］. 中国发展观察（8）：11-12.

［31］闫丽琼，朱志斌，等，2016. 2016 上半年城投债发行总结：半年发行量达历史最高水平 全国发行规模将维持高位［R］. 北京：中债资信评估有限责任公司.

［32］张迎春，2016. 统筹城乡发展与金融支持体系构建研究［M］. 成都：西南财经大学出版社：11.

［33］张杰，2003. 中国农村金融制度：结构，变迁与政策［M］. 北京：中国人民大学出版社.

［34］ROSENSTEIN-RODAN P N，1943. The problems of industrialization of eastern and south-eastern europe［J］. The Economic Journal（53）：202-211.

［35］NELSON R，1956. A theory of low-level equilibrium trap in underdeveloped economies［J］. American Economic Review，46（5）：894-908.

［36］FRIEDMANN J，DOUGLASS M，1975. Agropolitan develop-ment：towards a new strategy for regional planning in Asia［M］. Los Angeles：University of California：163-192.

［37］KOESTER U，2000. CAP is something we can be proud of［R］. Kiel：University of Kiel.

［38］JENSEN E，2000. The farm credit system as a government-sponsored enterprise.［J］. Review of agricultural economics（22）：263-270.

［39］TOWNSEND R M，YARON J，2001. The credit risk-contingency system of an Asian development bank［J］. Economic Perspectives，25（3）：31-48.

［40］COETZEE A W，2004. What it means to be a loser：non-optimal candidates in Optimality Theory［D］. Amherst：University of Massachusetts Amherst.

［41］KOLAR J M，JERISON J D，2005. The home mortgage disclosure act：its history，evolution，and limitations［D］. Washington：Buckley Kolar LLP.

［42］FIELDS G S，2005. A welfare economic analysis of labor market policies in the Harris - Todaro model［D］. New York：Cornell University ILR School.